大成
DENTONS
集

知识产权 典型案例与实务评析

王现辉 ◎ 编著

中国法制出版社
CHINA LEGAL PUBLISHING HOUSE

编委会

主　编：王现辉

编　委：王现辉　聂丽敏　刘　朋　李洪磊　张晓汉
　　　　刘兴稳　田雨昕　石素坤　杨志昆　赵欣梅

泽知®知识产权一站式服务团队

泽知®知识产权团队由王现辉律师团队10名成员以及多名商标代理人、专利代理师、专利工程师组成。泽知®知识产权团队以专家化的知识产权代理、维权工作模式,向国内外众多客户提供广泛而深入的知识产权法律服务,业务涵盖专利、商标、版权、反不正当竞争、反假冒、知识产权滥用相关的反垄断、商业秘密、域名、电子商务、网络传输、数据及隐私权保护、文化传媒、特许经营等诸多领域。

泽知®知识产权团队始终秉承"创新、高效、敬业、务实"的工作理念,以团队化合作、专业化分工的方式,通过大量的纠纷处理实践,积累了丰富的代理经验和诉讼技巧,力求最大限度地保护权利人的利益。

扫一扫关注"泽知®知识产权"

序

对于大成律师事务所泽知®知识产权团队来说，2022年是一个具有重要意义的年份，系团队发展"3+3+3"战略实施的关键之年。自2015年团队设立至今，转眼已经7年，7年来，团队从原来的"律师带助理"模式发展到如今的"团队化协同作业"模式，成员也由最初的3名发展到现在的10名。最近3年，根据知识产权业务的需求及复杂性，团队又引进多位商标代理人、专利代理师、专利工程师等专业人士，严格来说，现在团队已经突破原有的单一组成模式，形成了"知识产权一站式法律服务团队"。

对于立志投身于知识产权事业的青年律师，我常督促他们要坚持走"技工贸"路线，尤其在二线城市更应如此，要对标一线城市的业务水准，多学习、多挖掘、多宣传、多思考，走"专业化+行业化"的律师之路。因为我们深知，这片热土从来不缺乏优质的企业，而是缺乏专业的知识产权律师队伍。为此，团队设立之初，便贯彻"业务水准对标北上广，服务领域立足冀中南，持续深耕知识产权事业"的发展理念。多年来，泽知团队凭着对知识产权事业的热爱，始终保持初心，踔厉风发，笃行不息，承办的案件无论在广度、难度还是深度上均有大幅的提升。

作为团队带头人，我深知及时总结是有效掌握知识和提升服务质量的最佳路径。初始，团队便制定了案例评析制度，即经办人要通过第一视角及时撰写案例分析，重点突出案件中的成败得失，将经办的典型案例形成心得体会，以分享给更多的知识产权从业者。多年来，团队经办了大量的知识产权案件，多起案例被包括最高人民法院在内的多地法院评选为年度知识产权典型案例。

本书是在2022年团队成立7周年之际推出的知识产权系列专业读物的首本图书，是团队律师立足于知识产权实务，从专利权侵权纠纷、商标权侵权纠纷、著作权侵权纠纷和不正当竞争纠纷等多个知识产权领域选取的经典案例。全书以精练的语言集中展示了知识产权案件涉及的主要法律问题、办案思路及心得体会，分析深入透彻，对知识产权法律实务具有较强的指导意义，可以作为一般读者对于知识产权纠纷的启蒙读本，也可以作为企业知识产权从业人员在处理知识产权纠纷时的入门读物及参考用书。

我想到了著名法官霍姆斯的名言："法律的生命力，不在于逻辑，而在于经验。"法学是实践性很强的学科，案例就是法律的经验体现。本书作为一本案例分析书，就是要通过具体的案例把枯燥甚至难以理解的法律文本变得鲜活、有温度。案例如同一部电影，希望读者在阅读本书时，能够触摸到"电影"中的情节，在个别案例中产生触动，并从中得到一点点启发。对于编者来说，那将是很开心的事情。

由于编者水平所限，本书定存在不足之处，敬请读者批评指正。

王现辉
二〇二二年三月

目录 contents

第一部分　专利部分

技术特征的正确划分与等同特征认定
　　——于某与某德防腐保温设备有限公司侵害实用新型专利权纠纷案 / 002

授权公告日前后的销售行为
　　——赵某某、于某某与吴某侵害实用新型专利权纠纷案 / 011

抵触申请的实体认定并非抵触申请抗辩成立的前提
　　——A公司与B公司侵害实用新型专利权纠纷案 / 017

确认不侵害专利权纠纷或是解决侵权与否不确定状态的选择路径
　　——石家庄某盼节能科技公司、张某与孙某敏确认不侵害专利权纠纷案 / 023

适用"使用公开抗辩"成立的必要条件
　　——石家庄某鸿自动化科技有限公司与山东某滋自动化技术股份有限公司侵害实用新型专利权纠纷案 / 034

对合法来源抗辩的认识和理解
　　——石家庄某通滤清器有限公司与王某侵害实用新型专利权纠纷案 / 042

销售者合法来源抗辩的成立要件
　　——某蔻（厦门）卫浴有限公司与馆陶县某龙水暖安装维修门市侵害实用新型专利权纠纷案 / 049

统筹协调具有重复诉讼因素的多起关联案件予以集中管辖的适用
　　——仪征市某和土工材料有限公司与张某武、A公司、B公司侵害实用新型专利权纠纷系列案 / 051

惩罚性赔偿制度在专利侵权纠纷案件中的法律适用

——嘉兴某虎车业有限公司与河北某福玩具有限公司侵害外观设计专利权纠纷案 / 054

第二部分 ｜ 商标部分

"商标性使用"是认定侵权的前提

——青岛某中生态股份有限公司与武某安侵害商标权纠纷案 / 062

"生意参谋"助力赔偿数额

——邢台某动商贸有限公司与广州某词贸易有限公司、浙江某宝网络有限公司、广州市荔湾区某奔体育用品店侵害商标权纠纷案 / 066

被诉侵权产品无生产日期时如何确定生产时间的举证分配探讨

——岳某诉康某某、河北某川钓具销售有限公司侵害商标权纠纷案 / 076

批量维权案件的操作思路浅谈

——湖北某黑鸭企业发展有限公司与高某良侵害商标权纠纷案 / 084

"突出使用"构成商标侵权

——沈阳市沈河区某盛某派电器经销处、某派家居集团股份有限公司侵害商标权纠纷案 / 089

市场监督管理部门扣押的被告财务账簿的重要作用

——上海赖某服饰有限公司与河北某意制衣有限公司侵害商标权纠纷案 / 096

注册商标的专用权，以核准注册的商标和核定使用的商品为限

——薛某销售假冒注册商标的商品罪 / 105

主观上"不知道"系合法来源抗辩的必要条件

——广州某白企业集团有限公司与董某强、聊城市某能精细化工厂等侵害商标权纠纷案 / 120

被诉侵权人的侵权规模及侵权的主观恶意程度如何证明

——罗某国际电工（惠州）有限公司与王某（北京）商贸有限公司侵害商标权纠纷案 / 123

商标侵权人主观恶意的认定及思考

——石家庄某某惠通滤清器有限公司与李某胜、王某林侵害商标权及不正当竞争纠纷案 / 126

第三部分 ｜ 著作权部分

可以不经许可，但应当支付报酬而未支付的属侵权行为

——中国音乐著作权协会与石家庄广播电视台侵害作品广播权纠纷案 / 138

有证据证明实际著作权人的情况下，可以推翻署名行为的效力

——北京完美建信影视文化公司诉南宫市广播电视台侵害著作权纠纷案 / 142

关于"避风港原则"和"红旗原则"的思考

——河北广播电视台诉河北顶某文化传播有限公司侵害著作权及不正当竞争纠纷案 / 149

权利人不能证实软件形成时间早于被诉侵权软件应承担不利后果
　　——北京南某网络科技有限公司与沈阳诺某科技有限公司侵害计算机软件著作权纠纷案 / 154

第四部分 ｜ 不正当竞争及其他

保密措施应明确具体
　　——玉田县某公司与唐山某公司侵害商业秘密纠纷案 / 160

商业秘密重大损失的认定与后果
　　——曹某某侵犯商业秘密罪 / 165

以盗窃方式获取他人商业秘密的，构成侵权
　　——某泰压缩机（北京）有限公司等诉窦某虎等侵害技术秘密纠纷案 / 188

未有证据证明直接侵权，不能排除"反向工程"的合理抗辩
　　——石家庄开发区某泵泵业有限公司侵犯商业秘密罪案 / 194

网页被抄袭的维权路径
　　——河北中某通拍卖有限公司与江苏金某钢宝电子商务股份有限公司不正当竞争纠纷案 / 198

使用知名企业字号构成不正当竞争
　　——唐山市某斗路桥机械有限公司与郑州市某斗路桥有限公司不正当竞争纠纷案 / 212

特许经营合同纠纷中"冷静期"条款的法律适用
　　——刘某某与北京某酷网络科技有限公司特许经营合同纠纷案 / 228
案由的确定与选择对判决结果的重要性
　　——河北某标建材科技股份有限公司与某航百慕新材料技术工程股份有限公司技术服务合同纠纷案 / 235
恶意攀附他人知名自媒体名称构成不正当竞争
　　——廊坊市摩某特网络科技有限公司与固安某橙文化传媒有限公司不正当竞争纠纷案 / 242

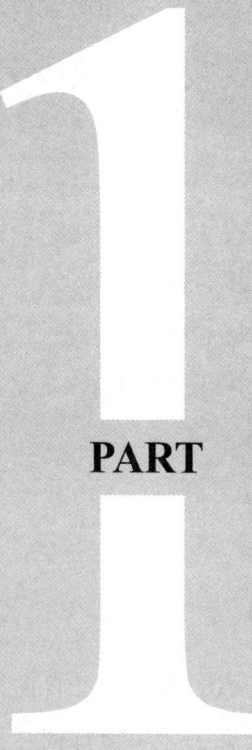

第一部分

专利部分

技术特征的正确划分与等同特征认定

——于某与某德防腐保温设备有限公司侵害实用新型专利权纠纷案[①]

要旨：对于技术特征的划分应以实现某一相对独立功能和效果的最小技术单元作为一项技术特征予以认定，而不能简单地以产品部件进行划分。技术特征的正确划分对于等同特征的认定具有重要影响。

案情介绍

【案情简介】

原告于某于2011年6月21日向国家知识产权局申请专利号为ZL2011 2021××××.0、名称为"一种自调心式聚氨酯发泡平台"的实用新型专利，2012年3月14日获得授权。该专利权利要求书记载：1.一种自调心式聚氨酯发泡平台，用于调整钢管及套于所述钢管外的夹克管之间的同心度。其特征在于，包括具有截面为圆弧形的支撑部的大架和截面为圆弧形的上翻转支撑架，所述支撑架部与所述上翻转支架的曲率半径相同，所述支撑部与所述上翻转支撑架的一侧通过转轴连接形成用于容置所述夹克管的空间；沿所述上翻转支撑架和所述支撑部径向均开设有多个通透的开槽，多个所述开槽沿所述上翻转支撑架和所述支撑部的母线组成设置，每组中至少包括两个所述开槽，每个所述开槽中分别设置一个向导架，位于同一母线上的每组开槽中的所述导向架固定一根位于所述上翻转支撑架和所述支撑部内的夹管方杠；每个所述导向架上分别设置一个用于控制所述导向架从而带动所述夹管方杠接近或远离所述夹克管运动的丝杠升降机。2.根据权利要求1所述的自调心式聚氨酯发泡平台，其特征在于，多个所述开槽分成8组，每组中的所述

[①] 该案荣获大成知识产权十佳专利诉讼案例奖。

开槽为2个，8组所述开槽沿所述上翻转支撑架和所述支撑部的外周均匀分布。……5.根据权利要求1或2所述的自调心式聚氨酯发泡平台，其特征在于，还包括设于所述大架底部的用于调节钢管的上下位置的两个钢管校正油缸。6.根据权利要求1或2所述的自调心式聚氨酯发泡平台，其特征在于，还包括与所述上翻转支撑架连接用于翻转所述上翻转支撑架的侧翻油缸。7.根据权利要求1或2所述的自调心式聚氨酯发泡平台，其特征在于，还包括设于所述大架其中一端的法兰顶出油缸支架和用于将所述法兰顶出油缸支架打开和关闭以使所述钢管放入所述夹克管中的开启油缸。

于某发现被告某德防腐保温设备有限公司（以下简称某德公司）制造、销售的自调心式聚氨酯发泡平台产品侵犯了其实用新型专利权，遂向石家庄市中级人民法院提起诉讼。请求法院判令：1.被告立即停止侵犯原告"一种自调心式聚氨酯发泡平台"实用新型专利权利要求1—7的行为；2.被告赔偿原告经济损失300000元。由于被诉侵权产品体积较大，为确保被诉侵权产品不会遭到毁损、灭失，原告向一审法院申请诉前财产保全，请求查封某德公司制造、销售的自调心式聚氨酯发泡平台产品或与该设备等值的10万元财产。一审法院于2016年1月15日作出（2016）冀01财保字第×号民事裁定书，并查封被诉侵权设备一台。

某德公司辩称，1.原告提交的证据不能证明被告现生产的聚氨酯发泡平台产品落入原告专利权保护范围；2.被告现发明研制的发泡平台与原告所述专利有诸多不同，未落入其专利保护范围；3.原告所诉赔偿数额无事实根据和法律依据，请求法院依法驳回原告的诉讼请求。

庭审之前，一审法院组织原被告双方到现场对被诉侵权设备进行比对。

一审法院经比对后认为，被控侵权产品没有涉案专利权利要求1中第四个技术特征的通透开槽及开槽中设置的导向架；没有权利要求2中的开槽；没有权利要求5中的校正油缸；没有权利要求7中的开启油缸，因此一审法院认定被诉侵权产品未落入涉案专利权保护范围，不构成侵权，判决驳回原告诉讼请求。

原告代理人认为，比对过程中一审法院对于技术特征的划分有误，不能单纯以被诉侵权设备没有专利权利要求记载的某个部件，而直接认定不构成侵权。技术特征划分不能以产品部件进行划分，而应以实现某一相应独立功能的技术单元作为一项技术特征予以认定。涉案专利的技术特征与被诉侵权产品技术特征构成等同特征，被诉侵权产品落入涉案专利权的保护范围。被诉侵权产品没有设置"开槽"，而是直接将导向架固定在上翻转支撑架和支撑部上，实现的技术效果与原告的专利技术相同，均是通过设置在支撑系统的调节系统和升降来校正夹克管的圆柱度，符合"以基本相同的手段，实现基本相同的功能，达到基本相同的效果，且本领域普通技术人员无需经过创造性劳动就能联想到特征"的情形。

于某不服河北省石家庄市中级人民法院（2016）冀01民初××号民事判决，上诉至河北省高级人民法院。

河北省高级人民法院二审认为根据专利法的相关规定，实用新型专利是指对产品的形状、构造或者其结合所提出适于实用的新的技术方案，因此涉案专利作为实用新型专利，其较之现有产品的创新所在应是产品的形状、构造或者其结合。在本案中，被诉侵权产品与涉案专利相比，缺少通透开槽及开槽中设置的导向架等部件，在外观构造上存在明显区别，在制作工艺和部件构成上也存在不同。被诉侵权产品采取了与涉案专利相比更简化的直接固定连接丝杠升降机的方式，这种连接方式既不属于基本相同的手段，也不属于本领域普通技术人员无需经过创造性劳动就能联想的情形，应属于区别于涉案专利的新的技术方案，不应仅因两者属于同类产品而要求达到基本相同的效果就认定为构成等同侵权。被诉侵权产品与涉案专利存在上述不同，也不构成等同，并未落入涉案专利的保护范围，不构成实用新型专利侵权。2017年9月18日，河北省高级人民法院作出（2017）冀民终×××号民事判决，判决驳回上诉，维持原判。

于某对二审判决仍然不服，向最高人民法院提起再审。再审主要理由：二审法院认定涉案专利为形状、构造或者其结合的实用新型技术方案，而被诉侵权产品相对涉案专利缺少"通透的开槽及开槽中设置的导向架等部件"因而认定不构成等同侵权是错误的，一、二审法院认定事实和法律适用错误，请求依法提审或指令再审。具体理由如下：

技术特征不能以产品部件进行划分，而应以实现某一相应独立功能的技术单元作为一项技术特征予以认定。技术特征是指构成要求保护的技术方案的技术单元，每个技术单元能够实现相对独立的功能，产生相应的效果。就产品而言，技术特征不等同于产品的组成部件，不能根据产品部件简单地划分技术特征。如果由一个以上的部件组合形成特定工作关系以实现某一相应独立功能的技术单元，应当作为一项技术特征予以认定。

涉案专利"开槽及开槽中设置的导向架"结构特征是解决夹克管方杠沿径向移动的技术问题，所以笔者认为此结构特征是产生相对独立的技术效果的最小技术单元，即所述夹克管在丝杠升降机和所述开槽中设置的导向架作用下沿支撑部作径向移动，实现对夹克管的夹持效果。被诉侵权产品同样为了实现对夹克管的夹持，采用了与本专利相同的螺旋传动机构（丝杠升降机），并且其丝杠的移动同样是在丝杠螺母套的导向作用下沿支撑部作径向移动，也就是说被诉侵权产品的丝杠螺母套的导向作用与本专利的开槽中设置的导向架是等同结构特征，并且是能够相对独立地执行一定功能、产生相对独立的技术效果的最小技术单元。

涉案专利的技术特征"沿所述上翻转支撑架和所述支撑部径向均开设有多个通透的开槽，多个所述开槽沿所述上翻转支撑部的母线成组设置，每组至少包括两个所述开槽"，明确表述涉案专利的"开槽"技术特征，而被诉侵权产品中并没有"开槽"这一技术特征。但仅此并不能得出被诉侵权产品不构成侵权的结论。涉案专利的技术特征开槽中设置导向架和丝杠升降机，被诉侵权产品的导向架设置位置与专利技术开槽位置相同，在专利技术特征开槽的位置同样设置有导向架，导向架固定一根夹管方杠是本领域普通技术人员就可以想到的。开槽仅起到固定导向架的功能，起到位置固定和标记作用，本身再无其他功能。被诉侵权产品未设置开槽而是直接固定导向架在上翻转支撑架和支撑部。固定导向架可以设置开槽也可以不设置开槽而直接固定，本领域普通技术人员当然容易想到不开槽而直接固定导向架，直接将导向架通过设置在支撑系统上的调节系统的升降机构靠近或远离所述夹克管。

专利技术方案与被诉侵权产品技术特征构成等同。专利技术开设多个通透的开槽的目的是设置导向架，而导向架与丝杠升降机构成升降机构起到靠近或远离所述夹克管的运动，以起到校正所述夹克管的作用。被诉侵权产品没有设置开槽而是直接将导向架固定在上翻转支撑架和支撑部上，实现的技术效果与专利技术相同。被诉侵权产品与专利的发泡平台在操作方式和步骤上基本相同，均是通过设置在支撑系统的调节系统和升降动作来校正夹克管的圆柱度，并且二者的调节系统也是相同的，因此本领域技术人员容易想到不采取开槽的方式而是直接将导向架固定在支撑部上，符合等同技术特征的"以基本相同的手段，实现基本相同的功能，达到基本相同的效果，并且本领域普通技术人员无需经过创造性劳动就能联想到特征"的情形。

2017年12月25日，最高人民法院作出（2017）最高法民申××号民事裁定，指令河北省高级人民法院再审。

2020年5月20日，河北省高级人民法院作出（2018）冀民再××号再审民事判决，认定被诉侵权产品构成等同侵权并判决赔偿损失8万元。

【争议焦点】

一、某德公司是否构成涉案实用新型专利侵权，即专利权利要求1中开槽中设置的导向架和丝杠升降机与被诉侵权产品中的丝杠升降机（丝杠螺母套）是否构成等同特征；

二、如果构成侵权，应如何承担民事责任。

【审判结果】

一、撤销河北省高级人民法院（2017）冀民终××号民事判决及河北省石家庄市中级人民法院（2016）冀01民初××号民事判决；

二、被申请人某德公司立即停止侵犯再审申请人于某的（专利号2011 2021××××.0）实用新型专利权行为；

三、被申请人某德公司自本判决生效之日起十五日内赔偿再审申请人于某经济损失8万元（含合理维权费用）；

四、驳回再审申请人于某的其他诉讼请求。

案例评析

本案为一典型的等同特征侵权案例，争议焦点为专利权利要求1中开槽中设置的导向架和丝杠升降机与被诉侵权产品中的丝杠升降机（丝杠螺母套）是否构成等同特征。

《最高人民法院关于审理专利纠纷案件适用法律问题的若干规定》[①]第十七条第二款规定，"等同特征，是指与所记载的技术特征以基本相同的手段，实现基本相同的功能，达到基本相同的效果，并且本领域普通技术人员在被诉侵权行为发生时无需经过创造性劳动就能够联想到的特征。"对于技术特征，应以实现某一相对独立功能和效果的最小技术单元作为一项技术特征予以认定，而不能简单地以产品部件进行划分。具体到本案，涉案专利权利要求1记载："沿所述上翻转支撑架和所述支撑部径向均开设有多个通透的开槽，多个所述开槽沿所述上翻转支撑架和所述支撑部的母线组成设置，每组中至少包括两个所述开槽，每个所述开槽中分别设置一个导向架，位于同一母线上的每组开槽中的所述导向架固定一根位于所述上翻转支撑架和所述支撑部内的夹管方杠；每个所述导向架上分别设置一个用于控制所述导向架从而带动所述夹管方杠接近或远离所述夹克管运动的丝杠升降机。"据此可见，开槽的设置是为了安装导向架，而设置导向架是为了稳定与之相固定的丝杠升降机，因此，开槽、导向架和丝杠升降机的作用方式及原理应作为一

---

① 本规定生效日期为2015年2月1日，现已修订。

个独立技术特征进行比对。经与被诉侵权产品比对，虽然被诉侵权产品没有开槽及开槽中设置的导向架，而是将丝杠升降机直接固定在校正方杠（夹管方杠）上，但丝杠升降机经过加粗加大处理，其作用基本是涉案专利中导向架及丝杠升降机的作用。涉案专利是在导向架上设置带动夹管方杠运动的丝杠升降机，丝杠升降机也是固定在夹管方杠上。导向架则是起到稳定丝杠升降机的作用，丝杠升降机控制导向架带动夹管方杠进行运动。被诉侵权产品中丝杠升降机被加粗加大后，也能起到固定和传动的效果。因此，河北省高级人民法院在认为两者"达到基本相同的效果"的情况下，却以被诉侵权产品缺少通透开槽及开槽中设置的导向架等部件即认定不构成等同特征，有所不当。

河北省高级人民法院再审认定关于某德公司构成对涉案专利的侵权。《最高人民法院关于审理专利纠纷案件适用法律问题的若干规定》第十七条第二款规定，"等同特征，是指与所记载的技术特征以基本相同的手段，实现基本相同的功能，达到基本相同的效果，并且本领域普通技术人员在被诉侵权行为发生时无需经过创造性劳动就能够联想到的特征"。对于技术特征，应以实现某一相对独立功能和效果的最小技术单元作为一项技术特征予以认定，而不能简单地以产品部件进行划分。本案中，专利权利要求1记载的技术特征为，"沿所述上翻转支撑架和所述支撑部径向均开设有多个通透的开槽，每组中至少包括两个所述开槽，每个所述开槽中分别设置一个导向架，位于同一母线上的每组开槽中的所述导向架固定一根位于所述上翻转支撑架和所述支撑部内的夹管方杠，每个所述导向架上分别设置一个用于控制所述导向架从而带动所述夹管方杠接近或远离所述夹克管运动的丝杠升降机"。而被诉侵权产品的技术特征是多个丝杠升降机按径向直接固定在翻转支撑架和支撑部上，丝杠升降机的丝杠的一端直接固定在校正方杠上，每个校正方杠对应两个以上的丝杠升降机。从采用的技术手段、实现的功能和达到的效果三方面分析认为，专利权利要求1的技术手段是导向架设置于开槽中，导向架固定连接夹管方杠，丝杠升降机控制导向架从而带动夹管方杠接近或远离夹克管。而被诉侵权产品的技术手段是加粗加大的丝杆升降机直接连接夹管方杠，带动夹管方杠接近或远离夹克管。两者均是采用丝杠传动的方式，带动夹管方杠的径向运动，采用的技术手段基本相同。权利要求1中丝杠升降机实现的功能是作为方杠径向运动的驱动机构，而被诉侵权产品中丝杠升降机实现的功能也是作为方杠径向运动的驱动机构，两者的功能均是以丝杠升降机作为方杠径向运动的驱动机构，二者以同样技术手段实现的功能基本相同。权利要求1中达到的效果是通过方杠径向运动，实现了对夹克管表面进行校直和校正。而被诉侵权产品也是通过方杠径向运动实现了对夹克管的表面进行校直和校正，二者达到的效果均是通过方杠径向运动，实现了对夹克管的表面进行校直和校正，两者达到的效果基本相同。综上可知，被诉侵权产品的技术特征符合《最高人民法院关于审理专利纠纷案件适用法律问题的若干规定》第十七条第二款规定的等同特征，其落入了涉案专利权利要求1的保护范围，构成等同侵权，故于某主张某德公司的产品侵犯其专利权利成立，原审未认定某德公司构成等同侵权不当。于某要求某德公司停止制造、销售、许诺销售等侵害其"一种自调心式聚氨酯发泡平台"实用新型专利权的行为，再审法院予以支持。

本案发回河北省高级人民法院重审后，笔者在开庭前后提交了多份代理意见，分析了技术特征应如何划分及本案构成等同特征的诸多理由，并提交了比对图及视听资料。前述可视化分析材料对于最终认定等同侵权起到了促进作用。

心得体会

本案于2017年提起侵犯实用新型专利权诉讼，案件经过一审、二审、再审、指令再审，最终河北省高级人民法院于2020年5月作出再审生效判决。历时之久，过程之艰辛，笔者作为代理人，切身体会到了等同特征的认定的曲折与不易。

本案之所以能够取得成功，不仅需要原告坚定不移的决心和对代理律师的信任，更需要人民法院细致、耐心的推敲。虽然本案诉讼标的较小，但是案件的定性对于原告实用新型专利权的保护却极其重要。等同侵权的判定遏制了不良商家企图通过"偷梁换柱"的手段来规避侵权的行为。此外，本案之所以能够胜诉，也离不开代理人对等同特征的深刻理解及可视化证据材料的提交，希望本案可以为同仁提供一些参考。

（撰稿人：王现辉）

①

---

① 此二维码为本案生效裁判文书。

授权公告日前后的销售行为
——赵某某、于某某与吴某侵害实用新型专利权纠纷案[①]

要旨：实用新型专利权人对于他人在实用新型专利权授权公告日前实施该专利的行为，并不享有请求他人停止实施的权利。他人在实用新型专利权授权公告日前实施该专利，包括制造、使用、销售、许诺销售和进口实用新型专利产品，并不为专利法所禁止，相关实用新型专利产品不构成侵权产品。在此情况下，对于实用新型专利权授权公告日前已经售出的产品的后续行为，包括使用、许诺销售和销售，应当得到允许。

案情介绍

【案情简介】

2014年10月28日，吴某提交了"一种箱式传动机构及包含该传动机构的水田筑埂机"实用新型专利申请，2015年2月18日获得授权，专利号为ZL20142063××××.2。2014年9月到10月，赵某某从某海机械有限公司（以下简称某海公司）、某河机械有限公司（以下简称某河公司）购买了20台水田筑埂机，并于2015年2月8日开始销售。

吴某以赵某某销售的水田筑梗机侵害其实用新型专利权为由，向法院提起诉讼。一审法院判决：一、赵某某、于某某自该判决生效之日起停止对吴某ZL20142063××××.2"一种箱式传动机构及包含该传动机构的水田筑埂机"实用新型专利权的侵害行为；二、赵某某、于某某赔偿吴某经济损失8万元，于该判决生效之日起十日内付清。

赵某某、于某某不服一审判决，委托笔者代理其向黑龙江省高级人民法

[①] 该案被评为2016年度黑龙江省知识产权十大典型案例。

院提起上诉。二审判决以被诉侵权产品于案涉专利授权公告日之前即已完成生产并开始销售为由撤销一审判决，驳回吴某诉讼请求。

【争议焦点】

授权公告日后的销售行为是否侵害实用新型专利权。

【审判结果】

二审法院判决，撤销一审判决，驳回吴某一审诉讼请求。

案例评析

（一）授权公告日之前的销售行为不属于侵权行为

一审法院认定"赵某某、于某某在庭审中自述，2014年11月，吴某在虎林市寻找销售代理，虎林市万里农机修理部从吴某处运来4台筑埂机进行销售，赵某某、于某某自2015年2月8日开始销售被诉侵权产品……其销售行为是在涉案专利申请日之后，并且是了解了专利产品的技术特征之后进行的本案销售行为，赵某某、于某某未经涉案专利权人认可，在涉案专利公告日之后和了解了专利产品的技术特征之后，以生产经营为目的销售被诉侵权产品，构成专利侵权，应当承担相应的民事责任"。

一审法院的上述认定是错误的，涉案专利的保护期限从专利申请日起算，而涉案专利权的保护从该权利被授予开始，实用新型专利申请在授权公告之前一直是保密的，正常情况下上诉人不会接触到该实用新型专利。涉案专利授权公告日为权利公开日，从该日起公众才能够知晓涉案专利权的相关内容，授权公告日才是涉案专利权生效并获得排他权利的保护之日，在涉案专利权申请日至授权公告日的保护期之内，与之相关的制造、销售、许诺销售均不属于侵权行为。

涉案专利的申请日为2014年10月28日，授权公告日为2015年2月18日，一审法院依据赵某某、于某某自述2014年11月销售吴某处运来的4台筑埂机，据此认定赵某某、于某某是在涉案专利申请日之后，并且是在了解了专利产品的技术特征之后进行销售行为是错误的。在涉案专利没有授权公告之日前，赵某某、于某某无从知晓涉案专利的技术特征，吴某运来的产品也不能称为专利产品。2015年2月18日授权公告日之前的销售行为根本不属于侵权。

（二）授权公告日之后的销售行为同样不构成侵权行为

本案中，被上诉人吴某没有证据证明上诉人赵某某、于某某2015年2月18日之后存在销售行为，一审法院并没有对此予以查明。退一步讲，即使2015年2月18日之后上述人存在销售行为，同样不属于侵权行为。

对于侵犯实用新型专利权行为的认定，应当全面、综合地考虑《专利法》[①]的相关规定，合理平衡实用新型专利权人与社会公众之间的利益。根据《专利法》第十一条的规定，实用新型专利被授予后，专利权人才能取得制止他人未经许可实施其专利的权利，即他人不得为生产经营目的制造、使用、许诺销售、销售、进口实用新型专利权人的专利产品。同时，根据《专利法》第四十条的规定，实用新型专利权和外观设计专利权自公告之日起生效。由此可见，专利权人对于他人在实用新型专利授权公告日前实施该专利的行为，并不享有请求他人停止实施的权利。他人在实用新型专利授权公告日前实施该发明，包括制造、使用、销售、许诺销售和进口实用新型专利产品，并不为专利法所禁止，相关实用新型专利产品不构成侵权产品。在此情况下，对于实用新型专利授权公告日前已经售出的产品的后续行为，包括使用、许诺销售和销售，也应得到允许。如果实用新型专利权人在授权公告日后可以禁止该专利授权公告日前已经售出的产品的后续行为，则相当于实用

---

① 生效时间为2009年10月1日，2020年已修正，后同。

新型专利权的效力可以从授权公告日后向前延伸到授权公告日前的合法行为，不适当地扩大了专利法授予实用新型专利权人的权利范围，损害了社会公众应有的利益。本案中，一审法院对赵某某、于某某提交证据B5《货物运输合同》及证据B7《1SG-75型筑埂机使用说明书》记载的内容予以确认并在"本院认为"中认定"《货物运输合同》的日期为2015年2月1日，到货时间为2015年2月8日，即使该合同所承运的是被诉侵权产品，亦只能证明赵某某、于某某系在涉案专利申请日之后取得了被诉侵权产品"。一审法院认定的某海公司生产并销售给于某某、赵某某被诉侵权产品的行为在本案专利授权公告日前已经完成，该行为不为专利法所禁止。在此情况下，上诉人于某某、赵某某销售所购买的被诉侵权产品的行为也应得到允许。因此，于某某、赵某某后续的销售行为不侵犯本案实用新型专利权。

心得体会

专利权人对他人在实用新型专利权公告日前实施该专利的行为，并不享有请求他人停止实施的权利。他人在实用新型专利授权公告日之前实施该专利，包括制造、使用、销售、许诺销售和进口实用新型专利产品，并不为《专利法》所禁止，不构成侵权。在此情况下，对于实用新型专利授权公告日之前已经生产、销售完毕产品的后续行为，包括使用、许诺销售和销售，即便其行为延续至专利权授权公告日之后，也应得到允许，否则即相当于实用新型专利权的效力可以追溯至授权公告日前的合法行为，不适当地扩大了《专利法》授予实用新型专利权人的权利范围，损害了社会公众应有的利益。

本案涉及实用新型专利在授权公告日之前的销售行为是否构成侵权的问题，而发明专利与实用新型专利在该问题上的处理有些许不同。

实用新型专利权人对于他人在实用新型专利权授权公告日前实施该专利的行为，并不享有请求他人停止实施的权利。他人在实用新型专利权授权公告日前实施该专利，包括制造、使用、销售、许诺销售和进口实用新型专利产品，并不为专利法所禁止，相关实用新型专利产品不构成侵权产品。在此情况下，对于实用新型专利权授权公告日前已经售出的产品的后续行为，包括使用、许诺销售和销售，应当得到允许。

实用新型专利权与外观设计专利权均适用于上述规则，而发明专利权则不同。发明专利实行早期公开、延迟审查制度，因此存在专利申请公布日与授权公告日之间的临时保护期。《专利法》第十一条规定的侵权行为均存在于专利权被授予之后，临时保护期内实施发明专利不属于侵权行为，但是临时保护期内使用应支付使用费，且司法实践中一般按照与构成侵害发明专利权相似的标准来确定使用费的数额。

实用新型专利与外观设计专利因不存在临时保护期的问题，在授权公告日之前的销售、许诺销售或者使用行为均不构成侵权。实践中争议较大的问题是，在发明专利的临时保护期内已制造、销售、进口的产品能否在专利授权公告日后销售、许诺销售或者使用？司法实践中曾有两种意见。第一种意见认为，临时保护期内制造、销售、进口的产品不是侵权产品，专利权人无权在授权公告日之后禁止非侵权产品的后续销售、使用等行为，即与上述实用新型专利规定相同；第二种意见认为，依照《专利法》第十一条的规定，专利权被授予后，专利权人可以禁止他人未经其许可的任何实施行为。使用、销售、许诺销售临时保护期内已制造、销售、进口的产品，不属于《专利法》第六十九条规定的不视为侵权的情形，故应依法被禁止。如果采用第一种意见，可能导致行为人在临时保护期内囤积产品，待授权公告日后再销售的情况；如果采用第二种意见，则与临时保护期内制造的产品不是侵权产品的定性不符，对于被告过于严苛。《最高人民法院关于审理侵犯专利权纠纷案件应用法律若干问题的解释（二）》第十八条第三款规定："发明专利公告授权后，未经专利权人许可，为生产经营目的使用、许诺销售、销售在本条第一款所称期间内已由他人制造、销售、进口的产品，且该他人已支付或者书面承诺支付专利法第十三条规定的适当费用的，对于权利人关于上述使用、许诺销售、销售行为侵犯专利权的主张，人民法院不予支持。"上述规定以是否支付《专利法》第十三条规定的适当费用作为侵权与否的分界点，明确了发明专利授权公告日后，为生产经营目的使用、许诺销售、销售的特殊性所在，区别了发明专利因存在临时保护期而与实用新型、外观设计在此类问题上的不同。建议公司在专利权受到第三方侵害之时，尽早向知识产权专业律师咨询，维护自身权益；同时也建议同行律师，在面对专利侵权纠纷中，明确发明专利与实用新型专利及外观设计专利在相同问题上的区别规定，有针对性地制定诉讼策略，全方位维护当事人的合法权益，使其知识产权这种无形财产得到最大限度的保护。

（撰稿人：王现辉）

①

---

① 此二维码为本案生效裁判文书。

抵触申请的实体认定并非抵触申请抗辩成立的前提
——A公司与B公司侵害实用新型专利权纠纷案

要旨：在认定是否构成抵触申请时，仅考虑时间要件即可，是否公开了同样的发明、实用新型或者外观设计，属于涉案专利相对于抵触申请是否具有新颖性或可授权性的实体认定，不宜将两者混为一谈。在抵触申请纠纷中不应审查是否是同样的发明创造，即不审查实体性问题，而应只以申请在前、公开在后的申请首先与被诉侵权产品进行比对，如果相同则不侵权。

案情介绍

【案情简介】

2016年5月10日，原告A公司向国家知识产权局提交了一件名称为"空气检测仪"的实用新型专利申请。12月14日，该专利申请获得授权（专利号：ZL20162041××××.5）。原告指控被告B公司以制造、销售的方式侵害其实用新型专利权，要求被告停止侵权并赔偿经济损失50万元。被告B公司以实施自己实用新型专利权为由作不侵权抗辩，该专利的申请日在涉案专利申请日之前，公开日在该申请日之后。

【争议焦点】

抵触申请抗辩是否必须以抵触申请成立为前提？即须和涉案专利技术构成同样的发明或者实用新型为前提，或是直接参照现有技术的比对方法将被诉侵权产品与抵触申请进行比对，如果相同或者实质相同则抵触申请抗辩成立。

📝 案例评析

(一)抵触申请的定义及规定要件

我国专利法对抵触申请的定义未进行规定。与之有关的法律规定体现于两处,一是《专利法》第二十二条第二款有关发明、实用新型专利的新颖性的规定;二是《专利法》第二十三条第一款有关外观设计专利新颖性的规定。在上述法律规定的基础上,2010年修订的《专利审查指南》第二部分第三章2.2以及第四部分第五章5中,分别对发明、实用新型专利的"抵触申请"和外观设计专利的抵触申请做出了定义。即"根据专利法第二十二条第二款的规定,在发明或者实用新型的判断中,由任何单位或者个人就同样的发明或者实用新型已在申请日以前向专利局提出并且在申请日以后(含申请日)公布的专利申请文件或者公告的专利文件损害该申请日提出的专利申请的新颖性。为描述简便,在判断新颖性时,将这种损害新颖性的专利申请,称为抵触申请"。

从上述定义可以看出,在认定一项专利(或专利申请)是否构成抵触申请时,需要考虑三个条件:第一,在先申请的申请日(优先权日)早于在后申请的申请日(优先权日),但不包括两件申请申请日相同的情况;第二,在先申请的公开日期晚于在后申请的申请日(优先权日),包括在先申请的公开日期与在后申请的申请日相同的情况;第三,在后申请的权利要求所要求保护的发明或者实用新型已经被在先申请的整个申请文件所披露,即必须是就同样的发明或者实用新型提出的申请。满足以上三个条件,在先申请则构成了在后申请的"抵触申请"。此"抵触申请"的定义系在专利授权阶段评价专利新颖时应当考虑的,即"抵触申请"的实体认定条件。

(二)抵触申请抗辩与现有技术的异同

抵触申请与现有技术有明显区别,主要包括:1.公开时间不同。现有技术的公开时间在涉案专利的申请日之前，而抵触申请的公开时间在涉案专利的申请日之后，故抵触申请本质上是在先申请。2.法律性质不同。除新颖性外，现有技术还可以用于评价涉案专利的创造性，例如将不同的现有技术进行组合，或者将现有技术与本领域的公知常识结合，或者在现有技术的基础上进行逻辑分析或者推理。而抵触申请仅可用于评价新颖性，不能与其他现有技术、抵触申请或者公知常识结合评价创造性。3.公开形式不同。现有技术既包括出版公开，也包括使用公开和其他方式公开。抵触申请只能构成出版公开。4.地域要求不同。在我国境内外公开的技术均可以构成现有技术，而抵触申请必须是在我国提交的专利申请或者专利，向其他国家或者地区（例如欧盟、我国台湾地区）提交的专利申请或者专利文件不能构成抵触申请。

虽然抵触申请与现有技术有诸多不同之处，但其有一个重要的共性：均可以破坏专利申请或者被授权专利的新颖性，从而破坏技术方案的可专利性。在发生专利侵权纠纷时，被控侵权人可以利用现有技术向专利复审委申请宣告原告的专利无效，也可以直接以现有技术进行不侵权抗辩，这样就避免了程序上的烦琐，提高了诉讼效率。根据《专利法》（2008年修正）第六十二条[①]规定，在专利侵权纠纷中，被控侵权人有证据证明其实施的技术或者设计"属于现有技术或者现有设计的"，不构成侵犯专利权。《专利法》第六十二条仅仅规定了以现有技术进行不侵权抗辩，而没有明确提到抵触申请抗辩，但是由于抵触申请在破坏技术方案可专利性方面扮演着和现有技术相近的角色，因此在一段时间内，在是否可以援引抵触申请进行现有技术抗辩这一问题上一直存在争议，并且在司法实践中各地法院的判决也不一致。不过目前，我国在立法、行政和司法层面对于抵触申请能否类推适用于现有技术抗辩的问题已基本趋于一致，即抵触申请可以参照现有技术进行抗辩，争议的焦点转变为抵触申请抗辩的具体适用范围和适用方法之争。

---

① 《专利法》2020年修正后，现为第六十七条。

（三）抵触申请抗辩的具体适用范围和适用方法

笔者思考的问题为：是否只要是申请在先、公开在后，且抵触申请与被诉侵权产品特征相同或者实质相同即可以认定抵触申请抗辩成立，而不考虑抵触申请与专利技术的比对。即不考虑《专利审查指南》抵触申请定义中的二者是否系同样的发明或实用新型，而是参照现有技术的抗辩思路及比对顺序进行（将抵触申请与被诉侵权产品的技术特征进行比对，只要被诉侵权产品与抵触申请相同则无须比对抵触申请与专利技术异同，则认定抵触申请抗辩成立）。

司法实践中存在一种观点，认定抵触申请与现有技术确有不同，抵触申请的定义中明确规定抵触申请以同样的发明或者实用新型为前提，是否应以抵触申请与涉案专利技术特征进行比对，以构成同样的发明或者实用新型为基础，如不构成同样的发明或者实用新型则因不符合相关定义，即无须与被诉侵权产品进行比对分析即可直接得出抵触申请抗辩不成立的结论。上述观点在山东艾某姆机电有限公司与山东某豪工贸有限公司、兖州煤业股份有限公司济宁某号煤矿侵害实用新型专利权纠纷一案[①]中得到体现。该案认定，抵触申请指的是与专利申请同样的技术方案，在专利申请日前已向国务院专利行政部门提出过申请，并记载在专利申请日后公布的专利申请文件或者公告的专利文件中的申请。可见，抵触申请中的技术方案必须是与专利同样的技术方案。本案中"滚轮罐耳的滚轮支撑体"实用新型专利并非是与涉案专利权利要求1同样的技术方案，其不构成涉案专利的抵触申请。所以，某豪公司关于被诉侵权产品系实施涉案专利抵触申请中的技术方案不侵害涉案专利权的主张不能成立。即抵触申请中的技术方案必须是与专利同样的技术方案作为前提要件，如果比对结果不同，则直接否定抵触申请的抗辩。

笔者并不赞成上述案例的观点。如被诉侵权技术方案已被抵触申请完整公开，在与抵触申请抗辩中的"抵触申请"构成相同的情形下，在该技术

---

① 山东省高级人民法院（2016）鲁民终2359号。

方案相对于抵触申请不具有新颖性时，抵触申请抗辩已经成立，则无须再比对抵触申请与涉案专利是否构成同样的发明创造。可见，抵触申请抗辩中的"抵触申请"与《专利审查指南》规定的"抵触申请"并非同一概念。不过，由于学术界和实务界普遍将这种抗辩类型称为"抵触申请抗辩"，故不可避免地在一定程度上造成了许多学者和实务界人士的误解，认为被控侵权人援引抵触申请技术抗辩时，必须首先证明该引证技术构成抵触申请（包括时间要件和内容要件）。实际上被控侵权人只需证明援引的技术符合抵触申请"在先申请，在后公开"的时间要件即可，无须证明其援引的技术符合与专利技术属于相同的技术方案这一内容要件。这与适用现有技术抗辩时，不需要事先将现有技术与涉案专利技术进行比对以确定现有技术是否损害涉案专利技术的新颖性或者创造性的原理是一致的。

对于抵触申请抗辩成立的条件，《最高人民法院知识产权案件年度报告（2015）摘要》在再审申请人慈溪市某生塑料制品有限公司与被申请人陈某侵害实用新型专利权纠纷案［（2015）民申字第188号］中，最高人民法院指出，被诉侵权人以其实施的技术方案属于抵触申请为由，主张不侵害专利权的，应当审查被诉侵权技术方案是否已被抵触申请完整公开。在该技术方案相对于抵触申请不具有新颖性时，抵触申请抗辩成立。

最高人民法院指出，在认定一项专利是否构成涉案专利抵触申请时，应当将该专利的申请日、公布日或者授权公告日与涉案专利的申请日进行比对。如果该专利的申请日在涉案专利的申请日之前，公布日或者授权公告日在涉案专利的申请日之后，则该专利可以构成涉案专利的抵触申请。最高人民法院并未受抵触申请两相同的束缚，直接认定申请在前，公开在后即为抵触申请，可以参照现有技术进行比对。另外，杜微科法官在其撰写的《抵触申请抗辩及其制度完善》①一文中提到，在认定是否构成抵触申请时，仅考虑时间要件即可，是否公开了同样的发明、实用新型或者外观设计，属于涉案

---

① 杜微科、傅蕾：《抵触申请抗辩及其制度完善》，载《知识产权》2016年第11期，第26—35页。

专利相对于抵触申请是否具有新颖性或可授权性的实体认定,不宜将二者混为一谈。在侵权纠纷中不应审查是否是同样的发明创造,即不审查实体性问题,认为只要是申请在前、公开在后的申请首先与被诉侵权产品进行比对,如果相同则不侵权。

综上所述,在专利侵权诉讼领域,抵触申请是指在申请日以前向国务院专利行政部门提出的申请,并在申请日以后公布的专利申请文件或公告的专利文件。在专利侵权诉讼中,被诉侵权人有证据证明其实施的技术或者设计属于抵触申请的,不构成侵犯专利权。被控侵权人仅需证明其援引抗辩的技术方案符合抵触申请"在先申请,在后公开"这一时间要件即可进行相关技术比对,无须先行证明其援引的技术与专利技术属于相同的技术方案。但需要强调的是,为了与现阶段专利授权确权制度保持一致,抵触申请技术抗辩仅限于评价被控侵权技术的新颖性,而不能用于评价被控侵权技术的创造性。

(撰稿人:王现辉)

①

---

① 此二维码为本案生效裁判文书。

确认不侵害专利权纠纷或是解决侵权与否不确定状态的选择路径
——石家庄某盼节能科技公司、张某与孙某敏确认不侵害专利权纠纷案[①]

要旨：在收到权利人发送的警告函后，应委托专业律师进行分析，以确定是否构成侵权。在未进行详细分析之前的"对抗"行为或者"妥协"行为均存在风险，在此基础上针对权利人的警告干扰市场竞争的，应及时根据规定作出回应，在权利人未及时撤回警告或者提起诉讼后，提起确认不侵权之诉确定不侵权并要求权利人支付维权相应的合理开支，在市场竞争行为中赢得主动。

案情介绍

【案情简介】

石家庄某盼节能科技有限公司（以下简称某盼公司）系一家节水环保高科技企业，致力成为节水产品和服务的重要提供者。2018年1月24日，张某、某盼公司收到专利权人孙某敏委托河北某律师事务所发来的一份律师函，其中称张某授权某盼公司在某机关单位节水改造项目中使用的产品，构成对其专利权的侵害，要求停止制造、销售和使用行为。

笔者团队接受张某、某盼公司的委托，分析后认为涉案专利技术特征较为简单，极有可能构成现有技术，于是便展开了大量的检索工作，终于在某官方网站上检索到了一段视频，视频发布时间早于涉案专利的申请日，且视频对专利产品技术特征进行了完整和详细的介绍。为此，笔者团队认为某盼公司的相关行为不构成对涉案专利权的侵害。确定了代理思路后，笔者团队作为原告方向一审法院提交了以下证据：

---

① 该案被评为2020年度河北省石家庄市中级人民法院知识产权十大典型案例。

表 1-1 本案提交证据清单

序号	证据名称	证明目的
1	河北某律师事务所律师函	证明：被告孙某敏委托河北某律师事务所向本案两原告发出侵犯专利权的律师函，要求原告停止侵权行为。
2	孙某敏授权委托书	
3	原告催告函	证明：原告在收到被告律师函后，经分析确定原告的产品不构成对被告专利权的侵害，为避免原告的经营受到该律师函的不利影响，原告于2018年3月26日向被告发催告函，请求被告撤回对原告的警告。
4	EMS快递单及回执	证明：本案被告于2018年3月28日及3月29日收到原告的催告函，但在一个月内并未撤回权利警告，也未在相应时间对原告提起诉讼，原告只能根据《专利法》及相关法律的规定主动向人民法院提起确认不侵害专利权之诉。
5	专利证书	证明：被告孙某敏在律师函中主张保护的一种小便器防反味装置的实用新型专利申请日为2014年11月26日，而原告找到的该产品最早已经于2013年2月13日在某酷网进行了公布，原告实施的技术属于现有技术，不构成对被告孙某敏实用新型专利权的侵害。
6	河北省石家庄市燕赵公证处（2018）冀石燕证民字第×××号公证书	证明：原告从某酷网上找到的地漏芯发布时间为2013年2月13日，被告涉案专利申请日为2014年11月26日，原告实施的技术属于现有技术，不构成对被告孙某敏实用新型专利权的侵害。
7	公证费发票	证明：原告为维护自己的权利所产生的合理开支包括律师费及公证费用，该部分费用应当由被告承担。
8	律师事务所代理合同及发票	

被告孙某敏辩称：

一、被告享有"一种小便器防反味装置"实用新型专利权，申请日期为2014年11月26日，专利号为ZL20142072××××.8。原告张某的"免冲水小便器下水结构"实用新型专利申请时间为2015年5月8日，且该专利技术中的防反味硅胶套落入了孙某敏在先专利的保护范围。因此张某侵犯了被告的专利权。二、律师函不具有法律效力，不会给两原告造成损失。相关法律规定仅支持制止侵犯专利权行为而支出的合理开支，包括律师费等。被告不侵犯原告专利权,确认不侵权之诉的相关开支不应由被告负担。三、原告并未提供其产品结构与被告专利技术进行比对,无法让法院进行不侵权确认。从原告提供的公证书来看,网络视频中并未对视频中的产品结构清晰地说明,仅进行安装,不能说明视频中产品是在先的公知技术产品。网络视频的上传时间受现代网络技术发达以及各种补痕修改技术的影响,真实性不能被认定。不能被认定为是2011年或者2012年上传,且视频制作方真实性无法确认。视频中的产品是用于地漏,与小便器不属于同一产品领域。即使相同的反味装置应用于小便器领域也应认定为创新。被告专利技术为有效的在先专利技术,原告的产品落入被告专利保护范围,侵犯了被告的专利权,请求驳回原告的诉求。

【三次庭审】

第一次庭审

2018年1月24日,本案被告孙某敏委托律师向原告张某发出律师函。律师函中要求张某在收到律师函三日内停止许可使用侵犯孙某敏实用新型专利权的行为,并书面承诺不会将该侵权产品许可使用于河北省某节水改造项目,且不在其他项目中实施侵犯孙某敏实用新型专利权的行为。

2018年3月26日,张某和某盼公司共同向孙某敏发出《催告函》称,1月19日,张某、某盼公司收到孙某敏发送的律师函。经审慎分析后认为,某盼公司使用的产品不构成对其专利权的侵害。并告知孙某敏收到催告函后一个月内撤回警告或者提起诉讼,以避免给双方造成更大的损失。2018年3月27日,张某向孙某敏寄出催告函,3月28日由谢某光代收。2018年3月28日,张某再次寄出催告函,3月29日由王某代收。

2014年11月26日,被告孙某敏发明的"一种小便器防反味装置"向国家知识产权局申请专利,2015年4月15日被授予实用新型专利权,专利号为ZL20142072××××.8,专利权人为孙某敏。该专利权利要求书记载:一种小便器防反味装置，其特征在于：它包含漏斗、圆形进口和胶片，漏斗的上端设置有圆形进口，漏斗的下端两侧为斜面设计，且两侧斜面的底部分别设置有胶片，两个胶片之间设置有缝隙。国家知识产权局于2018年6月25日出具的《专利登记簿副本》记载，该专利权有效，第四年度年费已缴纳。

2015年5月8日，原告张某发明的"免冲水小便器下水结构"向国家知识产权局申请专利，10月7日被授予实用新型专利权，专利号为ZL20152029××××.0，专利权人为张某。

2018年3月26日，原告代理团队向河北省石家庄市燕赵公证处（以下简称公证处）申请保全证据公证，公证内容为"某地漏芯介绍视频网络播放地址及视频内容"。在开庭审理前，合议庭组织双方当事人对公证书所附光盘进行了完整播放并收看。视频显示，某酷网页面记载的该视频上传时间为2013年2月13日。被告孙某敏对网络视频上传时间的真实性持有异议，但未提供相应证据予以佐证。

在法庭审理过程中，两原告承认制造、销售、使用了被告所称的侵犯被告专利权的产品，并提供了其产品实物。双方当事人将原告产品的技术方案与被告的"一种小便器防反味装置"实用新型专利权利要求书记载的技术方案进行了比对并作了比对陈述。一审法院经比对确认，原告制造、销售、使用的地漏芯中的技术特征完全覆盖了被告孙某敏"一种小便器防反味装置"实用新型专利权利要求记载的技术特征。

一审法院认为，通过比对认定，两原告制造、销售并使用的薄膜套产品，其技术特征已为原告证据6中地漏心的技术特征完全覆盖，其技术方案属于现有技术。根据《专利法》的规定，两原告不构成侵犯被告孙某敏"一种小便器防反味装置"实用新型专利权。原告关于确认其生产、销售小便器防反味装置产品的行为不侵害被告孙某敏实用新型专利权的诉讼请求，符合法律规定，予以支持。《最高人民法院关于审理侵犯专利权纠纷案件应用法律若干问题的解释》（以下简称《解释》）第十八条规定，权利人向他人发出侵犯专利权的警告，被警告人或者利害关系人经书面催告权利人行使诉权，自权利人收到该书面催告之日起一个月内或者自书面催告发出之日起二个月内，权利人不撤回警告也不提起诉讼，被警告人或者利害关系人向人民法院提起请求确认其行为不侵犯专利权的诉讼的，人民法院应当受理。原告张某在许可使用、某盼公司实际使用其薄膜套产品的过程中，被告孙某敏委托律师向两原告发出侵犯其专利权的警告，要求原告张某停止许可使用及原告某盼公司停止使用侵害孙某敏实用新型专利权产品的行为。两原告认为不构成对被告实用新型专利权的侵害，共同向被告孙某敏发出催告函，要求被告孙某敏自收到催告函后一个月内撤回警告或者提起诉讼。被告孙某敏在法律规定的期限内，既未撤回对两原告的警告，也未对两原告提起侵权诉讼，致使两原告的经营活动受到影响，两原告有权依法提起确认不侵犯被告专利权的诉讼。

第二次庭审

河北省高级人民法院经审理认为，在孙某敏向张某发出的《律师函》中，指控张某在河北省某节水改造项目中使用的小便器防反味装置，侵害了其实用新型专利权。但张某、某盼公司提起本案确认不侵害专利权诉讼时，向一审法院提交的被控侵权实物并非来自于孙某敏指控的河北省某节水改造项目，孙某敏质证时称无法与其专利技术进行准确比对。在此情况下，一审法院以张某、某盼公司提交的实物与孙某敏的涉案专利进行比对，缺乏比对的前提和基础。二原审原告在二审期间提出补交证据，但二审法院依法不应对该证据直接予以认定。故裁定撤销原判，发回河北省石家庄市中级人民法院重审。

第三次庭审

原告为充分证明其在河北省某节水改造项目投放的产品不构成对被告实用新型专利权的侵权，向石家庄市中级人民法院提交了以下补充证据。

表 1-2　补充证据清单

序号	证据名称	证明目的
1	发回重审一审律师事务所代理合同	证明：原告为维护自己的权利，向大成律师事务所支付发回重审代理费用，产生的公证费用为3000元。
2	发回重审一审程序律师费发票	
3	（2020）冀石燕赵证民字第×××号公证书及地漏芯实物	证明：原告向河北省某节水改造项目提供的产品样式为现有技术，并不侵犯被告专利权。
4	河北省某节水改造项目施工方证明	证明：原告与公证人员到河北省某节水改造项目施工现场取得的地漏芯来源为原告。

除之前已经确认的事实外，2020年1月14日，原告某盼公司委托代理人来到公证处申请对其拆除河北省某节水改造项目施工现场内的"小便器防反味装置"通过拍照的方式办理保全证据公证。当日上午，该公证处公证员王某及该公证处工作人员徐某与代理人来到施工现场对小便器中安装的"小便器防反味装置"进行拆除，并将拆除后的"小便器防反味装置"进行密封，公证员王静在密封后的纸箱上粘贴了公证处封签，并加盖了公证处封章，全程拍照以固定证据。2020年2月6日，公证处针对上述公证过程出具（2020）冀石燕赵证民字第×××号公证书。在随后的庭审质证程序中，被告孙某敏认为其指控的产品是原告张某涉案专利的防反味硅胶套，这与二原告提交的（2020）冀石燕赵证民字第×××号公证书所附实物及河北省某节水改造项目施工现场封存包装袋中所附实物以及（2018）冀石燕证民字第×××号公证书所附光盘中某酷视频中的地漏芯不是一个产品。

重审一审法院确认原告张某的涉案专利的防反味硅胶套、（2020）冀石燕赵证民字第×××号公证书所附实物及河北省水利厅机关服务中心封存包装袋中所附实物以及（2018）冀石燕证民字第×××号公证书所附光盘中某酷视频中的地漏芯的技术特征与被告孙某敏涉案专利的技术特征本质的区别为漏斗下端封堵口的结构不同，前者为薄膜套，后者为两个胶片。被告孙某敏于2019年4月5日、4月12日两次向二原告邮寄送达撤回律师函通知，但只有4

月5日向原告某盼公司邮寄的撤回律师函通知成功邮寄送达，其余的邮寄送达均被退回。撤回律师函通知的内容为："2018年1月我委托河北某律师事务所律师许某敏、何某远向你方发送了关于侵犯我实用新型专利'一种小便器防反味装置'的律师函。现，我方对该律师函予以撤回。特此函告！通知人：孙某敏，2019年4月5日。"另查明，被告孙某敏无法提交其律师函中指控的产品实物。

经审理，河北省石家庄市中级人民法院确认以下事实：（1）（2020）冀石燕赵证民字第×××号公证书所附实物及河北省某节水改造项目施工现场封存包装袋中所附实物没有侵犯被告孙某敏涉案专利权。（2）被告孙某敏发出律师函并经二原告催告后，既不撤回该律师函也不提起诉讼，怠于行使自己的权利。（3）本案原告提交了公证费3000元和律师费9万元的支付凭证。本案中二原告虽没有提交具体的经济损失，但二原告于2018年1月24日收到被告孙某敏的律师函，于3月26日向被告孙某敏发出《催告函》，直到2019年4月5日被告孙某敏才向二原告邮寄撤回律师函通知，因二原告被指控的产品与被告孙某敏专利产品具有相同的类别、用途，故二原告与被告孙某敏存在同行业竞争关系，必然给二原告正常的经营活动造成影响，导致二原告损失。综上，上诉支出为维权合理支出。

【审判结果】

一、原告张某、原告某盼公司生产、销售小便器防反味装置产品的行为不侵犯被告孙某敏专利号为ZL20142072××××.8"一种小便器防反味装置"实用新型专利权；

二、被告孙某敏于本判决生效后十日内赔偿原告张某、原告某盼公司损失及合理开支93000元。

一审判决已生效。

📝 案例评析

【律师评述】

委托人某盼公司、张某找到笔者时,称其收到了孙某敏委托律师事务所向其发出的警告函,该警告函直接导致了委托人多家订单受限,尤其是在大宗采购项目中产生了巨大的不良影响,给委托人的名誉造成了严重的损害。在与委托人充分沟通后,笔者进行了大量检索,发现孙某敏在律师函中主张保护的"一种小便器防反味装置"的实用新型专利申请日为2014年11月26日,而笔者发现该产品的相关内容最早已经于2013年2月13日在某酷网进行了公布,以此证实委托人实施的技术属于现有技术,不构成对被告孙某敏实用新型专利权的侵害。

笔者与委托人沟通了代理思路,即根据《最高人民法院关于审理侵犯专利权纠纷案件应用法律若干问题的解释(二)》第十八条规定,通过向法院举证证明其实施的技术属于现有技术,以此确认其产品不侵害原告的实用新型专利权。

本案中,委托人张某、某盼公司收到了孙某敏下发的警告函,笔者建议张某及某盼公司立即向孙某敏发出书面催告函,催告孙某敏尽快就警告函中的内容将张某及某盼公司起诉至人民法院,但孙某敏并未在一个月内提起侵权诉讼。因此,在掌握了以上催告程序的证据后,笔者代理张某、某盼公司将孙某敏起诉至石家庄市中级人民法院。本案经过一审、二审、发回重审一审,最终法院判决原告张某、某盼公司生产、销售小便器防反味装置产品的行为不侵犯被告孙某敏专利号为ZL20142072××××.8"一种小便器防反味装置"实用新型专利权,被告孙某敏赔偿原告张某、某盼公司损失及合理开支93000元。本案的结果得到了委托人的极大认可。

2009年发布的《解释》第十八条规定:"权利人向他人发出侵犯专利权的警告,被警告人或者利害关系人经书面催告权利人行使诉权,自权利人收到该书面催告之日起一个月内或者自书面催告发出之日起二个月内,权利人不撤回警告也不提起诉讼，被警告人或者利害关系人向人民法院提起请求确认其行为不侵犯专利权的诉讼的，人民法院应当受理。"据此，专利确认不侵权之诉的起诉条件为：（1）权利人向他人发出侵权警告；（2）被警告人或利害关系人书面催告；（3）权利人未在合理期限内撤回警告或提起诉讼。

专利确认不侵权之诉明确了侵权警告函发送人在其侵权指控被认定不成立的情况下，可能需要承担消除影响、赔偿损失的民事责任。本案一审法院全额支持了被警告人为提起确认不侵权之诉的全部合理开支，同时也为收到侵权警告函的被警告人如何维护其合法权益指明了道路。

心得体会

（一）对于专利确认不侵权纠纷适用何种举证责任分配规则？

对于知识产权确认不侵权之诉的举证责任分配，法律并没有明文规定。该问题在理论界同样存在争议。

第一种观点认为，对于知识产权确认不侵权纠纷，应当适用《民事诉讼法》证明责任分配的一般原则，即"谁主张，谁举证"，由收到警告函的当事人通过举证证明其被指侵权的产品技术特征未落入发函人专利权的保护范围，或者通过举证证明其实施的技术属于现有技术等途径，来证明其产品不构成对发函人专利权的侵害。如果发函人没有相反的证据证明警告函中所指代的产品构成侵权，则应当承担举证不利的法律后果。

第二种观点认为，即便知识产权确认不侵权之诉是由收到警告函的当事人主张侵权关系不存在，但是如果将举证责任分配给被控侵权人，将会导致权利人滥用警告函给他人造成损失的同时转嫁举证责任，对被警告人来说极不公平。

笔者赞同第二种观点。以本案为例，某盼公司为证明其提供的产品不构成对原告专利权的侵害，提交了产品实物。但原一审、二审庭审中，被告只抗辩原告提交的产品并非其实际销售产品，也非警告函指控的产品，但是并未就原告的产品构成侵权提交任何证据。二审法院将本案发回重审，原告只能继续补强证据，将其已安装、使用的产品公证拆卸封存下来，至此才赢得法院的支持。

笔者认为，如果一味地按照"谁主张，谁举证"的原则，对于原告有失公平。本案的被告在三个法庭程序中一直拒绝对侵权事实进行举证，给原告增加了巨大的举证责任，此行为不但给原告增加了经济损失，而且还浪费了司法资源。

（二）被告是否应当向原告赔偿因提起诉讼而支付的合理开支，或者因警告函而导致的经济损失？

笔者认为，本案案由虽然为确认不侵害专利权纠纷，但其本质为侵权之诉，原告主张的经济损失及合理开支应当适用《侵权责任法》[①]的规定，依法应予以支持。

北京知识产权法院（2015）京知民初字第×××号民事判决书中，北京某医疗技术有限公司、江苏某科技有限公司诉北京某医疗科技有限公司确认不侵害专利权纠纷案，法院认为："确认不侵害专利权诉讼起诉的条件不仅在于双方对于是否存在侵害专利权的事实产生争议，而且是由于专利权人向被控侵权的一方发送带有指控侵权内容的函件，导致被控侵权一方的商誉受到损害，商业安宁受到侵扰，潜在的商业利益受到损失，被控侵权一方提起诉讼的目的也不仅在于消极地确认不侵权的事实，而且希望通过诉讼正本清源，使其受损的商誉得到恢复，商业安宁得到保护，潜在的商业利益损失得到弥补。因此，确认不侵害专利权诉讼从法律属性上属于侵权之诉，应当适用我国《侵权责任法》的规定。"

本案被上诉人孙某敏向上诉人某盼公司发函并在市场上宣称上诉人使用的产品构成对其实用新型专利权的侵害，而上诉人合作对象多为大宗采购，对此函非常重视，被上诉人的发函行为对上诉人的生产经营造成了极大的负面影响，为此上诉人被迫提起确认不侵权之诉，意图通过法院消除被上诉人

---

① 《民法典》颁布实施后，现为《民法典》侵权责任编。

发函的不利影响，因此上诉人起诉并产生律师费的支出确属真实且合理的开支。按照《侵权责任法》，因被上诉人的发函行为导致上诉人产生的损失应当由被上诉人承担，本案的上诉人虽未能就经济损失提交证据，但是所产生的律师费、公证费等合理开支已经成为实际损失，被告应当就合理开支的全部对原告进行赔偿。

（三）确认不侵权之诉管辖原则

根据最高人民法院印发的《民事案件案由规定》[①]第一百五十三条，我国现有的知识产权方面确认不侵权之诉的具体案由为"确认不侵害知识产权纠纷"，包括"确认不侵害专利权纠纷""确认不侵害商标权纠纷""确认不侵害著作权纠纷"。

前文中，笔者已经谈到确认不侵权之诉实质仍是侵权之诉，因此其诉讼管辖原则依然要适用《民事诉讼法》第二十八条：因侵权行为提起的诉讼，由侵权行为地或者被告住所地人民法院管辖。《最高人民法院关于适用〈中华人民共和国民事诉讼法〉的解释》第二十四条规定："民事诉讼法第二十八条规定的侵权行为地，包括侵权行为实施地、侵权结果发生地。"对于本条中规定的侵权行为地，笔者认为，其指代的应当是发函人在警告函中指控的侵权行为的具体实施地，包括警告函中被指侵权的产品生产地、销售地等。

（撰稿人：聂丽敏）

[②]

---

① 此规定生效时间为2011年4月1日，现已被修订。
② 此二维码为本案生效裁判文书。

适用"使用公开抗辩"成立的必要条件
——石家庄某鸿自动化科技有限公司与山东某滋自动化技术股份有限公司侵害实用新型专利权纠纷案

要旨：本案就专利法意义上的"使用公开"展开详细论证，在实物、发票、合同三者统一的前提下，对实物是否改动的举证责任进行充分分析，法院认为在上述条件成就的前提下，认定在专利申请日之前的公开销售行为作为现有技术抗辩不侵权的理由。代理人的举证、组织证据能力在本案中发挥了重要作用，对此类案件具有一定的参考意义。

案情介绍

【案情简介】

原告山东某滋自动化技术股份有限公司（以下简称某滋公司）系专利号ZL20142047××××.4"一种模切机用刀座可移动平台"实用新型专利的专利权人。2017年6月2日，被告东莞市某发实业有限公司（以下简称某发公司）与被告石家庄某鸿自动化科技有限公司（以下简称某鸿公司）签订了一份《设备购销合同》，约定某发公司以人民币90万元的价格向被告某鸿公司购买型号为"YG250-13H"的"13工位10英寸圆刀机"机器一台。2017年7月14日，原告委托公证处前往被告某发公司所在地对上述设备的购买和使用情况进行了公证，后原告以被告某鸿公司、某发公司侵害其实用新型专利权为由向广州知识产权法院提起诉讼。

被告某鸿公司答辩称：被诉侵权产品使用的技术为涉案专利申请日之前的技术，该技术已构成使用公开，被诉侵权技术方案与现有技术方案相同，被诉侵权产品不侵害原告的实用新型专利权。

【一审查明】

一审法院经审理查明：原告某滋公司是名称为"一种模切机用刀座可移动平台"、专利号为ZL20142047××××.4实用新型专利的专利权人，该专利申请日为2014年8月18日，授权公告日为2014年12月10日。最近一期缴费时间为2017年8月9日。该专利至今合法有效，应予以保护。

2017年6月2日，被告某发公司与被告某鸿公司签订了一份《设备购销合同》，约定某发公司以人民币90万元的价格向被告某鸿公司购买型号为"YG250-13H"的"13工位10英寸圆刀机"机器一台，生产厂家为被告某鸿公司。根据山东省潍坊市奎文公证处（2017）潍奎文证民字第×××号公证书记载，2017年7月14日，原告的委托代理人任某到该公证处，称发现有企业已经购买疑似侵犯其持有的实用新型专利的机械设备，为固定证据，请求该公证处办理上述机械设备的保全证据公证。公证书将送货、收货过程中的《河北某达物流有限公司货物运单》《送货单》《配件明细》及所拍照片做出附件。其中《送货单》上注明客户为"东莞市某发实业有限公司"（即被告某发公司），并盖有"石家庄某鸿自动化科技有限公司"（即被告某鸿公司）印章，《送货单》上注明机器的品名为"13工位10英寸圆刀机"，规格/型号为"YG250-13H"，制单日期为2017年7月11日，合同号为HH-YD1704××。公证书所附照片显示，该机器上有"石家庄某鸿自动化科技有限公司"的铭牌。为证明其实施的是现有技术，被告某鸿公司提交了一份江苏省苏州市吴中公证处（2018）苏吴证民内字第×××号公证书，该公证书显示，2018年1月17日，该公证处公证员在某鸿公司委托代理人的同行下，来到位于苏州市吴中区胥口镇标识为"苏州某泽"的企业，在经该公司同意的情况下，对放置于该公司二楼生产区域的一台机器设备进行勘察并拍照录像。该机器上标牌显示，产品名称为"圆刀模切机"、型号"HV2500C-3/5"，产品编号H3-140401，出厂日期2014年4月16日。被告某鸿公司称，该设备是由原告某滋公司向苏州市某泽高分子绝缘材料有限公司销售，并提交了一份《设备销售合同》为证，该合同编号为HOACO-20140402，签订时间为2014年4月2日，约定原告某滋公司向苏州市某泽高分子绝缘材料有限公司销售产品名称为"某滋三工位圆刀模切机"，价格为人民币21万元，产品规格型号为"HW2500C-3/6"。为证明该销售合同已履行，被告某鸿公司提交了编号为NO06532750的增值税发票，该发票显示，开票日期为2014年7月23日，购货单位为苏州市某泽高分子绝缘材料有限公司，销货单位为原告某滋公司，金额21万元，货物名称为"某滋圆刀模切机"。

原告某滋公司为证明该公司编号为"HW2500C-3/6"的设备与苏州市吴中公证处（2018）苏吴证民内字第×××号公证书中勘察的型号为"HW2500C-3/5"的设备不同，提交了一份江苏省常州市常州公证处（2018）常常证民内字第×××号公证书。据该公证书记载，2017年2月27日，原告某滋公司向常州市某巨电子科技有限公司出售一台"HW2500C-3/6"三工位圆刀机。原告某滋公司指出"HW2500C-3/6"三工位圆刀机与上述"HW2500C-3/5"存在诸多不同的技术特征。

【一审判决与结果】

本案的争议焦点在于：一、被诉侵权产品是否落入案涉专利权保护范围；二、被告某鸿公司所提现有技术抗辩是否成立。

一、关于被诉侵权产品是否落入案涉专利权保护范围问题。根据《专利法》第五十九条第一款的规定，发明或者实用新型专利权的保护范围以其权利要求的内容为准，说明书及附图可以用于解释权利要求的内容。《最高人民法院关于审理侵犯专利权纠纷案件应用法律若干问题的解释》第一条第一款规定："人民法院应当根据权利人主张的权利要求，依据专利法第五十九条第一款的规定确定专利权的保护范围……"《最高人民法院关于审理侵犯专利权纠纷案件应用法律若干问题的解释》第七条规定："人民法院判定被诉侵权技术方案是否落入专利权的保护范围，应当审查权利人主张的权利要求所记载的全部技术特征。被诉侵权技术方案包含与权利要求记载的全部技术特征相同或者等同的技术特征的，人民法院应当认定其落入专利权的保护范围；被诉侵权技术方案的技术特征与权利要求记载的全部技术特征相比，缺少权利要求记载的一个以上的技术特征，或者有一个以上技术特征不相同也不等同的，人民法院应当认定其没有落入专利权的保护范围。"本案中，将被诉侵权产品与案涉专利进行比对，可以认定被诉侵权产品具备案涉专利权利要求1至9的全部技术特征，落入案涉专利上述权利要求的保护范围。

二、关于被告某鸿公司所提现有技术抗辩是否成立问题。《专利法》第二十二条第五款规定，"本法所称现有技术，是指申请日以前在国内外为公众所知的技术"。《专利法》第六十二条规定，"在专利侵权纠纷中，被控侵权人有证据证明其实施的技术或者设计属于现有技术或者现有设计的，不构成侵犯专利权"。本案中，被告某鸿公司称案涉专利技术已于专利申请日前公开，即原告某滋公司在申请日前已向案外人苏州市某泽高分子绝缘材料有限公司销售了型号为"HN2500C-3/5"的"圆刀模切机"，构成公开。虽然庭审中双方均确认被诉侵权产品与型号为"HW2500C-3/5"的"圆刀模切机"具备相同的技术特征，但不能据此认定被告某滋公司实施的是现有技术，理由如下：1.原告某滋公司与案外人苏州市某泽高分子绝缘材料有限公司签订的《设备销售合同》约定销售产品型号为HW2500C-3/6，但苏州市吴中公证处（2018）苏吴证民内字第×××号公证书取证的设备型号为HW2500C-3/5，二者不能对应，无法根据上述《设备销售合同》确定所取证设备销售的时间早于案涉专利的申请日；2.苏州市吴中公证处（2018）苏吴证民内字第×××号公证书取证的设备上的铭牌虽注明"出厂日期2014年4月16日"，但考虑到设备上的铭牌可移动、可更换，不宜仅凭设备上的铭牌信息对设备销售日期这个关键事实进行认定；3.原告某滋公司虽在案涉专利申请日前向案外人销售过设备，但该销售合同中并没有约定或描述相关设备的技术特征，无法仅凭合同进行技术特征比对。综上，苏州市吴中公证处（2018）苏吴证民内字第×××号公证书取证的设备无法确定销售时间，不能认定为案涉专利的现有技术。被告某鸿公司所提现有技术抗辩不成立。

【一审判决】

一、被告某鸿公司于本判决发生法律效力之日起停止制造、销售侵害原告某滋公司名称为"一种模切机用刀座可移动平台"、专利号为ZL20142047××××.4实用新型专利的产品。

二、被告某发公司于本判决发生法律效力之日起停止使用侵害原告某滋公司名称为"一种模切机用刀座可移动平台"、专利号为ZL20142047××××.4实用新型专利的产品。

三、被告某鸿公司于本判决发生法律效力之日起十日内赔偿原告某滋公司含合理支出在内的经济损失人民币555000元。

四、驳回原告某滋公司的其他诉讼请求。

【二审历程】

一审判决后,被告某鸿公司不服广州知识产权法院一审判决,向广东省高级人民法院提起上诉,请求撤销一审判决,改判驳回原告某滋公司诉讼请求,并由某滋公司承担一审、二审诉讼费用。

为再次证实被上诉人某滋公司在涉案专利申请日之前确实存在大量公开销售事实,某鸿公司在二审中补充提交了某滋公司在2014年2月5日销售给北京某际电子有限公司一台型号为HW2500C-7/14的三工位圆刀模切机,合同、发票、实物能够一一对应,并申请北京求是公证处对上述事实进行公证。

【二审调解结果】

广东省高级人民法院经对上诉人意见及证据的审查,充分征求上诉双方的意见,最终达成如下调解意见:

一、某鸿公司承诺自调解协议签订之日起停止制造、销售、许诺销售被诉侵害某滋公司名称为"一种模切机用刀座可移动平台"、专利号为ZL20142047××××.4实用新型专利的产品,否则某鸿公司须向某滋公司支付赔偿金50万元；某鸿公司的上述承诺不构成侵权的确认，某滋公司对此予以认可。

二、某鸿公司、某滋公司、某发公司履行上述协议后，了结本案纠纷，各方互不追究其他相关责任。

案例评析

【律师评述】

大成律师事务所王现辉和聂丽敏律师接受本案被告某鸿公司的委托，代理本案一审、二审程序。接受委托后，经向委托人某鸿公司了解，其公司实际并不生产涉案侵权设备，本案被诉侵权产品实际为原告某滋公司委托某发公司向某鸿公司定制生产后购买的。正因如此，在某发公司向某鸿公司定制了被诉侵权产品后一个月内，某滋公司便委托公证处前往某发公司进行公证，如此行事之目的不言而喻。

被诉侵权产品的技术特征基本落入了原告某滋公司实用新型专利权的保护范围，得知从专利技术特征角度很难攻破本案，经过充分研究讨论，代理律师选择了难度较大的现有技术抗辩思路。

何谓"现有技术"，《专利法》第二十二条第五款规定，"本法所称现有技术，是指申请日以前在国内外为公众所知的技术"。《专利法》第六十二条规定，"在专利侵权纠纷中，被控侵权人有证据证明其实施的技术或者设计属于现有技术或者现有设计的，不构成侵犯专利权"。所以，只要找到涉案专利申请日前技术特征与被诉侵权产品相同的产品，就可以证明被诉侵权产品实施的技术属于现有技术。通过大量的市场调查，最终我方确认案外人苏州某公司存放有一台涉案专利申请日前购买于某滋公司的型号为HW2500C-3/5的圆刀模切机，某滋公司在专利申请日前对有相同技术特征的产品进行大量的售卖，其涉案专利实施的技术已经成为国内外公众所知的技术，这让我方的代理团队对现有技术抗辩思路信心大增。

为使法院支持我方现有技术的抗辩观点，在一审中，我方围绕某滋公司在涉案专利申请日之前存在公开销售的事实进行了举证，提交了其与案外人苏州市某泽高分子绝缘材料有限公司于2014年4月2日签订的《设备销售合同》以及该合同已经履行的增值税发票，同时将设备存放情况、设备技术特征与涉案专利经比对一致等情况进行了公证。原告某滋公司抗辩，上述销售合同约定的设备型号为HW2500C-3/6，而实际设备标牌记载的设备型号为HW2500C-3/5，其提交证据用以证明3/5与3/6技术特征不同。

而一审法院对该事实的认定结论为，销售合同约定的设备型号为HW2500C-3/6，而公证书中的设备标牌记载的型号为HW2500C-3/5，二者存在不一致。同时标牌存在可移动、可更换的情况，所以不能根据标牌显示的出厂日期2014年4月16日就认定某滋公司在涉案专利申请日之前向案外人销售过设备，即苏州市吴中公证处（2018）苏吴证民内字第×××号公证书取证的设备无法确定销售时间，不能认定为案涉专利的现有技术。驳回了我方所提现有技术抗辩观点。

笔者认为，根据《最高人民法院关于〈中华人民共和国民事诉讼法〉的解释》第一百零八条第一款，对负有举证证明责任的当事人提供的证据，人民法院经审查并结合相关事实，确信待证事实的存在具有高度可能性的，应当认定该事实存在。我方提交的公证书、《设备销售合同》与增值税发票已经构成了完整证据链，能够充分证明某滋公司于2014年4月16日生产了一台"圆刀模切机"并销售给了案外人苏州某公司。经公证比对，该模切机产品技术特征与被诉侵权产品技术特征一致，且案外人苏州某公司与原告某滋公司仅签订过一次销售合同，即便设备销售合同与产品实物存在型号编码上的差距，但是不影响二者技术特征一致的结论，我方提交的证据已然达到了最高人民法院规定的民事诉讼证据高度盖然性的标准。

一审法院因我方提供证据的一点瑕疵而不认可我方现有技术抗辩的观点。而为了维护我方利益，我方在二审程序中又提交了某滋公司于2014年2月5日销售给北京某际电子有限公司的设备，并对该设备销售合同、增值税发票、设备技术特征与涉案实用新型专利一致的情况进行了公证，而本次销售合同和产品实物的型号完全一致，且二审中工程师对于设备标牌无法被移动、更改的事实向法院进行了陈述，足以证明原告某滋公司于涉案专利申请日之前即2014年2月5日向案外人销售的设备与涉案专利技术特征一致，构成使用公开，原告对此事实并无异议。二审法院出于加强专利保护的目的，在双方之间进行调解，最终某滋公司撤回对被告某鸿公司的起诉，某鸿公司无需向某滋公司支付任何赔偿款。

对于在专利侵权诉讼中的现有技术抗辩问题，目前，我国法院在审理时比较慎重，主要原因为认定涉案专利构成专利申请日之前的使用公开无疑是对涉案专利的否定，涉案专利会因使用公开而被无效化。

为证明被诉侵权产品使用的是现有技术，某滋的实用新型专利在申请日之前构成使用公开，我方前后两次在不同的公司进行了取证，耗费了大量的人力、物力、财力，如果按照一审法院判决观点中仅仅靠推定现有技术抗辩的设备有可能存在改动，从而否定已经形成完整证据链且达到高度盖然性标准的证据材料，将会造成"现有技术"的抗辩规则被彻底否定。

本案二审虽然未以判决的形式胜诉，但是也取得了原告撤诉、双方成功调解的结果，委托人无需向原告支付55万元的巨额赔偿金，是对双方都有利的结果。

（撰稿人：聂丽敏）

①

---

① 此二维码为本案相关裁判文书。

对合法来源抗辩的认识和理解
——石家庄某通滤清器有限公司与王某侵害实用新型专利权纠纷案

要旨： 在侵害专利权纠纷中，销售者合法来源抗辩能否成立，需要同时满足被诉侵权产品具有合法来源的客观要件和销售者无主观过错的主观要件。

案情介绍

【案情简介】

2019年9月，石家庄某通滤清器有限公司（以下简称某通公司）以王某侵犯了其名称为"流体杂质分离装置"的实用新型专利权为由，向一审法院提起诉讼，请求判令王某立即停止生产、销售侵犯其"流体杂质分离装置"实用新型专利权的行为；赔偿其经济损失人民币30万元；王某承担本案全部诉讼费用。

王某辩称，其不知道所销售的产品属于侵权产品，且系合法购买、有合法的来源，属于善意取得涉案机械设备。根据法律规定，被告作为销售者不需要承担赔偿责任。

【争议焦点】

被告王某关于合法来源的抗辩是否成立。

【一审法院查明】

一审法院审理查明，专利号为ZL20182130××××.9"流体杂质分离装置"的实用新型专利权的专利申请日为2018年8月14日，授权公告日为2019年6月7日，专利权人为某通公司，该专利现有状态为合法有效。

2019年6月13日，大成律师事务所的委托代理人李洪磊与河北省石家庄市燕赵公证处公证员苗某、刘某来到河北省邢台市宁晋县门口标有"某志农机配件批发站"的店铺，李洪磊以普通消费者的身份在该店购买了一个预滤器，以现金方式支付185元，并取得一张《某志农机配件批发站》的票据和一张名片。公证员苗某使用公证处提供的内存已清洁的手机对店铺部分场景进行了拍照。李洪磊将所购得的一个预滤器、一张票据和一张名片均交由公证员苗某监管并带回公证处，并按规定进行确认、封存。2019年6月28日，河北省石家庄市燕赵公证处出具（2019）冀石燕证民字第05×××号《公证书》证明以上事实。

当庭打开包装完好并由公证处粘贴封存的实物"预滤器"，经比对与涉案实用新型专利权"流体杂质分离装置"专利权利要求1保护的范围相同。

【一审判决与结果】

一审法院认为：《专利法》第十一条第一款规定，发明和实用新型专利权被授予后，除本法另有规定的以外，任何单位或者个人未经专利权人许可，都不得实施其专利，即不得为生产经营目的制造、使用、许诺销售、销售、进口其专利产品，或者使用其专利方法以及使用、许诺销售、销售、进口依照该专利方法直接获得的产品。某通公司依法取得专利号为ZL20182130××××.9"流体杂质分离装置"实用新型专利权，现专利权合法有效，应依法保护。

《专利法》第五十九条第一款规定，发明或者实用新型专利权的保护范围以其权利要求的内容为准，说明书及附图可以用于解释权利要求的内容。本案中，经比对被控侵权产品与某通公司专利权利要求1的保护范围相同，本院确认王某销售的被控侵权物品完全落入涉案实用新型专利权利要求1的保护范围，侵害了某通公司涉案实用新型专利权，故王某应停止侵权。

《专利法》第七十条规定，为生产经营目的使用、许诺销售或者销售不知道是未经专利权人许可而制造并售出的专利侵权产品，能证明该产品合法来源的，不承担赔偿责任。本案中，从证据形式看王某提交的证据均为网上打印件，且王某不能有效证明供货商的主体身份。另外，王某进行微信支付与其合法购买行为是否存在关联性也无法证明。因此，根据上述证据不能证明其所销售的涉案侵权产品存在合法来源。

本案中，某通公司未提交有效证据证明王某侵权给其造成实际损失的具体计算依据，《专利法》第六十五条规定："侵犯专利权的赔偿数额按照权利人因被侵权所受到的实际损失确定；实际损失难以确定的，可以按照侵权人因侵权所获得的利益确定。权利人的损失或者侵权人获得的利益难以确定的，参照该专利许可使用费的倍数合理确定。赔偿数额还应当包括权利人为制止侵权行为所支付的合理开支。权利人的损失、侵权人获得的利益和专利许可使用费均难以确定的，人民法院可以根据专利权的类型、侵权行为的性质和情节等因素，确定给予一万元以上一百万元以下的赔偿。"法院综合考虑涉案专利的类型、侵权的性质和情节等因素确定王某赔偿某通公司经济损失50000元（含为制止侵权行为支付的合理开支）。

案例评析

【焦点问题详解】
对合法来源抗辩的认识和理解

在专利侵权诉讼中，被告经常以"不知道是未经专利权人许可而制造并售出的专利产品或者依照专利方法直接获得的产品"为由进行抗辩，业内称之为"合法来源抗辩"，又称"合理来源抗辩"，在学理上又叫作"损害赔偿责任的免除"。

（一）合法来源抗辩成立的构成要件

《专利法》第七十条规定，为生产经营目的销售不知道是未经专利权人许可而制造并售出的专利侵权产品,能证明该产品合法来源的,不承担赔偿责任。据此,合法来源抗辩成立应当满足两个构成要件:第一,销售者主观上不知道其所销售的产品系专利侵权产品;第二,销售者所销售的专利侵权产品具有合法来源。

可见,在侵害专利权纠纷中,销售者合法来源抗辩能否成立需要同时满足被诉侵权产品具有合法来源这一客观要件和销售者无主观过错这一主观要件。即被诉侵权产品的销售者免除赔偿责任的前提为:1.从主观上讲,销售者不知道是未经专利权人许可使用专利侵权产品;2.从客观上讲,销售者能证明该产品有合法来源。二者缺一不可。具体而言,被诉侵权产品具有合法来源是指销售者通过合法的进货渠道、通常的买卖合同等正常商业方式取得所售产品。对于客观要件,销售者应当提供符合交易习惯的相关证据,提供明确的可供主张的上游供应商。对于主观要件,销售者应证明其实际不知道且不应当知道其所售产品系制造者未经专利权人许可而制造并售出。上述两个要件相互联系。如果该销售者能够证明其遵从合法、正常的市场交易规则,取得所售产品的来源清晰、渠道合法、价格合理,其销售行为符合诚信原则、合乎交易惯例,则可推定该销售者实际不知道且不应当知道其所销售产品系制造者未经专利权人许可而制造并售出,即推定该销售者无主观过错。

(二)合法来源抗辩客观要件

对于是否具有"合法来源"的认定通常需要考虑以下三个要素:一是是否具有合法的进货渠道;二是是否支付了合理的对价;三是是否具有相应的票据支持。

然而,对于"合法来源"的认定"一刀切式"地参照本案中相对严格的标准,明显与我国目前的经济发展水平以及错综复杂的市场交易实际不相吻合。目前,我国存在大量的小商品交易市场,其对于促进我国就业水平的提高及市场的繁荣发挥了不可或缺的作用。在小商品市场的交易环境下,基于传统的信赖交易模式,交易双方为获得交易的便捷性通常会省略订立书面合同的步骤，并以现金的方式进行结算。因此，对于小商品市场交易环境下的被诉侵权行为人，其通常难以提交诸如买卖合同、资金往来记录、交易发票等相对客观的、由第三方予以佐证的证据。但是，如果对"合法来源"的审查过于宽松，如仅凭当事人陈述即认定"合法来源"抗辩成立，则可能放任专利侵权行为，同时因无法获得"制造商"的真实信息而难以打击侵权源头，进而难以实现《专利法》第七十条的立法目的。因此，在判断上述"合法来源"三要素是否满足时，应充分发挥法院的司法能动性，结合个案的具体情况准确把握"宽严标准"之间的平衡。首先，对于"合法进货渠道"，应该根据商业流通规律、惯例来理解，在个案中秉持实事求是的态度加以处理，而不宜机械地限于有法律明确规定的"合法进货渠道"。例如，对于小商品交易市场中商品价值相对较低且适合现金交易的商品（如服装上使用的五金装饰件、学生使用的铅笔等文具），或者按照惯例通过"送货上门"购买的产品（如餐饮企业所使用的食用油、调味品等常用的消耗品），需要根据个案的具体情况判断其是否具备"合法进货渠道"。其次，"合理的价格"一般是指购买产品的合理对价。该对价是否"合理"应结合交易时的市场行情、销售淡旺季、交易习惯等具体因素予以确定，而非严格按照专利产品的正价予以判断。最后，"相关票据"应作相对广义的理解，结合产品特点和交易惯例等因素进行综合判断，而不宜限于购销合同、正式发票等正式的票据。

但是，所谓合法来源的证据，需要指向一个明确、具体、可验证真实的上游供货商。在最高人民法院（2019）最高法知民终6××号案件中，被上诉人某哲公司提交微信聊天记录、朋友圈信息、微信转账记录、出货单等证据，用以证明其合法来源抗辩主张成立。对此法院认为，根据已查明事实可知，首先，本案中被诉侵权商品及其外包装上，没有任何生产厂家或者经销商的标识，应属"三无产品"，无法认定某哲公司声称的供货商所提供的商品即是被诉侵权商品。虽然被诉侵权产品系"三无产品"，并非合法来源抗辩是否成立的充分条件，亦非必要条件，但其可以作为认定销售商是否尽到合理注意义务的考虑因素之一。其次，某哲公司提交的证据中，出货单主体与微信交易主体不一致，且无法显示其所声称的被诉侵权商品的供货商的完整名称，没有指向一个明确具体的供货商，无法找到在法律上能够承担责任的主体。因此，其所提交的微信聊天记录、朋友圈信息、微信转账记录、出货单等证据，即便能够证明其并非被诉侵权产品的制造商，但在被诉侵权产品属于"三无产品"的情况下，某哲公司尚不能提交证据证明明确的可供主张的上游供货商，致使专利权人某盛公司无法继续主张权利。因此，本案中某哲公司提交的证据，尚不能证明其销售的被诉侵权产品具有合法来源。

合法来源抗辩设立的初衷，一方面是从公平原则出发，让销售商在无过错的情况下能够免除赔偿责任；另一方面，更为重要的目的在于要督促侵权商品销售商完善进货渠道管理，在诉讼中向专利权人披露上游供货商，以便专利权人逐级向上游供货商主张责任，最终找到并打击侵权商品的生产源头，从根本上消灭侵权现象，维护专利权人的利益，鼓励创新，从而推动整个社会的发展与进步。

（三）合法来源抗辩的主观要件

最高人民法院在（2019）最高法知民终1××号案件中指出，如果销售者能够证明其遵从合法、正常的市场交易规则，取得所售产品的来源清晰、渠道合法、价格合理，其销售行为符合诚信原则、合乎交易惯例，则可推定其无主观过错。此时，应由权利人提供相反证据。在权利人未进一步提供足以推翻上述推定的相反证据的情况下，应当认定销售者合法来源抗辩成立。

（四）销售者合法来源抗辩成立时权利人维权合理开支的承担

关于这一问题，最高人民法院在（2019）最高法知民终××号案件中指出，合法来源抗辩仅是免除赔偿责任的抗辩，而非不侵权抗辩。合法来源抗辩成立，并不改变销售侵权产品这一行为的侵权性质，而维权合理开支因此侵权行为而产生。故在合法来源抗辩成立的情况下，权利人为获得停止侵权救济的合理开支仍应得到支持。

心得体会

大成律师事务所王现辉律师知识产权团队在接受本案原告的委托后，将被诉侵权产品与实用新型专利权的权利要求进行技术特征的逐项比对，最终得出被诉侵权产品的技术特征与本案实用新型专利权利要求1技术特征相同，落入涉案专利权保护范围的结论。经当庭拆封比对，法院认可了代理人关于比对的意见。

本案最大的争议焦点为被告王某关于合法来源的抗辩是否成立。针对此焦点问题，代理人对被告王某提交的证据材料真实性、关联性均不予认可，认为其证据不能达到专利法及其司法解释中合法来源的严格要求，不符合法律规定。并且被告王某提供的证据无法证明其销售单上的商品与本案被诉侵权产品为同一产品。此外，如果本案合法来源成立，则本案缺少第三方的质证，如果原告起诉第三方，会导致原告无法向两侵权方的任何一方主张权利的尴尬局面。最终该代理意见被法院采纳。

（撰稿人：李洪磊）

①

---

① 此二维码为本案生效裁判文书。

销售者合法来源抗辩的成立要件
——某蔻（厦门）卫浴有限公司与馆陶县某龙水暖安装维修门市侵害实用新型专利权纠纷案①

要旨：销售者合法来源抗辩的成立，需要同时满足被诉侵权产品具有合法来源这一客观要件和销售者无主观过错这一主观要件，两个要件相互联系。如果销售者能够证明其遵从合法、正常的市场交易规则，取得所售产品的来源清晰、渠道合法、价格合理，其销售行为符合诚信原则、合乎交易惯例，则可推定其无主观过错。此时，应由权利人提供相反证据。

案情介绍

【案情简介】

某蔻（厦门）卫浴有限公司（以下简称某蔻公司）系专利号为ZL20122023××××.0的"一种阀体一体式结构的双开关恒温阀"实用新型专利权人。2017年10月，某蔻公司发现馆陶县某龙水暖安装维修门市（以下简称某龙门市）在其经营的店铺中销售涉案侵权商品，公证取证后，某蔻公司向石家庄市中级人民法院提起侵权诉讼，诉求某龙门市停止销售侵害名称为"一种阀体一体式结构的双开关恒温阀"、专利号为ZL20122023××××.0的实用新型专利权的产品，判令某龙门市赔偿经济损失和合理开支共计2万元。

【争议焦点】

专利侵权纠纷案件中合法来源证据如何认定。

【审判结果】

一、某龙门市自判决生效之日起停止销售侵害某蔻公司专利号为ZL2012

---

① 本案被《最高人民法院知识产权法庭裁判要旨（2019）》收录。

2023××××.0的"一种阀体一体式结构的双开关恒温阀"实用新型专利权的产品；二、驳回某蔻公司的其他诉讼请求。

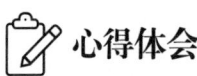 案例评析

虽然专利法律法规和商标法律法规都规定了合法来源，但不同于商标，在专利法律法规中，对合法来源仅作出了原则性的规定，并未对具体的证据类型进行列举式规定。不同于商标可以直接通过外观及细节的差异进行判断，专利所保护的是产品的内部构造和部件之间的连接关系，对于经销商来讲，即使是多年的行业从业者，也没有足够的知识和能力进行判断。专利案件合法来源的证据要求是否应该参照商标类案件的规定，合法来源的主观状态的举证责任分配等问题都在此案中进行了详细的释明。

心得体会

发明和实用新型案件飞跃上诉的创造性设计解决了不同地区法院对于相关法律规定理解和适用之间的差异，也提升了生效案例的参考作用。本案被收录入《最高人民法院知识产权法庭裁判要旨（2019）》，详细阐述了专利侵权案件中合法来源证据的认定标准及主观恶意的举证责任，对于同类案件具有较大的指导作用。

（撰稿人：刘朋朋）

①

---

① 此二维码为本案生效裁判文书。

统筹协调具有重复诉讼因素的多起关联案件予以集中管辖的适用
——仪征市某和土工材料有限公司与张某武、A公司、B公司侵害实用新型专利权纠纷系列案

要旨：权利人基于同一专利权，针对同一被诉侵权产品，向同一被诉侵权产品制造商提起多起专利侵权纠纷案件，以不同使用者实际使用的被诉侵权产品作为各案中主张赔偿的事实依据，且各案中的被诉侵权产品均系在同一时期内制造，各案被诉制造行为实为同一行为，为避免重复判决、保证诉讼经济和裁判结果协调，最高人民法院可以视情指定集中管辖。

案情介绍

在上诉人某和土工材料有限公司（以下简称某和公司）与被上诉人张某武、原审被告A工程有限公司（以下简称A公司）、原审被告B工程有限公司（以下简称B公司）侵害实用新型专利权纠纷系列案中，涉及专利号为ZL20102013××××.5、名称为"整体式土工格室"的实用新型专利（以下简称涉案专利），张某武为专利权人。张某武认为，某和公司制造、销售，A公司、B公司分别在某项目北接线（二期）工程TJ04、T06标段工地上使用的被诉侵权产品落入涉案专利权的保护范围，故分别诉至浙江省嘉兴市中级人民法院（以下简称一审法院），请求判令某和公司及A公司、B公司停止侵害并赔偿经济损失。一审法院认为，被诉侵权产品落入涉案专利权保护范围，某和公司擅自制造、销售的行为构成侵权，A公司、B公司因合法来源抗辩成立，无需承担有关责任，故判令某和公司停止侵害并赔偿损失。某和公司不服，向最高人民法院提起上诉。最高人民法院二审查明，张某武还基于涉案专利，针对某和公司及不同使用者提起多起诉

讼，各案被诉侵权产品均与本案被诉侵权产品相同。最高人民法院于2019年12月30日裁定撤销原判，将该两案及关联案件一并指定上海知识产权法院管辖。

裁判意见

最高人民法院二审认为，两案中专利权人均为张某武，被诉侵权产品制造商均为某和公司，并且发现被诉侵权行为时间相同，被诉侵权行为基本发生在同一时期，起诉立案时间基本相同，一审法院于同日对两案分别作出一审判决，两案区别仅为被诉侵权产品的使用者不同。而对于权利人以制造商为共同被告，只是使用者不同而分别起诉的案件，不得重复判决同一行为人对同一时期的同一被诉侵权产品重复承担民事责任。权利人针对同一专利权、同一被诉侵权产品，在多个案件中均起诉被诉侵权产品的制造商，主张其制造、销售行为侵害专利权，并以由不同使用者所实际使用的被诉侵权产品作为主张赔偿的事实依据的，该种情况下如果被诉侵权产品系同一时期制造的，则不同案件中被诉制造行为实为同一行为，法院应在查明相关事实的基础上对相关案件一并予以集中统筹处理，以避免出现重复判决停止侵害及重复计算赔偿数额等问题。而一审法院对两案于同日分别作出了停止侵害及赔偿损失的判决，对某和公司的责任承担存在重复处理问题。此外，一审法院对某和公司是否有权实施涉案专利的事实亦未查清。所以，由于一审法院对有关某和公司是否有权实施涉案专利及责任承担等基本事实认定不清，应撤销原判，发回重审。根据《最高人民法院关于同意杭州市、宁波市、合肥市、福州市、济南市、青岛市中级人民法院内设专门审判机构并跨区域管辖部分知识产权案件的批复》规定，原一审法院现已无权管辖专利案件。考虑到张某武与某和公司在全国有多起因涉案相同被诉侵权产品侵害涉案相同专利权的诉讼的情况，为统一裁判标准、避免各地法院重复处理，将该两案及现查明的其他相关案件一并指定上海知识产权法院管辖。

（代理人：王现辉）

---

① 此二维码为本案生效裁判文书。

惩罚性赔偿制度在专利侵权纠纷案件中的法律适用
——嘉兴某虎车业有限公司与河北某福玩具有限公司侵害外观设计专利权纠纷案①

要旨：因侵权被行政处罚或者法院裁判承担责任后，再次实施相同或者类似侵权行为的，构成重复侵权，可以作为适用惩罚性赔偿制度的重要情节，人民法院在认定经济损失数额的基础上，给予1倍至3倍的惩罚性赔偿。

案情介绍

【案情简介】

原告嘉兴某虎车业有限公司（以下简称某虎公司）于2015年10月8日向国家知识产权局申请并于2016年1月20日获得名称为"童车（T400）"、专利号为ZL20153038××××.4的外观设计专利，该专利至今处于有效状态。

2017年12月，原告发现被告河北某福玩具有限公司（以下简称某福公司）在某宝网某福儿童玩具有限公司店铺内销售的同类产品外观设计与原告专利号为ZL20153038××××.4的外观设计专利相同，后原告将被告某福公司起诉至石家庄市中级人民法院。经人民法院审理，认定被告销售的产品构成对原告外观设计专利权的侵害，后判决生效并执行完毕。

2019年8月，原告再次在某宝网上发现被告某福公司店铺内销售了上述被诉侵权产品，同时某东网上由案外人安福县某莱贸易有限公司经营的店铺内也发现了被诉侵权产品，均为被告某福公司生产。原告认为，被告某福公司无视生效判决的判定，多次生产、销售被诉侵权产品，且在判决执

---

① 该案被评为2020年度河北省石家庄市中级人民法院知识产权十大典型案例。

行完毕后扩大侵权范围，主观侵权恶意非常明显，情节非常严重，严重损害了原告的合法权益，给原告造成了极大的经济损失。故再次向法院提起诉讼。

【一审判决】

关于赔偿数额的确定，我国专利法规定，侵犯专利权的赔偿数额按照权利人因被侵权所受到的实际损失确定，实际损失难以确定的，可以按照侵权人因侵权所获得的利益确定。权利人的损失或者侵权人获得的利益难以确定的，参照该专利许可使用费的倍数合理确定。赔偿数额还应当包括权利人为制止侵权行为所支付的合理开支。权利人的损失、侵权人获得的利益和专利许可使用费均难以确定的，人民法院可以根据专利权的类型、侵权行为的性质和情节等因素，确定给予1万元以上100万元以下的赔偿。在本案中，原告某虎公司未提供证据证明其因被侵权所受到的实际损失和被告某福公司因侵权所获得的利益，亦无专利许可使用费可供参照。被告某福公司曾因制造、销售、许诺销售被诉侵权儿童三轮车，被判决承担侵权责任。本案系因被告某福公司再次实施相同侵权行为所致，其主观恶意较为明显，故一审法院根据原告某虎公司涉案专利权的类型，被告某福公司的经营方式及规模，被告制造、销售、许诺销售被诉侵权儿童三轮车的事实及主观恶意程度，综合考量各相关因素，酌情确定被告赔偿原告经济损失及合理开支的数额共计12万元。

综上，一审法院作出如下判决。

一、被告某福公司立即停止制造、销售、许诺销售侵害原告某虎公司"童车（T400）"外观设计专利权的儿童三轮车；

二、被告某福公司于本判决生效后十日内赔偿原告某虎公司经济损失及合理开支共计12万元。

案例评析

【律师评述】

本案的典型意义在于原告针对被告的重复侵权行为在侵害外观设计专利权纠纷中提出知识产权惩罚性赔偿意见,人民法院在审查相关案件事实及原告提交的证据的基础上,支持了原告的诉讼请求,在原判决的基础上给予了2倍的惩罚性赔偿判决,可以说在某种程度上维护了原告的合法权益,最大力度打击和制止了侵权行为。笔者认为,需高度重视知识产权惩罚性赔偿制度,对于打击恶意侵权、重复侵权有着非常重要的意义。

(一)本案适用惩罚性赔偿的法律依据有哪些?

2013年修正的《商标法》第六十三条第一款[①]规定:"侵犯商标专用权的赔偿数额,按照权利人因被侵权所受到的实际损失确定;实际损失难以确定的,可以按照侵权人因侵权所获得的利益确定;权利人的损失或者侵权人获得的利益难以确定的,参照该商标许可使用费的倍数合理确定。对恶意侵犯商标专用权,情节严重的,可以在按照上述方法确定数额的一倍以上三倍以下确定赔偿数额。赔偿数额应当包括权利人为制止侵权行为所支付的合理开支。"

本案被告某福公司在已经与原告和解,同意赔偿损失、停止侵权行为后,屡教不改,重复侵权。笔者代理的本案起诉时间为2019年9月2日,虽然在2013年修正的《商标法》中最早明确了关于惩罚性赔偿的法律规定,但是在《专利法》以及相关解释中,却没有规定侵害专利权纠纷适用惩罚性赔偿的法律依据。即便如此,专利侵权案件仍然可以参考商标侵权案件的惩罚性赔偿制度,相关机关也建议中国要在知识产权保护中引入惩罚性赔偿制

[①] 《商标法》于2019年再次修正。第六十三条的"一倍以上三倍以下确定赔偿数额",也调整为"一倍以上五倍以下确定赔偿数额"。

度，在这样的指导背景下，已经有多地法院在专利侵权案件中引入了惩罚性赔偿制度，可以说对于本案的审判有重要的参考意义。

（二）《最高人民法院关于审理侵害知识产权民事案件适用惩罚性赔偿的解释》自2021年3月3日起生效

2021年3月3日，《最高人民法院关于审理侵害知识产权民事案件适用惩罚性赔偿的解释》（以下简称《解释》）发布，这是最高人民法院首次以司法解释的形式对知识产权民事案件中惩罚性赔偿的适用范围、请求内容和时间、故意和情节严重的认定、计算基数和倍数的确定、生效时间等作出的具体规定。

关于该解释的立法背景，最高法相关部门负责人在就《解释》答记者问中说到，2018年11月5日，习近平总书记在首届中国国际进口博览会上提出："中国将加快出台外商投资法规……引入惩罚性赔偿制度。"此后，惩罚性赔偿制度的法律修订和政策制定工作加速推进。2019年修正的《反不正当竞争法》、2020年修正的《专利法》《著作权法》等知识产权相关法律均增加了惩罚性赔偿条款。2020年公布的《民法典》规定了知识产权惩罚性赔偿制度，标志着惩罚性赔偿在知识产权领域实现"全覆盖"。2020年11月30日，习近平总书记在主持中央政治局第二十五次集体学习时强调，"抓紧落实知识产权惩罚性赔偿制度"。

1.根据新公布的《解释》，权利人应当如何理解惩罚性赔偿制度？

《解释》第一条第一款规定：原告主张被告故意侵害其依法享有的知识产权且情节严重，请求判令被告承担惩罚性赔偿责任的，人民法院应当依法审查处理。从该条规定可以看出，人民法院对于此前在2013年《商标法》中的"恶意"这一主观要件的规定做出了改变，即原告主张被告侵权是"故意"+"情节严重"，且需要权利人主动向人民法院请求适用惩罚性赔偿制度，人民法院对于原告的请求是"应当"进行审查处理而不是"可以"进行审查处理。

《解释》第二条第一款规定：原告请求惩罚性赔偿的，应当在起诉时明确赔偿数额、计算方式以及所依据的事实和理由。因此，如果主张惩罚性赔偿，原告在起诉时应当对赔偿数额、计算方式和所依据的事实与理由描述清楚，否则可能得不到人民法院的支持。

2. 申请惩罚性赔偿的时间节点是什么？

《解释》第二条第二款规定：原告在一审法庭辩论终结前增加惩罚性赔偿请求的，人民法院应当准许；在二审中增加惩罚性赔偿请求的，人民法院可以根据当事人自愿的原则进行调解，调解不成的，告知当事人另行起诉。

根据上述法条可知，原告申请惩罚性赔偿的最佳时间为一审法庭辩论终结前，且最好明确计算方式以及所依据的事实和理由，人民法院对于此时的请求应当准许。但是如果在二审中才增加了惩罚性赔偿请求的，人民法院需要对增加的请求在双方自愿的情况下调解，如果调解不成，需要告知当事人另行起诉，而不能任意同意原告增加的惩罚性赔偿请求。该条款在一定程度上规范了原告惩罚性赔偿制度的请求时间，同时在某种程度上减少了原告滥用惩罚性赔偿制度可能导致的不利后果。

3.《解释》对于何为"情节严重"作出了明确的规定。

《解释》第四条规定：对于侵害知识产权情节严重的认定，人民法院应当综合考虑侵权手段、次数，侵权行为的持续时间、地域范围、规模、后果，侵权人在诉讼中的行为等因素。被告有下列情形的，人民法院可以认定为情节严重：（一）因侵权被行政处罚或者法院裁判承担责任后，再次实施相同或者类似侵权行为；（二）以侵害知识产权为业；（三）伪造、毁坏或者隐匿侵权证据；（四）拒不履行保全裁定；（五）侵权获利或者权利人受损巨大；（六）侵权行为可能危害国家安全、公共利益或者人身健康；（七）其他可以认定为情节严重的情形。

可见，对于类似于笔者代理的案件这种"重复侵权"行为是否视为"情节严重"的情形，《解释》已经规定得非常明确了，即"因侵权被行政处罚或者法院裁判承担责任后，再次实施相同或者类似侵权行为"的，人民法院可以认定情节严重。同时对于其他未被规定在此条款内的情节是否构成"情节严重",《解释》在本条第七项中作出了兜底性的规定,由于侵权行为可能随着社会的发展不断更新、变化,因此第七项的规定给予了人民法院一定的自由裁量权。

我国知识产权惩罚性赔偿的制度构建日益完善,笔者相信,随着《解释》的不断适用,知识产权侵权行为能够被更有效地遏止。

（撰稿人：聂丽敏）

①

---

① 此二维码为本案生效裁判文书。

PART 2

第二部分

商标部分

"商标性使用"是认定侵权的前提

——青岛某中生态股份有限公司与武某安侵害商标权纠纷案

要旨："商标性使用"是认定是否构成侵害商标权的前提。权利人在进行商标注册时应尽量避开相关行业的通用名称。此外，在使用过程中，权利人也需要尽量避免因使用或宣传不当而造成注册商标丧失显著性。

案情介绍

【案情简介】

原告（上诉人）青岛某中生态股份有限公司（以下简称某中公司）诉称，2005年1月7日，原商标权人青岛某中环境建设有限公司向国家工商行政管理总局商标局申请注册了"高次团粒及图"商标。2008年10月7日，该商标公告注册，注册号为4445××××，国际分类号为44，有效期限自2008年10月7日至2018年10月6日。2010年5月13日，原商标权人青岛某中环境建设有限公司将本商标转让给青岛某粒生态技术有限公司。2013年8月13日，因青岛某粒生态技术有限公司更名为某中公司（即本案原告），本案涉案商标做了注册人名义变更。"高次团粒及图"商标在2016年12月8日被山东省工商行政管理局评为"山东省著名商标"。

某中公司认为，"高次团粒及图"商标经常被应用于重大民生工程，产生了良好的社会效应和经济效益，在行业内极具知名度和品牌价值。随着某中公司的商标知名度和影响力逐渐扩大，其商标权屡遭侵犯。近期，某中公司通过微信朋友圈检索发现，被告武某安注册的微信（gaokeji15888638×××）中，使用了"高次团粒喷播机直喷能达到40米高，好的设备得有一流的技术支持和专业的操作人员，想达到好的效果，二者缺一不可"字样，并以"高次团粒"进行推广宣传,被告的行为严重侵害了某中公司的合法权益。为维护自身合法权益不受非法之侵害,制止被告的侵权行为,某中公司向山东省菏泽市中级人民法院提起诉讼,请求判令被告武某安:1.停止对第4445××××号商标的侵权行为;2.赔偿某中公司经济损失50万元;3.承担某中公司律师费5万元、公证费300元;4.负担本案诉讼费用。

被告辩称,"高次团粒"是一种绿化植被技术的统称,与原告的"高次团粒*植被恢复技术+图"注册商标不同。"高次团粒"在涉案商标注册申请之前已经在行业中成为绿化植被技术的统称,不能被某中公司所独占使用,因此某中公司所称使用"高次团粒"字样即构成对其商标权的侵害不能成立。"高次团粒"的原理为:以岩质和土质边坡、瘠薄山地、酸碱性土壤、裸露坡面、海岸堤坝等为主要施工对象,使用富含有机质和黏粒的客土材料,在喷播瞬间与团粒剂混合发生团粒反应。关于"高次团粒"可查询的使用记录:日本早在1976年就报道出"高次团粒植被恢复技术";光明日报在2007年11月19日也报道了"高次团粒"坡面植被恢复技术,点坡成绿;另外包括人民网(2003年1月2日第四版)在内的多篇新闻报道、多篇学术论文均以"高次团粒喷播绿化技术"为题或者内容对该项技术进行报道或者研究,上述时间均早于涉案商标的注册申请时间。可见,"高次团粒"在涉案商标申请日之前已经成为一项喷播绿化技术的统称。武某安被诉行为是对"高次团粒"技术统称的使用,不属于商标性使用,相关公众不会将其提供的服务与原告某中公司提供的服务来源产生混淆、误认。

【争议焦点】

对"高次团粒"文字的使用是否对注册号为445××××的"高次团粒及图"图文组合商标构成侵权。

【审判结果】

一审法院判决认为"高次团粒"文字的使用并不与注册号为445××××的"高次团粒及图"图文组合商标具有混淆可能性,被告于2015年9月7日发布的微信朋友圈信息并未侵犯原告案涉商标权，原告要求判令被告停止侵权、赔偿损失请求没有事实依据和法律依据，依法不予支持，判决驳回原告诉讼请求。二审维持原判。

案例评析

本案的抗辩思路并未囿于普通商标侵权的抗辩思路，而是从"通用名称"的角度入手，进行了检索并从多方面举证。最终法院支持了被告的抗辩意见，驳回了原告的诉讼请求。

代理律师认为，"高次团粒"是一种绿化植被技术的统称，与某中公司的"高次团粒*植被恢复技术+图"注册商标不同。"高次团粒"在某中公司注册商标申请之前已经在行业中成为绿化植被技术的统称，不能被某中公司所独占使用，因此某中公司声称使用"高次团粒"字样即构成对其商标权的侵害不能成立。被诉行为是对"高次团粒"技术统称的使用，不属于商标性使用，不会造成服务来源的混淆、误认。另外，权利人声称凡是使用"高次团粒"即侵害了其注册商标专用权的，实则是认为"商标=商标标识"，即直接将商标标识本身视为商标权所保护的特定利益，而忽略了商标是使用在商品/服务上的商业符号，其与核定使用的商品/服务具有特定的关系。根据《商标法》第五十九条第一款，"注册商标中含有的本商品的通用名称、图形、型号，或者直接表示商品的质量、主要原料、功能、用途、重量、数量及其他特点，或者含有的地名，注册商标专用权人无权禁止他人正当使用"。分析该条款中列举的各种对注册商标的使用，可以看出其共同特点之一是使用商标符号均是为了描述商品本身的相关信息，而非为了识别商品来源。对照2013年修订的《商标法》第四十八条，"本法所称商标的使用，是指将商标用于商品、商品包装或者容器以及商品交易文书上，或者将商标用于广告宣传、展览以及其他商业活动中，用于识别商品来源的行为"。第四十八条中列举的各类使用行为的共性是将商标与商品或服务紧密联系在一起，在商标与其核定使用的商品之间建立内在、唯一、确定的联系,使相关公众能够清晰无误地识别那些出现在他们眼前的商品来源于商标权人,即在商品、注册商标、商标权人三者之间建立直接联系。相反,描述性使用不会在使用的商标符号与该商标核定使用的商品,以及商标权人之间建立任何联系,其本质并非对他人注册商标的使用,而是对他人商标中所包含的公共领域中的描述性信息的使用,具备正当性。

心得体会

"高次团粒"首先是作为一项新的技术名称出现在了我国的建设行业领域,研发实施该技术的即为某中公司。而后,某中公司虽将"高次团粒"注册为第4445××××号商标并进行了宣传使用,使得该商标具有一定知名度,但不能改变我国建设行业中已存在将"高次团粒"用以指代一种坡面植被恢复技术的事实。被诉"高次团粒"的使用旨在描述喷播机的用途和性能,这种使用行为并非商标性使用行为,即并未指向其提供的服务来源于某中公司或与某中公司有关联关系,因此不会使相关公众产生误认,故不构成商标侵权。

在此提示,权利人应尽量避开相关行业的通过名称来进行商标注册。同时,在使用过程中,权利人也应尽量避免因使用或宣传不当导致注册商标丧失显著性。

(撰稿人:王现辉)

①

---

① 此二维码为本案生效裁判文书。

"生意参谋"助力赔偿数额

——邢台某动商贸有限公司与广州某词贸易有限公司、浙江某宝网络有限公司、广州市荔湾区某奔体育用品店侵害商标权纠纷案

要旨：本案原告摒弃被动要求法院酌定的思路，主动出击利用生意参谋监控被告的销售数额，使侵权数额无处遁形。将生意参谋利用到知识产权纠纷举证中，不仅能准确计算被告的销售数量，更能为法官判定侵权赔偿数额提供重要的参考依据。

案情介绍

【案情简介】

原告邢台某动商贸有限公司（以下简称某动公司）是"田径精英"运动钉鞋的生产商及销售商，其旗下的"某赐之翼"品牌钉鞋具有独创性的设计理念和高品质的材料配置，客户认可度与市场占有率极高，上述商标在运动钉鞋领域内已具有很高知名度。2017年5月7日，原告经国家工商行政管理局商标局核准注册第19455×××号注册商标，核定使用商品为第25类。经营过程中，原告发现被告广州某词贸易有限公司（以下简称某词公司）、广州市荔湾区某奔体育用品店（以下简称某奔商店）未经原告许可在浙江某宝网络有限公司（以下简称某宝公司）经营的某宝网名称为"某风体育运动用品"的店铺内销售的同种田径钉鞋所使用的商品标识与原告第19455×××号注册商标极为近似，遂将某词公司、某奔商店及某宝公司起诉至杭州市余杭区人民法院，请求三被告立即停止侵害原告第19455×××号商标专用权的行为并共同赔偿原告经济损失及合理费用共计100万元。

【一审查明】

2017年5月7日，某动公司注册取得第1945××××号注册商标，核定使用商品为第25类，包括运动衫、运动鞋、跑鞋等，有效期截至2027年5月6日。

2018年3月20日，某动公司委托代理人张丽改在公证处电脑登录www.ta×××o.com（某宝网），在搜索栏输入"某风体育运动用品"进入卖家为"tbpm×××3"的店铺主页，查看店铺信息，进入商品名称为"某锐斯专业田径钉鞋男学生中考比赛跳远短跑训练"的商品页面（商品ID为5558921××××6），页面显示售价128—198元，颜色分类有13个选项，交易成功1225件，累计评论5282条，分别点击各个颜色分类，其中四个颜色分类（分别为白色888、黑色鸳鸯888、橙色888、黑色888）展示的商品款型一致，且与被控侵权的商品不一致，另外九个颜色分类展示的商品款型一致，且与本案被控侵权的商品款型一致，之后复制该商品链接的网络地址，登录账号进入某宝店铺"田径精英正品田径钉鞋"的后台，通过后台的"生意参谋"，点击"竞品配置"的"新增监控"，粘贴以上网址，进行"商品监控"，可以查看该商品最近30天以及近半年每个月份的数据，其中2018年2月18日至3月19日显示支付商品件数为1974件，其中2018年2月为551件，其中2018年1月为586件，其中2017年12月为1117件，其中2017年11月为1886件，其中2017年10月为2063件，其中2017年9月为2358件。为此，河北省邢台市守敬公证处出具了（2018）邢守证民字第4××号公证书。

庭审中，原告某动公司的法定代表人使用相应用户名及密码登录卖家中心，点击首页左侧"数据中心—生意参谋"，在打开的页面上方点击"竞争"，点击左侧"商品监控"，显示"竞品列表"，在第4个显示：商品名称：某锐斯专业田径钉鞋男学生中考比赛跳远短跑训练，所属店铺：某风体育运动用品，以及显示支付商品件数、流量指数、交易指数、搜索人气、收藏人气；在页面上方，可以选择查看实时、最近1天、7天、30天或者具体时间区间的销量情况，其中2018年2月，显示涉案商品的"支付商品件数"为

551；2018年1月，显示为586；2017年12月显示为1117；2017年11月显示为1886；2018年3月显示为2289；2018年4月显示为1467。点击该商品链接，显示商品ID为5558921××××6；点击"竞争动态"，显示"主图修改""某风体育运动用品"修改商品"某锐斯专业田径钉鞋男学生中考比赛跳远短跑训练跑步钉鞋超轻女"主图，时间为14：08。

另认定，某宝公司系网络交易平台的运营商，依法提供增值电信业务，域名为ta×××o.com的某宝网由某宝公司经营。在某宝网注册为用户均需同意某宝公司制定的服务协议，服务协议要求用户在某宝平台上不得销售侵犯他人知识产权或其他合法权益的商品。某宝公司确认生意参谋软件生成的数据是真实的，软件使用者可以通过该软件查看其被监控竞争商家某一周期内的销售数据，该数据的计算是按照买家实际购买件数生成的，发生退款的件数不会在数据内扣除。某动公司确认未就本案指控的某词公司的商标侵权问题向某宝公司投诉。某词公司确认掌柜名为"tbpm×××3"的某宝店铺由其经营，某奔商店确认被控侵权产品由其委托他人生产加工，并授权给某词公司销售。

再认定，某动公司为本案维权支出律师费30000元，以及交通费、食宿费若干。某动公司向东莞市某信鞋业贸易有限公司订购田径钉鞋，单价为80元每双。

【一审判决与结果】

某动公司系第1945××××号注册商标专用权人，该商标尚属保护期限内，法律状态稳定，其商标专用权应受法律保护。某动公司主张某奔商店生产涉案商品以及某词公司销售涉案商品侵犯其商标专用权。根据《商标法》规定，未经商标注册人的许可，在同一种或类似商品上使用与其注册商标相同或近似的商标，容易导致混淆的行为以及销售侵犯注册商标专用权的商品的行为均属侵犯注册商标专用权的行为。本案中，涉案产品鞋头位置使用的五条不规则图形组成的图案非常醒目、显著，起到了识别商品来源的作用，属于商标使用行为。某动公司的涉案商标主要由三条不规则的图形组成，三条图形从下到上依次变长，整体呈现类似羽翼的形状，而被控侵权产品上的涉案标识由五条不规则图形组成，从下到上的四条不规则图形依次变长，第五条又变短，其中中间三条不规则图形的形状、排列与原告涉案商标完全相同，整体来看，被控侵权标识也呈现了类似羽翼的感觉，因此，被控侵权标识与涉案商标表达形式相近，以相关公众的一般注意力极易造成混淆，应认定构成近似商标。涉案商品为田径跑鞋，与涉案商标核定使用商品中的跑鞋属于相同商品。因此，涉案商品为未经某动公司许可在相同商品上使用近似商标，易导致相关公众混淆的侵权产品。某奔商店确认涉案商品由其委托他人加工生产，且涉案商品上使用了由某奔商店的经营者苏某富所注册的商标，故应认定某奔商店为涉案商品的生产商，某奔商店生产上述侵权产品，侵犯了某动公司第1945××××号注册商标专用权，应承担停止侵权、赔偿损失的民事责任。某词公司销售上述侵权商品亦侵犯了某动公司第1945××××号注册商标专用权。……某动公司为维权支出律师费30000元、公证费2700元及交通费、食宿费若干。综上，酌定某奔商店赔偿金额为50万元，某词公司的赔偿金额为20万元。

【一审判决】

一、被告某奔商店（经营者苏某富）停止生产侵犯原告某动公司第1945××××号"✓"注册商标专用权的田径钉鞋；

二、被告某词公司停止销售侵犯原告某动公司第1945××××号"✓"注册商标专用权的田径钉鞋；

三、被告某奔商店（经营者苏某富）于本判决生效之日起十日内赔偿原告某动公司经济损失（含合理费用）500000元；

四、被告某词公司于本判决生效之日起十日内赔偿原告某动公司经济损失（含合理费用）200000元。

案例评析

【律师评述】

本案为侵害商标权纠纷,争议焦点为:

第一,三被告是否实施了侵害原告注册商标专用权的行为;

第二,如果构成侵权,被告应当承担怎样的责任。

围绕第一个争议焦点,根据《商标法》第五十七条规定,有下列行为之一的,均属侵犯注册商标专用权:(一)未经商标注册人的许可,在同一种商品上使用与其注册商标相同的商标的;(二)未经商标注册人的许可,在同一种商品上使用与其注册商标近似的商标,或者在类似商品上使用与其注册商标相同或者近似的商标,容易导致混淆的;(三)销售侵犯注册商标专用权的商品的;(四)伪造、擅自制造他人注册商标标识或者销售伪造、擅自制造的注册商标标识的;(五)未经商标注册人同意,更换其注册商标并将该更换商标的商品又投入市场的;(六)故意为侵犯他人商标专用权行为提供便利条件,帮助他人实施侵犯商标专用权行为的;(七)给他人的注册商标专用权造成其他损害的。

首先,本案被诉侵权产品为运动类钉鞋,与涉案商标核定使用的商品为同一种商品,那么仅需要比对被诉侵权标志是否与原告主张保护的商标近似。

关于两标志是否近似,根据《最高人民法院关于审理商标民事纠纷案件适用法律若干问题的解释》第十条:认定商标相同或者近似按照以下原则进行:(一)以相关公众的一般注意力为标准;(二)既要进行对商标的整体比对,又要进行对商标主要部分的比对,比对应当在比对对象隔离的状态下分别进行;(三)判断商标是否近似,应当考虑请求保护注册商标的显著性和知名度。

原告田径精英品牌钉鞋第1945××××号注册商标由三条不规则条形图案及英文字母组合而成，其中条形图案依次排列，长度由内到外依次变短，因整体形状酷似羽翼，故原告将该品牌命名为"天赐之翼"。原告第1945××××号注册商标中，最长的一条不规则图案周围标有英文字母"winglized"，字号较小，位于条形图案内侧偏上位置。被诉侵权标志包含五条不规则条形图案，依次排列，外侧的四条图形长度由外到内依次变短，该标志整体形象酷似羽翼。整体上条形图案在两商标中起到了显著识别作用。被控侵权产品使用的条形图案设计的形状、轮廓、颜色、方向均与原告相同，虽数量与原告不同，但是数量的不同不会影响整体形状的近似，相关公众在看到被诉侵权产品时有将其与原告商品产生混淆的可能；虽两者使用的英文单词不同，但英文字母的大小、位置与原告的相同，相关公众一般只会留意英文字母的位置，而不会仔细识别英文字母的具体内容。因此整体上对比，被控侵权产品使用的商品标识与原告第1945××××号"winglized及图"注册商标构成近似。

其次，围绕第二个争议焦点，三被告应当承担怎样的责任。根据《最高人民法院关于审理商标民事纠纷案件适用法律若干问题的解释》第二十一条：人民法院在审理侵犯注册商标专用权纠纷案件中，依据民法典第一百七十九条、商标法第六十条的规定和案件具体情况，可以判决侵权人承担停止侵害、排除妨碍、消除危险、赔偿损失、消除影响等民事责任，还可以作出罚款，收缴侵权商品、伪造的商标标识和专门用于生产侵权商品的材料、工具、设备等财物的民事制裁决定。罚款数额可以参照商标法第六十条第二款的有关规定确定。据此，三被告应当承担停止侵害、赔偿损失的责任。

本案被告某词公司为涉案被诉侵权产品的销售商，某奔商店为被诉侵权产品的生产商，某宝公司为网络销售平台的经营者。对于生产商和销售商，其承担的责任一般为停止生产、销售行为及赔偿损失。

某宝网作为网络平台的经营者应承担怎样的责任，根据《电子商务法》第四十五条，电子商务平台经营者知道或者应当知道平台内经营者侵犯知识产权的,当采取删除、屏蔽、断开链接、终止交易和服务等必要措施;未采取必要措施的,与侵权人承担连带责任。本案由于原告未在起诉前通知某宝公司删除或者屏蔽链接,因此一审法院认定某宝网不构成帮助侵权,无需承担连带责任。

关于本案原告主张100万元经济损失及合理开支的依据,是充分利用了电商平台销售透明的便利条件,采用某里巴巴为商家推出的"生意参谋"软件,将被告近半年每月的销售量进行了追踪和统计,并通过向法院提供原告生产同款钉鞋的单只成本,从而将被告销售侵权产品所获利润进行了量化的计算,便于法院在判定赔偿损失数额时有据可循,可进行参考,以下为原告向法院提供的损失赔偿的计算方式:

(一)由于本案权利人因被侵权所受到的实际损失难以确定,则按照侵权人因侵权所获得的利益计算赔偿数额;

(二)原告于2018年3月20日到河北省邢台市守敬公证处登录某宝网络后台,对涉案被诉侵权产品2017年9月至2018年2月(共计6个月)的销售数量进行了公证证据保全,并于近期将2018年3月、4月的销量截屏,统计结果如表2-1所示。

表 2-1 涉案被诉产品侵权情况统计

时间	销售量(双)	单价(元)	销售额(元)
2017年9月	2358	158	372564
2017年10月	2063	158	325954
2017年11月	1886	158	297988
2017年12月	1117	158	176486
2018年1月	586	158	92588
2018年2月	551	158	245058
2018年3月	2289	158	361662
2018年4月	1467	158	231786
月平均销售量	1540	158	无数据
8个月总计	12317	158	1946086

上列数据经统计，被告在2017年9月至2018年4月（共计8个月）期间在某宝网络上的销售数量为12317双，售价为158元，则8个月的总销售额为12317双×158元=1946086元。

关于每双鞋的成本，由于无法获取被告的制作成本，因此参考原告制作此种田径钉鞋每双的成本80元，则被告在2017年9月至2018年4月的8个月内因侵权所获得的利润计算公式为：12317双×（158-80）元=960726元。

此外需说明的是，被告制作侵权产品的成本肯定比原告正品钉鞋要低，其实际获得的利润还要高于960726元。另外，至开庭前，原告为制止被告侵权行为已经产生的律师费、公证费及差旅费等合理开支共计人民币36870.6元。因此，原告主张其赔偿经济损失及合理开支共计人民币100万元完全合理、有据。

【法理依据】

《商标法》第六十三条第一款：侵犯商标专用权的赔偿数额，按照权利人因被侵权所受到的实际损失确定；实际损失难以确定的，可以按照侵权人因侵权所获得的利益确定；权利人的损失或者侵权人获得的利益难以确定的，参照该商标许可使用费的倍数合理确定。对恶意侵犯商标专用权，情节严重的，可以在按照上述方法确定数额的一倍以上三倍以下确定赔偿数额。赔偿数额应当包括权利人为制止侵权行为所支付的合理开支。

对于普通的知识产权纠纷，计算赔偿数额一般按照实际损失、所获利益、商标许可使用倍数的顺序来计算。但在实际中，权利人因侵权所受到的损失往往难以计算，同时由于市场的客观变动，经济涨落很难说就只是因为被侵权而造成。而侵权人因侵权所获得的利益也需要被告主动提供财务数据，或者利用法院、工商等行政部门依职权调取，而实践中法院往往会根据涉案商标的知名度、被告侵权行为的性质、主观过错程度进行酌定，由于法官并不了解相关产品的市场行情，往往会因酌定数额过低导致侵权成本低于维权成本，从而诱使被告继续侵权。

本案原告摒弃被动要求法院酌定的思路，主动出击利用"生意参谋"监控被告的销售数额，使侵权数额无处遁形。"生意参谋"最早是应用在某里巴巴B2B市场的数据工具，2013年10月，"生意参谋"正式走进淘系，成为某里巴巴商家端统一数据产品平台。某宝网商家对"生意参谋"的利用目的，主要是对竞争对手进行实时监控、竞争排名、上新监控等，便于商家面对市场变化迅速制定销售策略。将"生意参谋"利用到知识产权纠纷举证中，不仅能准确计算被告的销售数量，更能为法官判定侵权赔偿数额提供重要的参考依据。而本案的另一个重点是，仅通过"生意参谋"也只能了解到被诉侵权产品的销售数量，对于销售利润仍然无法确定，笔者在起诉前要求委托人将其公司自己的单位成产成本向法院举证，供法院参考，进一步锁定的侵权赔偿额的取值范围。本案一审法院，便是采信了原告提供的上述数据从而作出的判决，虽然仅支持了70万元，但是对于其他采用酌定定额的案件已经是酌定赔偿数额较高的案件，委托人对案件结果非常满意，而被告至今也没有继续侵权。

本案利用了多渠道、多形式、更全面的举证思路，达到了弥补损失，制止侵权的双重目的。

心得体会

永远关注被告的一举一动，时刻不能松懈。

本案的被告某词公司十分狡猾，经原告监测，被告某词公司为免予承担侵权责任的目的，在2018年5月4日14：08将侵权产品主图修改为其他不侵权的样式，并将侵权商品全部下架，庭审中用下架的行为谋求法院轻判或者免责，据此法院当庭向原告确认是否撤回对被告的诉讼请求第一项（停止侵权），原告阐述由于被告还存在大量库存产品，因此坚持没有撤回诉讼请求第一项。

开庭结束后即5月4日20点，被告又重新将被诉侵权商品的主图恢复为侵权产品图样,并将下架的所有产品重新恢复上架,该行为表明,被告只是将商品临时修改和下架,企图让原告撤回对其停止侵权的诉讼并寻求法院对其作出有利判决,其内心并没有就此停止侵权的主观意图。被告的上述行为不仅严重侵害了原告的合法权益,而且藐视法庭的威严,侵权的主观恶意非常明显且侵权行为非常猖獗,原告将该情形告知了法院。

随着电商平台的日益扩大,侵权行为也愈演愈烈,权利人必须擦亮双眼,与侵权者斗智斗勇,才能保住市场,维护自身利益,保护消费者买到称心如意的产品。

(撰稿人:聂丽敏)

①

---

① 此二维码为本案生效裁判文书。

被诉侵权产品无生产日期时如何确定生产时间的举证分配探讨
——岳某诉康某某、河北某川钓具销售有限公司侵害商标权纠纷案

要旨：限期使用的产品包装上应当标明生产日期、安全使用期或者失效日期，未标明上述期限的产品售出后如出现质量问题，应追究生产者和销售者的责任。同样，限期使用的未标明生产日期的产品作为被诉侵权产品在法庭上核验时，如产品生产日期是查明案件的重要内容，则产品的生产日期应由生产者或销售者进行举证说明，如无法合理举证说明，应承担相应的不利后果。

案情介绍

2019年9月，岳某以康某某侵犯其"JCSP 吉川上品"商标权为由，向一审法院提起诉讼，请求判令康某某立即停止侵害其注册商标专用权的行为；赔偿其经济损失及合理费用共计人民币20万元；康某某承担本案全部诉讼费用。

2019年12月本案第一次开庭，原告当庭追加河北某川钓具销售有限公司为本案被告。2020年1月本案第二次开庭，河北某川钓具销售有限公司作为本案第二被告参加了诉讼。

被告康某某辩称：一、其未侵犯原告的注册商标专用权。其自2014年初就开始经营石家庄某川渔具销售有限公司生产的渔具系列产品，属于合法经营，从该公司给被告康某某出具的销售清单上可以看出上面的标识为"某川渔具（吉川上品）销售清单"。被告康某某接到起诉状后，及时联系厂家，并查询到原告岳某系石家庄某川渔具销售有限公司的股东之一，且原告岳某在2018年3月22日至2019年3月21日系该公司的实际经营管理承包人，即被告康某某销售的渔具产品均系从原告处进的货，根本不侵犯原告的商标权。二、其不应赔偿原告岳某经济损失200000元。根据《商标法》第六十四

条第二款,"销售不知道是侵犯注册商标专用权的商品,能证明该商品是自己合法取得并说明提供者的,不承担赔偿责任"。被告康某某销售的渔具产品本身就是原告提供的,故要求其承担赔偿责任没有法律依据。综上所述,被告康某某未侵犯原告岳某的商标专用权,请求依法驳回其诉讼请求。

被告河北某川公司辩称:原告岳某主张其生产侵权产品并要求赔偿损失的主张,无任何事实和法律依据,其不予认可。一、原告岳某自2012年7月20日至2018年3月13日就与被告河北某川公司其他股东共同成立石家庄某川渔具销售有限公司,后各股东于2018年5月25日注册成立河北某川公司,岳某任经理职务,享有43.12%的股权比例。在其担任河北某川公司股东期间于2018年12月29日又隐瞒其他股东注册成立石家庄吉某渔具销售有限公司,并担任法定代表人,长期与公司存在竞争业务,并在2018年3月22日至2019年3月21日独立承包公司经营销售工作。二、2019年1月16日,原告岳某和股东赵某作为甲方与河北某川公司的其他五股东签订资产分割协议,约定对双方合作期间现有产品的包装设计版权、使用权至2019年12月31日之前双方均有权使用。自分割协议签订后,河北某川公司对产品生产、包装及商标使用等进行重大调整,所生产商品与原告所主张的侵权产品具有根本的不同。在原告任河北某川公司股东及承包经营管理期间,康某某一直系经销商。河北某川公司在资产分割协议之后所供康某某的产品均与原告所称的侵权产品具有明显直观的不同,并在发货清单中均注明河北某川公司所独立拥有的产品名称,与所供商品商标及包装设计等均能一一对应,根本不存在原告所主张的生产侵权产品的事实,原告追加我公司作为被告并要求河北某川公司承担侵权责任系恶意竞争行为,望贵院依法查明事实,驳回原告的诉讼请求。

2017年1月21日,岳某经国家工商行政管理总局商标局核准注册"JCSP吉川上品"商标,注册号为1860××××,核定使用商品为第28类:人造钓鱼饵;钓鱼竿;狩猎或钓鱼用诱饵;钓鱼用具;抽奖用刮刮卡;啦啦队用指挥棒;咬钩传感器(钓具);伪装掩蔽物(体育用品)等,注册有效期至2027年1月20日止。

2019年7月14日，岳某委托程志会向河北省石家庄市国信公证处（以下简称国信公证处）申请保全证据公证。2019年7月15日，国信公证处两名公证人员与程志会来到位于郑州市巩义市孝康路的"依肯国际户外钓具全国连锁巩义加盟店、渔具户外"（店铺门头所示）购买了相关产品，取得收据两张，公证人员当场收存上述所购买的商品及收据，并对上述购买地点进行了拍照。在当天购买结束后公证人员对上述购买商品及收据进行了拍照和封存，上述被封存的所购商品、收据交由程志会保管。对上述过程，国信公证处出具（2019）冀石国证民字第3507号公证书予以确认。

经当庭查验，上述公证书所附带的封存实物封条完好，当庭拆开封存的实物，共包含有18袋产品，其中，名称分别为"石川藻腥極""石川黄色风暴白金版（经典配方黑糖）""石川黄色风暴白金版（红枣）""石川黑坑密码（果酸）""石川黑坑密码（精品面系黑糖）""石川黄色风暴白金版（圆梦）"的产品共计6袋，上述产品的外包装袋正面上部印有"某川上品"字样，外包装袋正面下部印有"河北某川渔具有限公司出品"，外包装袋背面印有"制造商：河北某川渔具有限公司"；其中，名称分别为"石川鲫腥香超能""鲫谋敌战鲫"的产品共计2袋，外包装袋正面上部印有"某川上品"字样，外包装袋背面下部印有"制造商：石家庄某川渔具有限公司"；其中，"吉川大红饵""吉川麦芽糖发酵饵搓饵""吉川麦芽糖发酵饵拉饵""吉川鲫花香王""吉川鲤高动物蛋白（甜味面状）""吉川鲫酸甜综合"的产品共计6袋，上述产品的外包装袋正面上部印有"某川上品"字样，外包装袋正面下部印有"石家庄某川渔具有限公司出品"，外包装袋背面印有"制造商：石家庄某川渔具有限公司出品"；对封存的剩余4袋产品，原告在庭审中称在本次诉讼中不再主张权利。同时，封存的实物中包含有收据2张，其中1张收据中收款人处的签名为"康某某"。

另查明，巩义市康店某翔渔具店成立日期为2012年9月28日，为个体工商户，目前已注销，登记的经营者为康某某，经营范围为经销渔具、户外用品、百货。

另经查询，石家庄某川渔具有限公司成立日期为2018年12月29日，法定代表人为岳某。

【审判结果】

一审法院判决如下：

一、被告康某某于本判决生效之日起立即停止侵害原告岳某第18604×××号"JCSP"商标注册商标专用权的行为；

二、被告康某某于本判决生效之日起十日内赔偿原告岳某经济损失及合理支出共计15000元；

三、驳回原告岳某的其他诉讼请求。

案例评析

【争议焦点】

本案的争议焦点为：第一，二被告是否侵犯原告的商标专用权；第二，若构成侵权，是否应当承担侵权责任；第三，如应承担侵权责任，应承担何种民事责任。

关于争议焦点一，原告作为涉案商标注册人对其经核准注册的商标享有专用权。原告经商标局核准取得第1860××××号"JCSP"商标的注册商标专用权，在商标的有效期内受到法律保护。未经商标注册人的许可，在同一种商品上使用与其注册商标近似的商标，容易导致混淆的，或者销售侵犯注册商标专用权的商品的，属于侵犯注册商标专用权的行为。

关于被告康某某是否实施了侵害原告注册商标专用权的行为，本院认为，首先，被告康某某销售的产品中包含有"石川藻腥极""石川黄色风暴白金版（经典配方黑糖）""石川黄色风暴白金版（红枣）""石川黑坑密码（果酸）""石川黑坑密码（精品面系黑糖）""石川黄色风暴白金版（圆梦)""石川鲫腥香超能""鲫谋敌战鲫"共8袋产品,关于上述产品外包装袋上印有的"某川上品"文字是否与原告"某川上品"商标构成近似的问题,原告"JCSP吉川上品"商标由汉字"某川上品"、拼音"JCSP、jichuanshangpin"及图形三部分组合而成,因文字较之字母、图形更易被相关公众识别,故汉字"某川上品"应为该商标的显著识别部分。被告康某某在其销售的上述产品上用较大字体标注了"某川上品",较为容易识别,客观上起到了识别商品来源的作用,为商标法规定的商标性使用。同时,原告上述注册商标的核定使用范围中包含了人造钓鱼饵,而被告康某某销售的上述产品与其系同一种商品,因此,上述产品属于侵犯原告第1860××××号注册商标专用权的商品,被告销售被控侵权产品的行为亦构成对原告涉案商标权的侵害。

其次,被告康某某销售的产品中包含有"吉川大红饵""吉川麦芽糖发酵饵搓饵""吉川麦芽糖发酵饵拉饵""吉川鲫花香王""吉川鲤高动物蛋白(甜味面状)""吉川鲫酸甜综合"共6袋产品,上述产品的外包装上虽印有"某川上品"字样,但该外包装袋背面的制造商处显示为"石家庄某川渔具有限公司出品",而原告系该公司的法定代理人。庭审中原告主张被告销售的上述产品系他人冒用石家庄某川渔具有限公司的名义生产的,但原告并未提供证据证明上述产品与石家庄某川渔具有限公司生产的相关产品在产品外包装、质量上有何区别,故本院认为,根据原告提供的证据无法证明被告销售的上述产品侵犯了原告的注册商标专用权。

综上,被告康某某在其销售的"石川藻腥極""石川黄色风暴白金版(经典配方黑糖)""石川黄色风暴白金版(红枣)""石川黑坑密码(果酸)""石川黑坑密码(精品面系黑糖)""石川黄色风暴白金版(圆梦)""石川鲫腥香超能""鲫谋敌战鲫"共8袋产品上使用"某川上品"字样的行为,侵犯了原告的涉案注册商标专用权,应当承担相应的民事责任。

关于被告河北某川公司是否实施了侵害原告注册商标专用权的行为,本院认为,根据《民事诉讼法》第六十四条的规定,当事人对自己提出的主张,有责任提供证据。本案中,原告主张被告康某某销售的侵权产品均由被告河北某川公司提供，故被告河北某川公司应承担相应责任，但原告对该主张并未提供证据予以证明，且被告康某某在庭审中称涉案侵权产品的进货渠道系石家庄某川渔具销售有限公司，被告河北某川公司亦不认可原告的上述主张，故原告的上述主张缺乏事实和法律依据，且与法院查明的事实不符。

关于争议焦点二，被告康某某销售侵犯原告涉案商标专用权的商品，已经构成对原告涉案注册商标专用权的侵犯，本案中，被告康某某是否应当承担相应民事责任，关键在于其销售的侵权产品是否具有合法来源。根据《商标法》第六十四条第二款的规定，销售不知道是侵犯注册商标专用权的商品，能证明该商品是自己合法取得并说明提供者的，不承担赔偿责任。同时，根据《商标法实施条例》第七十九条的规定，有供货单位合法签章的供货清单和货款收据且经查证属实或者供货单位认可的，属于商标法规定的能证明该商品是自己合法取得的情形。本案中，被告康某某在庭审中称本案中侵权产品的进货渠道系石家庄某川渔具销售有限公司，但其提供的销售清单中没有供货单位的名称及印章，也没有具体收货单位、供货单位经办人的签字，且无进货发票或其他证据佐证，故被告康某某提供的证据无法证明涉案侵权产品系合法取得，其应承担相应的民事责任。

关于争议焦点三，康某某销售涉案侵权产品的行为侵犯了原告涉案注册商标专用权，故应承担停止侵权、赔偿损失的民事责任。关于赔偿损失的具体数额，鉴于原告未提交证据证明其因被侵权所受的经济损失或被告因侵权所获得的利润，本院综合考虑原告注册商标的知名度、被告涉案侵权行为的性质、过错程度、原告为制止侵权行为支出的合理费用及律师为此次诉讼付出的必要劳动等因素，酌定被告康某某应向原告赔偿损失及合理维权费用共计15000元。

心得体会

本案实质上系一起较为简单的商标侵权诉讼案件，但是本案中涉及的一些法律问题值得讨论。一是原告公证购买的侵权产品"鱼饵"上无生产日期时举证责任的分配；二是申请追加被告的法律依据。

（一）原告公证购买的侵权产品"鱼饵"上无生产日期时举证责任的分配

本案中，原告从被告康某某处公证购买的侵权产品上绝大部分未标明生产日期，而侵权产品为鱼饵，应当为限期使用的产品，而该产品无生产日期，已经不符合《产品质量法》第二十七条关于生产日期的规定。

笔者认为限期使用的产品包装上应当标明生产日期、安全使用期或者失效日期，未标明上述期限的产品售出后如出现质量问题，应追究生产者和销售者的责任。同样，限期使用的未标明生产日期的产品作为被诉侵权产品在法庭上核验时，如产品生产日期是查明案件的重要内容，则产品的生产日期应由生产者或销售者进行举证说明，如无法合理举证说明，应承担相应的不利后果。

《产品质量法》第二十七条规定，产品或者其包装上的标识必须真实，并符合下列要求：（一）有产品质量检验合格证明；（二）有中文标明的产品名称、生产厂厂名和厂址；（三）根据产品的特点和使用要求，需要标明产品规格、等级、所含主要成份的名称和含量的，用中文相应予以标明；需要事先让消费者知晓的，应当在外包装上标明，或者预先向消费者提供有关资料；（四）限期使用的产品，应当在显著位置清晰地标明生产日期和安全使用期或者失效日期；（五）使用不当，容易造成产品本身损坏或者可能危及人身、财产安全的产品，应当有警示标志或者中文警示说明。裸装的食品和其他根据产品的特点难以附加标识的裸装产品，可以不附加产品标识。

（二）申请追加被告的法律依据

本案中，被告康某某在第一次开庭时提交了一份证明，内容为：康某某为我公司老客户，康某某所销售的鱼饵等均为我公司提供，落款处有河北某川钓具销售有限公司盖章。原告代理人据此申请追加河北某川钓具销售有限公司为本案被告，郑州市管城回族区人民法院认为原告的申请有理，通知其作为被告参加本案诉讼。

具体参见《最高人民法院关于适用〈中华人民共和国民事诉讼法〉的解释》规定：

第七十三条　必须共同进行诉讼的当事人没有参加诉讼的，人民法院应当依照民事诉讼法第一百三十二条的规定，通知其参加；当事人也可以向人民法院申请追加。人民法院对当事人提出的申请，应当进行审查，申请无理的，裁定驳回；申请有理的，书面通知被追加的当事人参加诉讼。

第七十四条　人民法院追加共同诉讼的当事人时，应通知其他当事人。应当追加的原告，已明确表示放弃实体权利的，可不予追加；既不愿意参加诉讼，又不放弃实体权利的，仍追加为共同原告，其不参加诉讼，不影响人民法院对案件的审理和依法作出判决。

（撰稿人：李洪磊）

①

---

① 此二维码为本案生效裁判文书。

批量维权案件的操作思路浅谈
——湖北某黑鸭企业发展有限公司与高某良侵害商标权纠纷案

要旨：大成律师事务所王现辉律师知识产权团队8名律师经过长达两年半的时间，为湖北某黑鸭企业发展有限公司打击商标侵权、净化河北市场，极大地维护了某黑鸭公司的合法权益，为某黑鸭公司的长远发展战略目标做出了突出贡献，实现了某黑鸭公司与律师团队的合作共赢。

案情介绍

【案情简介】

2019年9月，湖北某黑鸭企业发展有限公司（以下简称某黑鸭公司）以唐山市路南某良食品店、高某某侵犯其"某黑鸭"系列商标权为由，向一审法院提起诉讼，请求判令唐山市路南某良食品店、高某某立即停止侵害其某黑鸭系列注册商标专用权的行为；赔偿经济损失及合理费用共计人民币10万元；唐山市路南某良食品店、高某某承担本案全部诉讼费用。

唐山市路南某良食品店、高某某辩称：该店铺早已兑给他人、原告取证时该店铺已不是本人经营，不应承担侵权责任；其营业执照已不在店铺中使用，只在网上店铺使用；曾参加武汉百味某记企业管理有限公司举办的某黑鸭培训班，某黑鸭公司应起诉武汉百味某记企业管理有限公司维权。

【一审判决与结果】

一审法院认为：《商标法》规定，未经商标注册人的许可，在同一种商品上使用与其注册商标相同的商标的，或者未经商标注册人的许可，在同一种商品上使用与其注册商标近似的商标，或者在类似商品上使用与其注册商标相同或者近似的商标，容易导致混淆的，均属于侵犯注册商标专用权。本案中某黑鸭公司享有的第671××××号注册商标、第603××××号注册商标、第793××××号注册商标均系合法取得的注册商标，且"某黑鸭××××HEIYA及商标"已经被中华人民共和国国家工商行政管理总局商标局认定为驰名商标。唐山市路南某良食品店、高某某在未经某黑鸭公司授权许可的情况下，使用与某黑鸭公司注册商标相同的文字和图形，并且销售相应的鸭卤制品，容易造成相关公众误认为其经过了某黑鸭公司的授权或者与某黑鸭公司存在某种关系，唐山市路南某良食品店、高某某的行为侵害了某黑鸭公司的注册商标专用权，应当承担相应的民事责任。因某黑鸭公司未提供证据予以证明因唐山市路南某良食品店、高某某侵权所受到的实际损失，且考虑到某黑鸭公司为制止侵权所支出的公证费、差旅费等均为必要的合理支出，以及本案的难易程度、标的额、侵权的性质和情节、本案发生的合理开支，人民法院酌情认定唐山市路南某良食品店、高某某赔偿某黑鸭公司的各项经济损失（含因制止侵权所支出的合理费用）3万元。

一审法院判决如下：

一、唐山市路南某良食品店、高某某立即停止侵犯某黑鸭公司第671××××号注册商标、第603××××号注册商标、第793××××号注册商标专用权的行为；

二、唐山市路南某良食品店、高某某于本判决生效后十日内共同赔偿某黑鸭公司各项经济损失共计3万元（包括因制止侵权行为支出的合理开支）。

【上诉与答辩】

高某某不服一审判决，向河北省高级人民法院提起上诉，请求撤销一审判决。其认为：高某某是在武汉某记培训学校花钱准许开店的，后得知被骗后即将店铺转让给了徐某某。店铺是在2017年11月3日即通过签订店铺转让协议完成了转让，自此，高某某已经与该店铺实际脱离关系了。关于兑店后仍使用某良食品店的营业执照是因为当时在交接店铺时，高某某未将营业执照带走，这一事实有证人的书面证词可以证明。后因种种原因，高某某没有及时去取回营业执照，但兑店时已经明确告诉徐某某自己办理营业执照，故徐某某是私自使用高某某的营业执照，对此高某某并不知情。故高某某不应承担责任及诉讼费用。

某黑鸭公司辩称，高某某的上诉请求缺乏事实与法律依据。某黑鸭公司取证时，该店铺仍明显悬挂以高某某为经营者的营业执照，高某某所述其已将店铺转让的合同关系不能对抗被侵权的某黑鸭公司。一审判决认定事实清楚，适用法律正确，请求驳回上诉，维持原判。

【争议焦点】

二审法院认为：根据高某某的上诉请求及理由，本案争议焦点为高某某是否为案涉商标侵权行为的主体。

由于公证书证明了在唐山市路南区新华西道×号某泰城内"武汉某黑鸭"商铺购买了"某黑鸭"产品，而该"武汉某黑鸭"商铺营业执照显示的主体是唐山市路南某良食品店，经营者是高某某。唐山市路南某良食品店及高某某在未经某黑鸭公司授权许可的情况下，使用与某黑鸭公司注册商标相同的文字和图形，并且销售相应的鸭卤制品，容易造成相关公众误认为其经过了某黑鸭公司的授权或者与其存在某种关系，唐山市路南某良食品店及高某某的行为侵害了某黑鸭公司的注册商标专用权，应当承担停止侵权、赔偿损失的民事责任。虽然高某某提出其已经将店铺转让给案外人徐某某，但由于在对外经营中使用的营业执照显示的经营者仍为高某某，故高某某主张的其与案外第三人之间的转让合同关系不能对抗被侵权的某黑鸭公司。故高某某提出的抗辩意见并不属于《商标法》规定的免责情形，高某某与案外人之间的关系可以通过其他诉讼途径解决。故一审法院认定唐山市路南某良食品店及高某某构成侵权并无不当。

【二审判决】

由于某黑鸭公司未能提供其所受到损失及侵权人所获利益的具体证据，依照《商标法》第六十三条的相关规定，一审法院综合考虑某黑鸭公司为制止侵权所支出的公证费、差旅费等必要的合理支出，以及本案的难易程度、标的额、侵权的性质和情节等因素，酌情认定唐山市路南某良食品店及高某某赔偿某黑鸭公司各项经济损失（含因制止侵权所支出的合理费用）3万元，并无不当。

综上所述，高某某的上诉请求不能成立，一审判决认定事实清楚，适用法律正确。二审法院依照《民事诉讼法》第一百七十条第一款第一项规定，判决：驳回上诉，维持原判。

心得体会

大成律师事务所王现辉律师知识产权团队接受某黑鸭公司的委托，在河北省全省范围内开展商标维权与打假工作。

2018年3月至2020年6月，王现辉律师知识产权团队8名律师在河北省石家庄市、邯郸市、邢台市、衡水市、沧州市、保定市、廊坊市、唐山市范围内开展商标维权与净化市场工作。通过前期实地考察、办理保全证据公证等措施共确定了70家左右侵权店铺，后期通过发律师函、人民法院起诉等措施与侵权商协商谈判，大部分侵权商选择与某黑鸭公司达成和解，最终达到了侵权商停止侵权并赔偿经济损失的目的；针对小部分侵权商不同意调解或和解，团队律师通过到人民法院起诉的方式同样达到了判决侵权商停止侵权并赔偿经济损失的目的。

大成律师事务所王现辉律师知识产权团队8名律师经过长达两年半的时间，为某黑鸭公司打击商标侵权、净化河北市场，极大地维护了某黑鸭公司的合法权益，为某黑鸭公司的长远发展战略目标做出了突出贡献，实现了某黑鸭公司与律师团队的合作共赢。

【经验分享】

针对此类批量商业维权案件，本团队律师经过长达两年半的实务办理，总结出如下几点经验。

第一，前期实地考察、办理保全证据公证时要尽可能调查清楚侵权商的主体信息，如：营业执照信息、经营者姓名及电话、可接收邮件的详细地址等，以便案件后期发律师函或到人民法院起诉时有明确的对方主体。

第二，及时到当地市场监督管理部门进行工商查档。虽然最高人民法院关于立案是否要提供被告人身份证信息的答复表示，原告起诉时提供被告的姓名或者名称、住所等信息具体明确，足以使被告与他人相区别的，可以认定为有明确的被告，但是实际上仍有部分法院要求原告提供被告的身份证信息作为立案依据。所以取证完毕后需要及时携带律师事务所调查函及《企业登记档案查询承诺书》到负责管理工商登记档案的市场监督管理部门进行查档。

第三，发律师警告函与诉讼同时进行，本团队在办理河北省某市某黑鸭案件时，采取先发律师函与侵权商沟通，无果后再诉讼的方式，因发完律师函到起诉的时间间隔略长，部分侵权商改变经营地址或关门停业等，导致人民法院在送达传票时苦难重重，进而导致该地区案件推进比较缓慢。

第四，批量立案尽量避开法院年中或年终考核结案率的时间，此段时间到人民法院诉讼立案，因为是批量案件，大部分法院会劝代理人过段时间再来或者收下材料后进行搁置，导致案件推动缓慢。

（撰稿人：李洪磊）

---

① 此二维码为本案生效裁判文书。

"突出使用"构成商标侵权
——沈阳市沈河区某盛某派电器经销处、某派家居集团股份有限公司侵害商标权纠纷案

要旨：将与他人注册商标相同或者相近似的文字作为企业的字号在相同或者类似商品上突出使用，容易使相关公众误认的，属于商标法规定的给他人注册商标专用权造成其他损害的行为。某盛电器经销处应当知道其销售的产品并非某派公司提供的享有注册商标专用权的产品或是与其具有关联性的产品，但某盛电器经销处仍突出使用"某派电器"字样，足以使相关公众对商品的来源产生混淆、误认，主观恶意明显，不符合法律规定的合法来源构成要件，构成商标侵权。或者虽未突出使用，但误导公众的，属于扰乱市场竞争秩序的不正当竞争行为。某盛电器经销处在经营过程中，在店铺牌匾、店内装潢、售后服务卡等多处单独或者突出使用"某派电器"，构成不正当竞争。

案情介绍

【案情简介】

某派家居集团股份有限公司（以下简称某派公司）系一家全国知名家具厨卫电器企业，曾获得2012年中国厨卫百强、整体厨房领军企业10强等称号。2017年12月某派公司发现某盛电器经销处（以下简称某盛电器）未经授权擅自使用"某派电器"字样对外宣传。大成律师事务所泽知®知识产权团队王现辉律师接受某派公司委托，作为其一审、二审诉讼阶段代理人参与本案诉讼活动，分析后认为某盛电器的相关行为构成侵害商标权及不正当竞争，为此某派公司向沈阳市中级人民法院提起诉讼。

某派公司起诉称：某派公司成立于1994年，先后注册取得"某派"系列商标，核定使用的商品包括第11类的厨房炉灶、煤气灶等。2009年"某派"注册商标曾被认定为驰名商标。经过多年的广告宣传和市场推广，"某派"系列产品已为相关公众知悉，在国内享有很高的知名度。广东某派公司、中山某欧公司未经许可，恶意搭载某派公司的商业信誉和品牌形象。在已有法院生效判决认定侵权，并判令停止侵权的情况下，仍大量生产、销售带有"广东某派电器有限公司""有家、有爱、有OPAIEIN"字样的产品。某盛电器大量销售上述产品，并且在店面招牌直接使用"某派""某派电器"等字样，侵害某派公司合法权益，请求判令某盛电器经销处：1.停止使用"某派""某派电器"字样等侵犯商标权的行为；2.停止销售带有"广东某派电器有限公司""有家、有爱、有OPAIETN"字样的产品；3.赔偿经济损失50万元；4.赔偿律师费、公证费、交通费、住宿费等为制止侵权的费用；5.承担本案诉讼费用。

某盛电器答辩称：1.被告没有销售侵权商品，本地工商行政机关因被告没有实施侵权行为而未予立案处理；2.被告销售产品的商标经核准登记，被告无过错；3.某派公司请求赔偿50万元缺乏计算依据。

【一审判决与结果】

一审法院认为，某派公司主张的被诉侵权行为发生在2013年修正的《商标法》实施日之后，故应适用修正后的商标法。

某派公司系第113××××号"某派"及第437××××号"某派"注册商标专用权人，其合法权利应当受到保护。将与他人注册商标相同或者相近似的文字作为企业的字号在相同或者类似商品上突出使用，容易使相关公众产生误认的，属于商标法规定的给他人注册商标专用权造成其他损害的行为。或者虽未突出使用，但误导公众的，属于扰乱市场竞争秩序的不正当竞争行为。本案中，涉案商标核定的商品包括炉具等，在该类别上，"某派"商标不曾被认定为驰名商标。但是涉案商标经过某派公司的长期使用和宣传，具有一定的知名度。某盛电器销售相同类别的商品时，在牌匾、店内装潢、售后服务卡等多处单独或者突出使用字号中的"某派电器"，能够起到标示商品来源的作用，是一种商标的使用行为。该使用行为易使公众误认为其销售的商品来源于某派公司，造成相关公众的混淆。因此，某盛电器的行为侵害了某派公司的注册商标专用权。另外，广东某派公司将涉案商标中的文字作为企业字号使用，易使公众误认两者存在控股等特定的联系。某盛电器在经营的过程中，销售广东某派公司的商品，并且使用"广东某派电器有限公司"为其自身经营活动做宣传，该行为具有"搭便车、傍名牌"的故意，不正当地利用某派公司良好的商业信誉为自己牟利，扰乱了正常的市场竞争秩序，构成不正当竞争。某盛电器主张广东某派公司享有第1104××××号"OPAIEIN"注册商标，经其授权自2016年3月起至2017年12月30日，代理销售该品牌的烟机、灶具。本院认为，本案某派公司主张的被诉侵权行为是某盛电器对于"某派"的使用行为，与其是否取得广东某派公司的前述授权无关联，故对其抗辩理由，一审法院未予采信。综上，某盛电器因实施侵权行为，应当承担停止侵权、赔偿损失的民事责任。

关于赔偿数额问题，因某派公司未能提供因侵权所受到损失的证据，也未能提交某盛电器因实施侵权行为获利的证据，请求酌情确定赔偿数额。某盛电器也未能提供获利的证据，因此本案应适用法定赔偿。本院认为，某派公司及其商标在相关公众中具有一定的知名度，某盛电器长期代理销售"OPATEIN"商标的商品，其应当知道广东某派公司并不持有"某派"商标，与某派公司也不具有任何关联。但在经营的过程中，某盛电器实施被诉侵权行为，主观恶意明显。一审法院综合考虑某派公司的涉案商标具有一定的知名度，某盛电器的经营规模、实施侵权行为持续时间及主观过错等情节，酌情确定某盛电器赔偿某派公司经济损失15万元。某派公司支出的公证费、交通费，属于为制止侵权行为所支出的合理费用，一审法院予以支持。某派公司未提供支付律师费及住宿费的相关证据，对该部分请求，一审法院不予支持。

一审判决如下：

一、被告沈阳市沈河区某盛某派电器经销处于本判决生效之日起立即停止侵害原告某派家居集团股份有限公司第113××××号"某派"、第437××××号"某派"注册商标专用权的行为，即停止使用"某派电器"字样；

二、被告沈阳市沈河区某盛某派电器经销处于本判决生效之日起立即停止不正当竞争行为，即停止使用"广东某派电器有限公司"字样及销售带有"广东某派电器有限公司"字样的商品；

三、被告沈阳市沈河区某盛某派电器经销处于本判决生效之日起十日内，赔偿原告某派家居集团股份有限公司经济损失15万元；

四、被告沈阳市沈河区某盛某派电器经销处于本判决生效之日起十日内，赔偿原告某派家居集团股份有限公司为制止侵权行为所支付的合理费用3660元；

五、驳回原告某派家居集团股份有限公司的其他诉讼请求。

一审判决生效后，被告沈阳市沈河区某盛某派电器经销处不服辽宁省沈阳市中级人民法院一审判决，遂向辽宁省高级人民法院提起上诉。

【二审过程与结果】

某盛电器上诉请求：1.撤销一审判决；2.改判驳回某派公司诉讼请求；3.由某派公司承担一、二审诉讼费及实际支出费用。

事实与理由：（一）一审判决程序错误。一审普通程序审理期限为六个月，本案于2018年3月19日立案，应当在2018年9月19日前审理完毕，现足足拖延一年之久，程序严重超期。（二）一审判决对某派公司的权源没有审查：某派公司没有诉权，根本无权起诉。某派公司主张保护的两个商标，系于2010年前被认定为驰名商标；而某盛电器销售的涉案电器，系广东某派电器有限公司（以下简称广东某派公司）制造并授权销售，该公司成立于2012年。如果某派公司认为使用该公司名称有造成混淆等侵权嫌疑，应按照2014年7月3日之前的旧《驰名商标认证和保护规定》，向企业名称登记主管机关申请撤销，而不是起诉。现某派公司未进行相应的行政撤销程序，广东某派公司这一字号并未被撤销，该公司授权某盛电器进行销售系合法行为。对某盛电器而言，若其卖货不标明厂家，销售"三无产品"才是违法行为，其在销售过程中标明产品生产商，完全合法正当，没有任何侵权过失。（三）一审判决的认定侵权及数额，没有依据。某盛电器申请一审法院调取工商档案，一审法院的调查结果是工商部门对某盛电器没有立案查处，也没有案卷。在工商部门都未查处的前提下，一审判决不应认定某盛电器侵权；且无查处案卷的依据，确定某盛电器赔偿15万元毫无根据。

二审法院经审查认为，某派公司系第113××××号"某派"及第437××××号"某派"注册商标专用权人，其合法权益应受法律保护。某盛电器在经营过程中，在店铺牌匾、店内装潢、售后服务卡等多处单独或者突出使用"某派电器"，某派公司起诉某盛电器侵害其注册商标专用权并构成不正当竞争，某派公司系本案的适格原告，某盛电器称某派公司没有诉权的主张不成立。根据《商标法》第六十条的规定，侵犯注册商标专用权引起纠纷的，商标注册人或者利害关系人协商解决，也可以向人民法院起诉，还可以请求工商行政管理部门处理。故某派公司选择通过诉讼方式解决纠纷符合法律规定，某盛电器提出某派公司不应提起本案诉讼的主张没有法律依据。案外人广东某派公司授权某盛电器长期代理销售"OPAIEIN"商标的烟机、炉具，基于某派公司注册商标及其企业字号享有的较高知名度，某盛电器应当知道其销售的产品并非某派公司提供的享有注册商标专用权的"某派"产品或与其具有关联性，但某盛电器仍突出使用"某派电器"字样，足以使相关公众对商品的来源产生混淆、误认，主观恶意明显，不符合法律规定的合法来源构成要件。一审法院综合考虑案涉注册商标的知名度，某盛电器的经营规模、实施侵权行为持续时间及主观过错程度等情节，酌情确定某盛电器赔偿某派公司经济损失15万元并无不当。综上，某盛电器提出的上诉理由不成立，一审判决认定事实清楚，适用法律正确。依照《民事诉讼法》第一百七十条第一款第一项规定，判决如下：驳回上诉，维持原判。

二审判决已生效。

案例评析

就本案存在的争议焦点问题，分述如下。

（一）某盛电器擅自在其生产、销售的同类产品上使用"某派"字样，侵害了某派公司的商标专用权

首先，涉案商标注册在第11类，包括厨房炉灶、燃气灶、燃气炉等且经过多年的宣传具有较大的市场占有率和市场知名度，被评为驰名商标，而涉案产品将"某派"字样同样使用于上述产品。根据《商标法》第五十七条规定，某盛电器在店招、店面、名片、发票等产品的突出位置使用"某派"字样，与某派公司所持有的商标，所使用在同一种商品上，且两者读音、含义一致，相关公众施以一般注意力时极易将两者混淆。其在上述突出位置宣称所经营的产品为某派电器，主观恶意较大，明显构成侵犯了某派公司注册商标的专用权。

（二）某盛某派电器在其产品上使用"广东某派电器有限公司"字样，属于不正当竞争行为

首先，某盛电器属于同行业的经营者，明知"某派"商标属于驰名商标，且明知其所生产、销售的产品并不属于某派公司生产，仍然在产品包装、产品上大量使用"广东某派电器有限公司"等字样，意图使相关消费者对于商品的来源产生错误的认识，其行为违反了《反不正当竞争法》第二条规定的诚实信用原则以及第六条第四款的规定，容易使相关公众误认为其销售的产品与某派集团存在某种联系，容易使相关公众对产品来源造成混淆和误认，违反市场公平竞争原则及诚实信用原则，构成不正当竞争。

其次，在已经有大量生效判决认定不得继续在相关产品上使用"广东某派电器有限公司"字样的情况下，某盛电器仍然大肆在商品上标注广东某派电器有限公司已达到混淆的目的。

（三）某盛电器因实施侵权行为，应当承担停止侵权、赔偿损失的民事责任

某盛电器作为同行业的经营者，无论从进货渠道、进货价格、产品质量还是销售价格，理应知道其所销售的产品并不是正规的某派品牌产品，应在生产和销售的产品上予以合理避让，以避免混淆；而某盛电器不但不积极地合理避让，反而通过宣传、商店招牌等来加重该混淆，达到以假乱真的目的。

笔者认为，在已有大量生效判决判定在相关产品上标注使用广东某派电器有限公司字样的产品侵权的情况下，某盛电器仍然大量生产、销售、储存涉案产品且在店招、名片等宣传上大量侵犯某派公司的商标专用权，严重侵害了某派公司的合法权益，应承担相应的法律后果。

（撰稿人：张晓汉）

①

---

① 此二维码为本案生效裁判文书。

市场监督管理部门扣押的被告财务账簿的重要作用

——上海赖某服饰有限公司与河北某意制衣有限公司侵害商标权纠纷案

要旨：在原告损失、被告获利、商标许可使用费均难以计算的情况下，权利人要积极利用向市场监督管理部门投诉举报的方式，获取被告的财务账簿，从而为主张的经济损失数额提供重要的计算依据。

案情介绍

【案情简介】

原告上海赖某服饰有限公司（原深圳某名服饰有限公司）成立于2006年，是某际（香港）实业有限公司旗下公司之一，系集研发、设计、生产、销售于一体的品牌服饰专业公司，是国内中高档女装品牌生产及销售者。2010年7月7日，原告经国家工商行政管理局商标局核准注册第532××××号"某名及图"商标，核定使用商品为第25类；2015年1月7日，经国家工商行政管理局商标局核准注册第1331××××号"M×××G"商标，核定使用商品为第25类；经过多年的市场推广和线上线下品牌加盟的运行模式，上述商标在行业领域内已具有较高知名度。

2012年被告经原告授权，成为原告在石家庄的品牌加盟商，2014年以后，被告进货量大幅减少，直至2016年彻底与原告结束合作关系。

2017年6月左右，原告发现被告未经许可仍然在其店内销售标有原告注册商标的商品，且经原告现场查证，被告所销售的服装均为假冒原告注册商标的商品。后原告向石家庄市桥西区工商行政管理局进行举报，工商局于2017年7月4日查封了被告店面，并扣押了全部侵权物品。

大成律师事务所王现辉律师接受原告委托，就河北某意制衣有限公司侵害上海赖某服饰有限公司商标专用权的行为诉至石家庄市中级人民法院，要求其停止侵害原告享有的"某名及图"以及"M×××G"商标专用权的行为，并赔偿原告经济损失及合理开支人民币50万元。

【法院判决】

本案经石家庄市中级人民法院开庭审理，并于2017年11月10日作出判决，判决内容如下：一、被告河北某意制衣有限公司立即停止销售侵害原告第532××××号"某名及图"注册商标和第1331××××号注册商标专用权的侵权商品；二、被告河北某意制衣有限公司于本判决生效之日起十五日内赔偿原告上海赖某服饰有限公司经济损失及合理费用50万元；案件受理费8800元，由被告河北某意制衣有限公司负担。

河北某意制衣有限公司不服一审判决，向河北省高级人民法院提起上诉，河北省高级人民法院将一审数额调整为30万元，其他未作调整。

案例评析

本案的争议焦点为：一、被告是否侵犯了原告的商标专用权；二、原告主张被告赔偿经济损失及合理开支50万元是否符合法律规定。

（一）关于被告是否侵犯了原告的商标专用权

根据《商标法》第五十七条第一项"未经商标注册人的许可，在同一种商品上使用与其注册商标相同的商标的；"第二项"未经商标注册人的许可，在同一种商品上使用与其注册商标近似的商标，或者在类似商品上使用与其注册商标相同或者近似的商标，容易导致混淆的"，即构成侵害商标专用权的行为。

庭审中，原被告双方及合议庭对公证封存的侵权产品与原告注册商标进行了对比，经比对发现被告所销售的侵权产品主唛上的"M×××G"品名与原告第1331××××号"M×××G"注册商标完全一致。同时，侵权产品吊牌品名与原告第532××××号"某名及图"商标的图形和英文字母完全一致，只缺少右边竖写的"某名"两汉字，且"某名"两汉字在该商标中空间占比较小，容易导致消费者混淆，被封存商品吊牌品名与原告第532××××号注册商标近似。因此，法院确认被告销售涉案商品的行为侵犯了原告注册商标专用权。

庭审时被告抗辩称，其与原告2012年至2015年有业务合作，有大量库存，因此其销售的产品来源于原告，并未假冒原告注册商标的商品。

对此，原告出具了《假货鉴定报告》，分别从吊牌条形码、产品执行标准、货号编辑规则、洗水标、主唛的缝制等细节全面分析了被告的产品并非原告生产的正规产品，且被告一直未能提供任何证据证明其产品的合法来源，因此应承担赔偿损失的责任。

（二）关于原告主张被告赔偿经济损失及合理开支50万元是否符合法律规定

根据《商标法》第六十三条规定[①]：侵犯商标专用权的赔偿数额，按照权利人因被侵权所受到的实际损失确定；实际损失难以确定的，可以按照侵权人因侵权所获得的利益确定；权利人的损失或者侵权人获得的利益难以确定的，参照该商标许可使用费的倍数合理确定。对恶意侵犯商标专用权，情节严重的，可以在按照上述方法确定数额的一倍以上三倍以下确定赔偿数额。赔偿数额应当包括权利人为制止侵权行为所支付的合理开支。

由于原告所受到的损失难以确定，因此原告提交了大量证据用以估算被

---

① 此案生效裁判时间为2017年，故所引法条依据为2013年生效的《商标法》，此法已于2019年修订。

告在2016年及2017年因侵权所获得的利益。

证据之一：拿/退货明细。该证据证明被告自2014年后进货量锐减，2016年停止与原告合作。

证据之二：手工记账本。该记账本为工商局于2017年7月4日在被告店内扣押的物品。该记账本显示被告2017年1月1日至7月3日不到七个月的时间，销售金额高达42万元，远超过其每年进货金额，足以证明原告自2016年停止合作后便开始侵权行为，通过推算2016年的销售额，再结合行业内同类商品的利润率，最终计算被告2016年至2017年的销售利润为132万余元。

证据之三：销售日报表。

证据之四：销售凭证。证据三、证据四记载的已销售的侵权产品货号与工商局扣押的侵权产品货号能够一一对应，证明被告2017年1月至7月所销售的产品均为侵害原告商标专用权的商品。

证据之五：合理支出票据。

以上证据可以充分证明，原告主张被告赔偿经济损失及合理开支50万元完全有理有据。笔者认为河北省高级人民法院将50万元调整为30万元，依据并不充分，也不符合时下加强知识产权保护的形势要求，但鉴于委托人对于判决数额非常满意，并未就该案提起再审。

心得体会

商标侵权纠纷实务操作中难点诸多，很多时候由于权利人举证困难，导致最终结果不尽如人意。尤其是关于损失赔偿的举证，权利人往往很难提交证据证明己方因侵权行为所造成的损失，更难举证证明被告方所获得的利益。因此，大部分时候只能依靠法院根据案件具体情况进行合理酌定，但酌定数额一般都难以弥补权利人的损失，由于对侵权方的打击力度不够，这在某种程度上也纵容了侵权者的违法行为。

本案诉讼请求之所以能够得到全部支持，得益于从取证到诉讼层面的多个技巧。

（一）及时取证

原告方在2017年6月初发现被告的侵权行为后就立即联系了公证处，在第一时间对本案侵权产品进行了证据封存，保留了原始的交易记录。

（二）工商局举报

考虑到本案的特殊性，因被告所销售的侵权产品为假冒原告注册商标的商品，因此可通过向工商部门举报，借助行政机关的强制措施对侵权产品进行扣押，进一步固定证据。同时，由于被告店面有其日常详细销售、账簿等记录，这些证据对原告方主张侵权赔偿非常有利，而这些证据必须借助公权力才能进行扣押和封存，因此，通过向工商机关举报侵权行为，能够将对原告方有利的核心证据加以固定，且工商局扣押的证据证明力度较大，被告方及法院一般会认可此类证据的真实性及合法性。

（三）启动诉讼程序

1.组织证据

商标侵权纠纷的证据组织需围绕商标权属、侵权事实、损失赔偿及涉案商标的知名度等开展，此时一份条理清晰的证据目录显得尤为重要。一份好的证据目录不仅仅是律师的名片，也能使当事人明确律师工作的清晰思路，此外还能给法官带来良好的印象，方便当事人双方举证和质证，提高庭审效率，最终赢得案件胜诉。下附本案证据目录及补充证据目录。（见表2-2和表2-3）

表 2-2 证据目录

（原告提交）

编号	证据名称	来源	证明事项	页码
第一组：证明原告为涉案商标合法所有权人					
1-1	第 5326××× 号商标注册证	商标局	证明："M×××G"字样及"M◎ING※"为注册商标，以上商标核定使用商品为第 25 类：服装；女用背心；女式无袖胸衣；内衣；睡衣；妇女腹带；乳罩；衬裙；内裤；皮衣等，原告为该注册商标的合法所有权人。	
1-2	第 13315××× 号商标注册证	商标局		
第二组：证明侵权事实					
2-1	（2017）冀石太证经字第 1661× 号公证书	河北省石家庄市太行公证处	证明：被告在其友谊南大街与合作路两店铺内所销售服饰等货品的吊牌及主唛均带有"M×××G"及"M◎ING※"注册商标，店铺广告牌显示为"M×××G 某名"。被告未经许可，在同一种商品上使用与原告注册商标相同的商标，侵害商标权事实成立。	
2-2	（2017）冀石太证经字第 166× 号公证书	河北省石家庄市太行公证处		
2-3	关于石家庄销售"M◎ING※""M×××G"假货的鉴定报告	原告	证明：原告从未许可被告使用"M◎ING※"及"M×××G"商标生产或销售服饰。	
2-4	关于石家庄两家店铺销售"M◎ING※"假货的证明	原告		
2-5	石西工商强措决字〔2017〕1600× 号行政强制措施决定书	石家庄市桥西区工商行政管理局	证明：被告涉嫌销售侵犯原告商标专用权的商品，工商局对侵权产品、被告手工记账本、部分销售凭证、销售日报表等物品进行了扣押。	
2-6	石家庄市桥西区工商行政管理局第 1600× 号财物清单	石家庄市桥西区工商行政管理局		
2-7	石家庄市桥西区工商行政管理局第 534× 号财物清单	石家庄市桥西区工商行政管理局		

续表

编号	证据名称	来源	证明事项	页码
2-8	工商局扣押的被告侵权货物照片	原告	证明：经原告鉴定，扣押当日被告未经原告许可在其所售服饰的吊牌与主唛上均标有原告"M●ING●"及"M×××G"注册商标。	
第三组：证明赔偿数额				
3-1	拿/退货明细	原告	证明：被告自2012年至2016年与原告合作，该拿/退货明细显示，2013年后被告从原告处拿货金额逐年大幅度递减，但每年销售额巨大，其侵害商标权的行为自2013年便已开始。	
3-2	手工记账本	原告	证明：被告2017年1月1日至7月3日不到七个月销售金额总计422665元，远超过其每年拿货金额，足以证明原告自2013年开始侵权行为。	
3-3	销售日报表	原告	证明：工商行政管理局扣押的2017年4月1日至7月3日部分侵权商品销售日报表及销售凭证。	
3-4	销售凭证	原告		
第四组：证明合理开支				
4-1	律师费发票	原告	证明：原告为制止侵权行为所支付的合理开支。	
4-2	差旅费票据	原告		

表2-3 补充证据目录

（原告提交）

编号	证据名称	来源	证明事项	页码
第一组：证明原告为涉案商标合法所有权人				
1-3	核准商标转让证明	商标局	证明：原告为第532××××号注册商标的核准受让人。	

续表

编号	证据名称	来源	证明事项	页码
	第二组：证明侵权事实			
2-3-2	补充新鉴定报告	原告		
2-6-2	工商局扣押财物详单	原告 工商局确认	经工商局确认的现场扣押的137件商品详细清单及总货值。	
2-9	马某桂情况说明	工商局	证明：被告法定代表人向工商局作出书面说明，承认其销售的商品系假货。	
	第三组：证明赔偿数额			
3-5	2017年4-7月已确认部分售假汇总表	原告	证明：被告在2017年1月至7月已经销售的商品全部都有对应的货号，经将工商局扣押的假货实物货号与被告销售日报表一一核对，1—7月确认的部分假货的销售总额为61830元。	
	第四组：证明合理开支			
4-3	公证费发票	原告	证明：原告为制止侵权行为所支付的合理开支。	

2. 开庭及庭后工作

证据组织完毕之后，代理人围绕本案的焦点问题将涉案的全部法律规定、司法解释及最新的司法观点进行整理，并检索大量案例，形成初步的代理方案。

庭审当天，申请原告方专业技术人员当庭将涉案侵权产品与原告生产的产品进行比对，使被告的侵权事实更加明晰。庭后，针对双方的争议焦点，代理人认真撰写代理意见，多次与法院主审法院进行沟通，并围绕侵权赔偿数额的计算方法再次补充代理意见，最终一审法院支持了原告的所有诉讼请求，二审法院虽对数额有所调整，但在河北省已属高额判决。

3. 心得

对于赔偿数额的高追求是每个原告的目标，对于商标侵权案件还是要在举证方面多下功夫,做好充分准备,而不是寄希望于法院审判时依法酌定赔偿。

(撰稿人:聂丽敏)

① 此二维码为本案裁判文书。

注册商标的专用权，以核准注册的商标和核定使用的商品为限
——薛某销售假冒注册商标的商品罪

要旨：不能因为使用了近似标识就指认犯罪，不能忘记同一种商品上使用相同商标的刑事犯罪标准，即"两相同"标准，尤其在认定商标相同的问题上要站在专业角度进行分析，视觉上基本无差别是刑事领域的认定相同标准，虽然这是主观领域的判断标准，但也要以客观的商标标识作为参照，客观认定。

公诉机关指控，2016年6月7日11时许，公安民警在检查中发现，被告人薛某在保定市莲池区朱庄路××号库房内存有大量假冒某城品牌注册商标的商品。经现场检查，仓库中存放有假冒某城品牌注册商标的各型号汽车大灯共计906个，后经鉴定价值人民币234574元；假冒某城品牌注册商标的汽车配件660个，后经鉴定价值人民币106666元。经某城汽车股份有限公司鉴定，以上带有某城品牌商标标识的汽车前大灯和带有某城品牌商标标识的汽车配件均为假冒某城品牌注册商标的商品。

笔者阅卷后发现公诉机关指控的证据中并未说明假冒某城品牌的注册商标具体的注册号、文字或图形，而是泛泛地认为假冒，在鉴定价格鉴定意见中也是泛泛地指出某某产品存在"某城标志"，但具体的标志注册号、是文字商标还是图文组合商标等只字不提。笔者认为被告人薛某储存"H×××L"（某弗）注册商标标识的车辆灯行为在前，某城汽车股份有限公司在照明器械及装置、运载工具用照明装置等的范围注册保护'H×××L'标识时间在后，在计算货值金额时应予以扣除。薛某储存的汽车大灯所用"某城"图形商标与某城汽车股份有限公司所注册的商标不属于相同的商标，在计算货值金额时应予以扣除。在汽车配件部分中，包含一些与注册商标不相符的汽车标牌，在计算货值金额时应予以扣除。在汽车配件中，

在某弗H6副驾驶员安全气囊总成的细目照片中，并无任何商标，在计算货值金额时应予以扣除。在扣除以上金额后，薛某储存的货值金额已不满10万元，故被告人薛某无罪。

法院采纳了笔者关于"被告人薛某储存'H×××L'标识车辆灯的行为在前，某城汽车股份有限公司在照明器械及装置、运载工具用照明装置等的范围注册保护'H×××L'标识时间在后，薛某在案发时储存的不是侵权商品，故公诉机关指控薛某储存价值人民币145994元的假冒'H×××L'注册商标标识的各型号汽车大灯的事实不成立，在犯罪数额中予以扣除。查处的配件中包括部分车灯和标牌，价值人民币3934元。因公诉机关提供的商标注册证所载明的核定使用商品范围未包括车灯和标牌，在犯罪数额中予以扣除。此外，配件部分中包含的某弗H6副驾驶员安全气囊总成，并无任何商标，在犯罪数额中予以扣除。对辩护人提出的'H×××L'标识的车辆灯，'H×××L'图形和'H×××L'的车灯、标牌，某弗H6副驾驶员安全气囊总成均不应计算在货值金额内"的辩护意见。

对于笔者提出的"被告人薛某储存的汽车大灯所用'某城'图形商标与某城汽车股份有限公司所注册的商标不属于同一种商标"的辩护意见，法院并未采纳，而是认为书证第681××××号商标注册证关于"某城"图形商标的注册有效期限为自2010年7月7日至2020年7月6日，核定使用商品为车辆灯、车辆照明设备、车辆遮光装置（灯具）等。薛某实际储存的商品与某城汽车股份有限公司注册商标核定使用的商品系同一种商品，且薛某储存的汽车灯具所附着的"某城"图形商标与某城汽车股份有限公司所注册的"某城"图形商标在视觉上基本无差别，足以对公众产生误导，可认定为与某城汽车股份有限公司注册商标相同的商标。法院于2017年12月4日据此判处被告人薛某犯销售假冒注册商标的商品罪，判处有期徒刑一年六个月，罚金人民币92686元（刑期从判决执行之日起计算。判决执行以前先行羁押的，羁押一日折抵刑期一日。即被告人薛某的刑期自2016年6月8日起至2017年12月7日止。罚金自判决生效之日起十日内缴纳）。

关于本案所涉销售假冒注册商标的商品罪，案件历经一年三次休庭，公诉机关补正最终审判。法院以司法解释中的模糊兜底解释认定"视觉上基本无差别，足以对公众产生误导"构成相同商标，可是到底哪儿无差别呢，法院并未进行任何说明。司法实践中对此争论不断，笔者认为在民事侵权领域只能认定为近似的商标，但在刑事审判中被认定为"相同"，"在视觉上基本无差别，足以对公众产生误导"致使法院裁量权过大。

笔者认为公诉机关所主张的第681××××号"○"图形商标与其所供的扣押的商品使用的标志"○"（弧线形商标）非相同商标。理由如下：

1.两者区别明显，非相同商标

第681××××号商标颜色为全黑色、扣押商标使用的标志为白色；第681××××号商标显示的为平面图形，而扣押商品标志为立体感商标，该标志中间竖线，两侧竖线，三条线设计手法明显产生立体感；第681××××号商标为实体图，而扣押标志该图最大椭圆线条内有一条小椭圆线条，小椭圆线条内，沿剪头上部线条有两条椭圆线条和沿剪头下部线条形成一条椭圆线条。

2.刑法第二百一十三条规定，所谓假冒注册商标是指"在同一种商品上使用与其注册商标相同的商标"，而关于相同商标的认定，最高人民法院、最高人民检察院联合发布了《关于办理侵犯知识产权刑事案件具体应用法律若干问题的解释》(以下简称《解释》)，其中第八条规定："刑法第二百一十三条规定的'相同商标'，是指与被假冒的注册商标完全相同，或者与被假冒的注册商标在视觉上基本无差别、足以对公众产生误导的商标。"最高人民法院、最高人民检察院、公安部发布的《关于办理侵犯知识产权刑事案件适用法律若干问题的意见》(以下简称《意见》)进一步予以明确，其中第六条规定，具有下列情形之一的，可认定为"与其注册商标相同的商标"：（1）改变注册商标的字体、字母大小写或者文字横竖排列，与注册商标之间仅有细微差别的；（2）改变注册商标的文字、字母、数字等之间的间距，不影响体现注册商标显著特征的；（3）改变注册商标颜色的；（4）其他与注册商标在视觉上基本无差别、足以对公众产生误导的商标。

《解释》规定，相同商标包括"与被假冒的注册商标在视觉上基本无差别、足以对公众产生误导的商标"的情形。从字面来看，这种"基本相同"的情形包含两个构成要件：第一，与被假冒的注册商标在视觉上基本无差别；第二，这个商标足以对公众产生误导。而且，从语句结构和标点也可以明显地知道，这两个条件是并列关系而不是选择关系，因此必须同时满足。从标准特点来看，"视觉上基本无差别"偏客观标准，容易质证和判定；而"足以对公众产生误导"事实上需要裁判者虚拟相关消费者的视角进行观察，在没有全面、客观、可信的统计数据支持的情况下，事实上是一个偏主观的标准。因此，无论是从标准间的关系还是从标准的客观与否来说，"视觉上基本无差别"都是一个重要的标准。

尽管在相同或者类似的商标上使用相同或者近似的商标，是导致消费者发生混淆的一个重要因素，却并不是必然条件。从逻辑推理和客观事实看，商标近似未必一定造成混淆。正因为这个原因，《最高人民法院关于审理商标民事纠纷案件适用法律若干问题的解释》中将混淆性可能性通过司法解释的形式融入商标近似的判断之中，而新商标法的相应变化，正是对这一司法解释在立法上的进一步确认。因此，在新的商标法下，对于在类似商品上使用相同或者近似商标是否构成侵权，必须遵循两个判断步骤：第一，是否构成在类似商品上使用相同或者近似商标；第二，是否容易导致相关消费者发生混淆。换言之，在新商标法下，如果商标近似，但是没有导致相关公众发生混淆，就不构成商标侵权，即商标近似并不等于相关公众混淆。

刑法上相同商标主要是从形上进行比较，而民事侵权上近似商标除了从形上进行比较外，还包括从义、音、色、比例等方面进行比较。在视觉上基本无差别，对一般公众而言，基本上分不清假冒商标和被假冒商标的区别，但就近似商标而言，假冒商标和被假冒商标的区别通过施以普通注意、通体观察以及比较主要部分等,其差别是显而易见的。因此,这就决定了假冒注册商标罪中的商标比对,不但要执行更高的判定标准,而且只能局限于字形比对。例如,"白玉镫"与"白玉蹬"在字音、含义方面极为接近,在字形方面也较为相似,但有着不能忽视的视觉效果差异,因此虽然能被认定为民事侵权意义上的商标近似,但不宜认定为刑法意义上的商标相同。又如,凤凰自行车上的凤凰图案,尾巴上的羽毛是12根,而假冒者仿冒为11根或者13根。对于这种变化,专业人士可以迅速辨认,而对于普通消费者来说,即使同时呈列在面前,也需要较长时间的辨识成本,因此应当认定为刑法上的相同商标。

附:笔者对此案的辩护词

辩护词(第一次)

尊敬的审判长、审判员:

大成事务所接受被告人薛某的委托,指派我担任被告薛某的辩护人。为维护被告人的合法权益,充分履行作为辩护人的辩护职责,我们在庭审前多次会见了被告人,详细查阅了案件卷宗,使得我们对本案有了较为全面、客观的认识。辩护人认为被告人薛某不构成销售假冒注册商标的商品罪,理由有如下几点。

一、注册商标核定使用的商品的类别

1.涉案"汽车大灯"产品属于第11类商品

2.涉案"汽车配件"产品属于第12类商品

二、某城汽车股份有限公司证明情况

1.第1170××××号注册商标

图2-1 第1170××××号注册商标

卷宗127页某城汽车股份有限公司出具证明：H×××L是我公司于2014年4月14日注册生效的商标，商标名称是"H×××L"，注册号是"1170××××"。通过商标局官网查询注册号"1170××××"商标，注册公告日期2014年4月14日，位于"类似商品和服务区分表"第12类，商品/服务项目为"轻便婴儿车、婴儿车、婴儿车车篷、婴儿车盖篷、折叠式婴儿车、折叠行李车"。本案涉案商品为汽车灯具、汽车大灯，根据其功能、用途、主要原料、消费对象、销售渠道等方面来看，应属于《国际商品和服务分类表》第11类"照明用设备、器具"，与本案涉案注册商标（作为第12类的"1170××××"号"H×××L"商标）核定使用的第12类商品不属于"同一种商品"。无论从国际、国内知名品牌汽车灯具、汽车大灯的实际注册信息来看，还是从国际商品与注册分类表来看，权利人注册商标核定使用的商品之间不包括本案中汽车灯具、汽车大灯，两者并非商标法意义的同一种商品。

2. 第583××××号注册商标

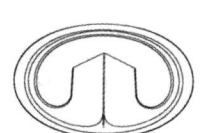

图2-2　第583××××号注册商标

该图最大椭圆线条内有一条小椭圆线条，小椭圆线条内，沿剪头上部线条有两条椭圆线条和沿剪头下部线条形成一条椭圆线条。卷宗中显示扣押的涉案物品使用的商标为第583××××号注册商标，经比对可以发现某城汽车股份有限公司第583××××号注册商标与涉案产品使用的商标相同。但第583××××号注册商标核定使用的商品类别为第12类，具体包括：1202——小汽车；汽车；运货车；越野车；陆地车辆发动机；卡车；车辆内装饰品；大客车；陆、空、水或铁路用机动运载器；1208——车辆轮胎；1201——陆、空、水或铁路用机动运载器；1203——陆、空、水或铁路用机动运载器；1204——陆、空、水或铁路用机动运载器；1209——陆、空、水或铁路用机动运载器；1210——陆、空、水或铁路用机动运载器。并不包括运载工具用灯、汽车防眩光装置

（灯配件）、汽车前灯、汽车转向指示器用灯、汽车灯等类别为第11类第1101级"汽车大灯"等商品。权利人注册商标核定使用的商品之间不包括本案中汽车灯具、汽车大灯，两者并非商标法意义的同一种商品。

三、比对对象

最高人民法院、最高人民检察院、公安部发布的《意见》（法发〔2011〕3号）第五条规定，"关于刑法第二百一十三条规定的'同一种商品'的认定问题"规定："名称相同的商品以及名称不同但指同一事物的商品，可以认定为'同一种商品'。'名称'是指国家工商行政管理总局商标局在商标注册工作中对商品使用的名称，通常即《商标注册用商品和服务国际分类》中规定的商品名称……"认定"同一种商品"，应当在权利人注册商标核定使用的商品和行为人实际生产销售的商品之间进行比较，而不是与所谓权利人实际使用的商品进行比对。本案的汽车灯具、汽车大灯，其功能、用途、主要原料、消费对象、销售渠道等方面与1202——汽车保险杠；汽车两侧脚踏板；车用遮阳挡；汽车车轮毂；汽车用点烟器；1204——挡泥板；1211——运载工具缓冲器；运载工具座椅套；运载工具用盖罩（成型）；1206——婴儿车；折叠式婴儿车；轻便婴儿车；折叠行李车；婴儿车盖篷；婴儿车车篷等并非指向同一事物，不属于"同一种商品"。

四、某城汽车股份有限公司其他注册商标情况说明

……

五、商标近似不是构成犯罪的理由

虽然，涉案产品使用的商标与权利人的注册商标存在近似，但此不能认定构成销售假冒注册商标商品罪的依据或理由，如果行为人在同一种商品上使用与他人注册商标近似的商标，或者在类似商品上使用与他人注册商标相同的商标，或者在类似商品上使用与他人注册商标近似的商标，虽然属于侵害商标专用权的行为，但是不构成犯罪。[①]

---

① 此观点为商标局观点，参见朗胜：《中华人民共和国商标法释义》，法律出版社2013年版，第131页。

六、起诉书指控事实不能成立

1.指控数额不能成立

起诉书指控被告人在库房内存放大量假冒某城品牌注册商标的汽车大灯906个，价值234574元，假冒某城品牌注册商标的汽车配件660个，经鉴定价值106666元，共计价值341240元，上述指控不能成立。

无论是"某城"图形商标还是"H×××L"文字商标，在涉案"汽车大灯"产品的问题上，或是商标相同但核定使用的商品类别不同，或是核定使用的商品类别相同但非同一商标。故公诉机关指控"汽车大灯"的相关数额应予扣除。"汽车配件"产品存在同样的问题，但因为数额未达到立案追诉标准，不再赘述。综上，根据最高人民法院、最高人民检察院、公安部发布的《意见》第五条关于刑法第二百一十三条第二款规定，认定"同一种商品"，应在行为人实际生产销售的商品与权利人注册商标核定使用的商品之间进行比对；而不是与所谓权利人实际使用的商品进行比对。基于正确的比对方式，由于被告人实际销售的商品的汽车灯具、汽车大灯属于第11类的商品，在认定销售假冒注册商标罪数额时应当将公诉人指控的商品扣除。

2.本案不成立犯罪未遂

依照《刑法》第二百一十四条的规定，有下列情形之一的，以销售假冒注册商标的商品罪（未遂）定罪处罚：一是假冒注册商标的商品尚未销售，货值金额在15万元以上的；二是假冒注册商标的商品部分销售，已销售金额不满5万元，但与尚未销售的假冒注册商标的商品的货值金额合计在15万元以上的。只要商品尚未销售或部分销售但未达到销售金额数额较大的标准，以犯罪未遂论。将涉案产品金额扣除后，库存金额已经不构成未遂标准，应为无罪。如已销售金额不满5万元、尚未销售货值金额不满15万元（不包括两者合计15万元以上情形）等，均不能再作扩大解释并根据我国刑法犯罪预备和犯罪未遂理论推导定罪。

七、销售汽车灯具价值190350元

已经销售商品中一定包含"H×××L"商标与某城标志商标，但各自销售数额及金额无法具体确定，故销售金额的单一认定不能作为认定销售假冒注册商标的商品罪的定罪依据。

八、被告不明知

"因销售假冒注册商标的商品受到过行政处罚或者承担过民事责任，又销售同一种假冒注册商标的商品的"构成明知，但本案中，公诉机关的证据材料仅说明行政机关进行检查或者查，行政处罚决定书的理由是因为没有3C标志，而非因假冒注册商标被处罚，目前证据不能证实被告人属于明知。

九、公诉机关所主张的第681××××号"●"图形商标与其所供的扣押的商品使用的标志"●"（弧线形商标）非相同商标

1.两者区别明显，非相同商标

第681××××号商标颜色为全黑色、扣押商品使用的标志为白色；第681××××号商标显示的为平面图形，而扣押商品标志为立体感商标，该标志中间竖线，两侧竖线，三条线设计手法明显产生立体感；第681××××号商标为实体图，而扣押标志该图最大椭圆线条内有一条小椭圆线条，小椭圆线条内，沿剪头上部线条有两条椭圆线条和沿剪头下部线条形成一条椭圆线条。

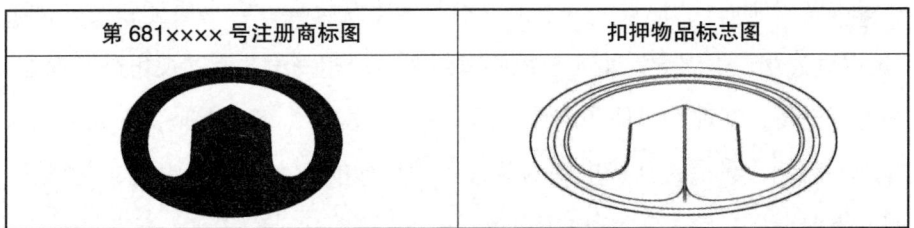

图2-7　两商标对比图

2.两者并非《意见》第六条第四项规定的"其他与注册商标在视觉上基本无差别、足以对公众产生误导的商标"。

刑法第二百一十三条规定，未经注册商标所有人许可，在同一种商品上使用与其注册商标相同的商标，情节严重的，处三年以下有期徒刑或者拘役，并处或者单处罚金；情节特别严重的，处三年以上七年以下有期徒刑，

并处罚金。这条是关于假冒注册商标罪的规定。

最高人民法院、最高人民检察院联合发布了《解释》),其中第八条规定:"刑法第二百一十三条规定的'相同商标',是指与被假冒的注册商标完全相同,或者与被假冒的注册商标在视觉上基本无差别、足以对公众产生误导的商标。"

《意见》进一步予以明确,其中第六条规定,具有下列情形之一的,可认定为"与其注册商标相同的商标":(1)改变注册商标的字体、字母大小写或者文字横竖排列,与注册商标之间仅有细微差别的;(2)改变注册商标的文字、字母、数字等之间的间距,不影响体现注册商标显著特征的;(3)改变注册商标颜色的;(4)其他与注册商标在视觉上基本无差别、足以对公众产生误导的商标。

《解释》规定,相同商标包括"与被假冒的注册商标在视觉上基本无差别、足以对公众产生误导的商标"的情形。从字面来看,这种"基本相同"的情形包含两个构成要件:第一,与被假冒的注册商标在视觉上基本无差别;第二,这个商标足以对公众产生误导。而且,从语句结构和标点也可以明显地知道,这两个条件是并列关系而不是选择关系,因此必须同时满足。从标准特点来看,"视觉上基本无差别"偏客观标准,容易质证和判定;而"足以对公众产生误导"事实上需要裁判者虚拟相关消费者的视角进行观察,在没有全面、客观、可信的统计数据支持的情况下,事实上是一个偏主观的标准。因此,无论是从标准间的关系还是从标准的客观与否来说,"视觉上基本无差别"都是一个重要的标准。

尽管在相同或者类似的商标上使用相同或者近似的商标,是导致消费者发生混淆的一个重要因素,却并不是必然条件。从逻辑推理和客观事实看,商标近似未必一定造成混淆。正因为这个原因,《最高人民法院关于审理商标民事纠纷案件适用法律若干问题的解释》中将混淆性可能性通过司法解释的形式融入商标近似的判断之中,而新商标法的相应变化,正是对这一司法解释在立法上的进一步确认。因此,在新的商标法下,对于在类似商品上使用相同或者近似商标是否构成侵权，必须遵循两个判断步骤：第一，是否构成在类似商品上使用相同或者近似商标；第二，是否容易导致相关消费者发生混淆。换言之，在新商标法下，如果商标近似，但是没有导致相关公众发生混淆，就不构成商标侵权，即商标近似并不等于相关公众混淆。

刑法上相同商标主要是从形上进行比较，而民事侵权上近似商标除了从形上进行比较外，还包括从义、音、色、比例等方面进行比较。在视觉上基本无差别，对一般公众而言，基本上分不清假冒商标和被假冒商标的区别，但就近似商标而言，假冒商标和被假冒商标的区别通过施以普通注意、通体观察以及比较主要部分等，其差别是显而易见的。因此，这就决定了假冒注册商标罪中的商标比对，不但要执行更高的判定标准，而且只能局限于字形比对。例如，"白玉镫"与"白玉蹬"在字音、含义方面极为接近，在字形方面也较为相似，但有着不能忽视的视觉效果差异，因此虽然能被认定为民事侵权意义上的商标近似，但不宜认定为刑法意义上的商标相同。又如，凤凰自行车上的凤凰图案，尾巴上的羽毛是12根，而假冒者仿冒为11根或者13根。对于这种变化，专业人士可以迅速辨认，而对于普通消费者来说，即使同时呈列在面前，也需要较长时间的辨识成本，因此应当认定为刑法上的相同商标。

以上辩护意见，供合议时参考！

律师：王现辉
2017年3月14日

辩护词（第二次）

一、"注册商标"情况

（一）涉案"注册商标"首先应予以明确

庭审进行过两次后，对于本案最基本的事实问题即公诉人指控被告人涉嫌销售假冒注册商标的商品罪的"注册商标"到底是哪几个，应当明确，我方希望法庭对公诉人提交的证据进行固定，对于这一最基本的问题不应再无限期补充下去，应当以截至开庭时公诉人提出的注册商标为限。

（二）公诉人提交的"注册商标"情况

公诉人目前主张的"注册商标"有第1170××××号注册商标"**HAVAL**"及第583××××号注册商标"⊕"（侦查卷126页）及于2017年10月27日第二次开庭时补充的第1744××××号注册商标"**HAVAL**"及第681××××号"⊙"注册商标。下面分别对上述商标进行——说明：

1.第1170××××号注册商标"**HAVAL**"（侦查卷126页）。

注册公告日期2014年4月14日，位于"类似商品和服务区分表"第12类，商品/服务项目为"轻便婴儿车、婴儿车、婴儿车车篷、婴儿车盖篷、折叠式婴儿车、折叠行李车"。无论从国际、国内知名品牌汽车灯具、汽车大灯的实际注册信息来看，还是从国际商品与注册分类表来看，权利人注册商标核定使用的商品之间均不包括本案中汽车灯具、汽车大灯，两者并非商标法意义的同一种商品。该注册商标与本案无关。

2.第583××××号注册商标"⊕"（侦查卷126页）。

卷宗中显示扣押的涉案物品使用的商标为第583××××号注册商标，经比对可以发现某城汽车股份有限公司第583××××号注册商标与涉案产品使用的商标相同。但第583××××号注册商标核定使用的商品类别为第12类，具体包括：1202——小汽车；汽车；运货车；越野车；陆地车辆发动机；卡车；车辆内装饰品；大客车；陆、空、水或铁路用机动运载器；1208——车辆轮胎；1201——陆、空、水或铁路用机动运载器；1203——陆、空、水或铁路用机动运载器；1204——陆、空、水或铁路用机动运载器；1209——陆、空、水或铁路用机动运载器；1210——陆、空、水或铁路用机动运载器。并不包括运载工具用灯、汽车防眩光装置（灯配件）、汽车前灯、汽车转向指示器用灯、汽车灯等类别为第11类第1101级"汽车大灯"等商品。权利人注册商标核定使用的商品之间不包括本案中汽车灯具、汽车大灯，两者并非商标法意义的同一种商品。

3.第1744××××号注册商标"*HAVAL*"。

公诉人已经认可第1744××××号注册商标"*HAVAL*"商标专有期限为2016年9月14日至2026年9月13日,而起诉书指控的犯罪时间为2016年6月7日。此商标不能作为认罪量刑的事实依据。

4.第681××××号"●"注册商标。

该商标颜色为全黑色、扣押商品使用的标志"●"为白色;该商标显示的为平面图形,而扣押商品标志为立体感商标,该标志中间竖线,两侧竖线,三条线设计手法明显产生立体感;第681××××号商标为实体图,而扣押标志该图最大椭圆线条内有一条小椭圆线条,小椭圆线条内,沿剪头上部线条有两条椭圆线条和沿剪头下部线条形成一条椭圆线条。

两者并非《意见》第六条第四项规定的"其他与注册商标在视觉上基本无差别、足以对公众产生误导的商标"。我们再来熟悉一下该司法解释的规定,彻底理解其宗旨。该司法解释的出发点是指"改变"注册商标的字体、字母大小或者文字排列方式及其之间的间距或者仅仅是改变注册商标的颜色,最后兜底条款的意思是在"改变"的基础上做出视觉基本无差别的客观判断。本案中,两个商标是两个图形商标,一个是实体、充实的黑色图案,一个是由多个线条勾画的轮廓形态,不存在"改变"的意思表示,是两个彻头彻尾的不同思路的体现。

(第一份辩护词已做详细论述,不再赘述)

二、扣押汽车灯具商品上标识使用情况

扣押汽车灯具商品上标识只有两种,一种是"●",一种是"*HAVAL*",公诉人已经认可"*HAVAL*"注册在本案案发时间之后,辩护人不再赘述。仅就"●"商标进行分析。

首先,公诉人提交的第681××××号注册商标"●"与扣押商品上使用的标识"●"是两个标识。并且某城公司在与汽车灯具无关的第12类上注册了第583××××号注册商标"●"标识与扣押商品上使用的标识相同。

其次,"●"标识使用在汽车灯具上,完全可以显示出来,与"◎"两个标识区别明显,不存在"●"标识使用在汽车灯具上,因为其为全充实图形,因而需要用外部弧线进行描述。实际上扣押商品上"◎"的图形显示非常清楚,不仅外部轮廓非常清晰,且内部的几道弧线显示得同样清楚,不存在"●"标识使用在商品上用弧线来进行描述的事实可能。

再次,注册商标应当以核定使用的商品和核准注册的商标为限,尤其在刑事领域,不应该考虑"●"使用在商品上的情况,只应考虑扣押商品的标识"◎"与注册商标证上显示的图片"●"进行比对,显示的图片是什么样就是什么样,不必考虑其他。

最后,"●"与"◎"即便在民事侵权领域,也只能认定为在同一种商品上使用与注册商标近似的商标,一个是黑色充实色体,一个是轮廓勾画出来,我们不能在刑事犯罪中将两个在民事领域中认定为近似的商标认定为相同。

三、配件上众多商品使用的标识非公诉人指控的注册商标

同样的问题,到法庭辩论终结也未见公诉人指控其配件上所谓的"销售假冒注册商标的商品罪"中的注册商标是哪一个或者哪几个。

经辩护人当庭提示,公诉人仍未就此说明,应认定其没有相应证据。况且第二份产品清单中有大量非注册商标标识,非公诉人指控的上述标识当中的任何一种,这些指控的金额应当予以减除,希望法庭审核时予以考量。

四、判决要经得起历史考验

本案所涉罪名的定罪量刑与金额有重要关系。辩护人希望合议庭可以充分考虑我方的观点,并审慎研究商标领域的相关规定,不能因为使用了近似标识就指认犯罪,不能忘记同一种商品上使用相同商标的刑事犯罪标准,即"两相同"标准,尤其在认定商标相同的问题上要站在专业角度进行分析,视觉上基本无差别是刑事领域的认定相同标准,虽然这是主观领域的判断标准,但也要以客观的商标标识作为参照,客观认定。辩护人希望合议庭能够以法律为基本尺度,以法律的信仰为最高宗旨,做出合法、

公正的判决。知识产权刑事犯罪审判"民、行、刑"三审合一是大势所趋，在不久的将来，河北省也将来迎来由知识产权庭法官审理所有知识产权民事案件、行政案件及刑事案件，希望站在历史的起点上，做出经得起历史考验的判决。

辩护人：大成律师事务所
律师：王现辉
2017年10月27日

（撰稿人：王现辉）

---

① 此二维码为本案生效裁判文书。

主观上"不知道"系合法来源抗辩的必要条件
——广州某白企业集团有限公司与董某强、聊城市某能精细化工厂等侵害商标权纠纷案

要旨：合法来源免责除了满足客观标准外，还必须满足主观上"不知道"属于侵权商品。

案情介绍

【案情简介】

广州某白企业集团有限公司先后在第5类上注册了第481××××、378××××、351××××号商标，三枚商标至今合法有效，且第378××××号商标经过广州某白企业集团有限公司的不断宣传使用具备了较高的知名度，曾被认定为驰名商标。

2019年7月22日，广州某白企业集团有限公司发现董某强在其开设的某多多店铺销售侵害上述商标专用权的商品，在涉案商品的背面载明是由聊城市某能精细化工厂生产，为此广州某白企业集团有限公司将董某强、聊城市某能精细化工厂以及某多多网站的运营方上海某梦信息技术有限公司诉至邯郸市中级人民法院，诉请董某强、聊城市某能精细化工厂停止商标侵权并赔偿广州某白企业集团有限公司经济损失及维权合理开支共计12万元。

【争议焦点】

被诉侵权商品销售商在提供涉案侵权商品进货渠道的情况下，是否能适用合法来源抗辩免责。

【审判结果】

一、董某强、聊城市某能精细化工厂立即停止侵权，包括停止生产、停止销售、停止许诺销售、销毁侵权库存商品；

二、聊城市某能精细化工厂于本判决生效之日起十日内赔偿广州某白企业集团有限公司50000元；

三、董某强于本判决生效之日起十日内赔偿广州某白企业集团有限公司20000元。

案例评析

被诉侵权商品销售商已经提供了涉案侵权商品的进货渠道，在此情况下被诉侵权商品销售商是否能适用合法来源免责？

在本案中，商标权利人将涉案侵权商品的制造商和销售商一同起诉，在诉讼中，销售商提供了相应的证据证明涉案商品从制造商处进货，其已经支付了相应的对价，对此销售商也予以认可。上述证据已经满足了合法来源抗辩的客观标准，但适用合法来源免责除了满足客观标准外，还必须满足销售商主观上"不知道"其所售商品属于侵权商品。具体到本案，涉案销售商在初始销售时可能存在不知道属于侵权商品的情况，但其在购买使用发现是假货后，在涉案侵权商品链接的购买评价处，大量消费者给出了"假的某威""侵权商品""冒牌"等字样的评价。在此情况下，销售商并未尽到相应的注意义务并且放任这种混淆误认，因此不能构成合法来源所规定的主观标准。

心得体会

合法来源免责是知识产权诉讼中被诉侵权方常常使用的抗辩理由。对于是否构成合法来源免责,除了应当审核相关的客观证据外,商标权利人还可以从被诉侵权方主观上明知或者应知的角度进行抗辩,主张不构成合法来源。

（撰稿人：刘朋朋）

① 此二维码为本案生效裁判文书。

被诉侵权人的侵权规模及侵权的主观恶意程度如何证明

——罗某国际电工（惠州）有限公司与王某（北京）商贸有限公司侵害商标权纠纷案

要旨： 获得全额支持的根本原因在于，通过对有限证据的细节进行展示及对数据进行检索，向法院说明被诉侵权方的侵权规模和主观恶意程度。

案情介绍

【案情简介】

LEG×××D FRANCE先后在第9类上注册了第G700×××号"罗格朗"及第G775×××号"Leg×××d"商标，后LEG×××D FRANCE将涉案商标许可给罗某国际电工（惠州）有限公司（以下简称罗某公司）使用，并授权罗某公司针对中国大陆内的侵权行为有权以自己的名义提出诉讼维护涉案商标权。

2019年7月3日，罗某公司发现王某（北京）商贸有限公司（以下简称王某公司）在某网站开涉案店铺，大量销售涉案侵权商品，在委托公证书公证取证后，罗某公司将王某公司诉至北京市海淀区人民法院，诉请王某公司停止商标侵权及不正当竞争行为并赔偿罗某公司经济损失及维权合理开支共计6万元。

在本案诉讼中，代理人发现王某公司在某网站上存在大量对其公司规模的介绍，并且在2018年因销售假冒的罗某商标的商品被海淀区工商分局行政处罚，属于重复侵权。代理人着重从王某公司的宣传和行政处罚等论述王某公司的侵权规模、侵权获利及侵权的主观恶意程度，最终法院采纳了代理人的意见，全额支持了权利人的赔偿请求。

【争议焦点】

被诉侵权人的侵权规模、侵权获利及侵权的主观恶意程度如何认定。

【审判结果】

一、自本判决生效之日起，被告王某公司立即停止侵权；

二、自本判决生效之日起十日内，被告王某公司赔偿原告罗某公司经济损失51844.1元及合理支出8155.9元。

案例评析

在被诉侵权方侵权较为明显的情况下，如何尽可能地提高赔偿额度？

在知识产权侵权案件中，虽然规定了判赔依据，并规定了适用的先后顺序，但是在实践中因为权利人举证能力及举证主观意愿的问题，导致大多数侵权赔偿都是按照法定赔偿标准由法院自由裁量。在此情况下，并不意味着代理人不需要做任何工作，任由法院判决，相反，代理人应该在有限的证据下，尽量向法庭展现被诉侵权方的侵权规模，获得更多赔偿。具体到本案，首先，王某公司入驻的网站本身属于批发性质的网站，权利人为取证花费的购买费就高达1000元，提高了法院对于被诉侵权方侵权规模的认识；其次，王某公司在店铺介绍中，对于公司的人数、年销售额、占地面积、生产能力等都做了详细的介绍，虽然可能存在夸大宣传的情况，但这属于被诉侵权方对外的自认，除非其提供相反的证据，否则权利人有权据此主张其侵权规模；最后，代理人通过工商局网站检索到，王某公司在此之前就曾因侵犯涉案商标被行政处罚，代理人通过向工商局调取相应的处罚决定，从而证明了王某公司侵权的主观恶意。

心得体会

对于代理人而言,没有什么能比得上诉讼请求能被法院全部支持更有成就感了。而本案能获得法院的全额支持赔偿的根本就在于,代理人通过对有限证据的细节进行展示及对数据进行检索,向法院说明了被诉侵权方的侵权规模和主观恶意程度。

(撰稿人:刘朋朋)

①

---

① 此二维码为本案生效裁判文书。

商标侵权人主观恶意的认定及思考

——石家庄某某惠通滤清器有限公司与李某胜、王某林侵害商标权及不正当竞争纠纷案

要旨：确定商标侵权人的主观恶意是适用惩罚性赔偿的必要条件，除警告后继续实施侵权行为的外在表现外，有规模、有组织持续地实施侵权行为，也应当认定为侵权人的主观恶意。笔者根据代理的原告石家庄某某惠通滤清器有限公司与被告李某胜、王某林侵害商标权及不正当竞争纠纷一案，对于商标侵权人主观恶意的认定进行分析，并就案件中出现的"刷单"销量可否直接作为赔偿数额的参考及案件诉讼过程中主体注销后的法律问题进行思考。

案情介绍

原告石家庄某某惠通滤清器有限公司（以下简称某某惠通公司）是一家致力于滤清器研究和生产的企业，某某惠通公司的法定代表人冯某凤为第500××××号注册商标（以下简称注册商标1）和第1180××××号"某某惠通"注册商标（以下简称注册商标2）的权利人，自两枚商标注册至今，冯某凤一直以排他许可的方式授权原告某某惠通公司使用。多年来，原告某某惠通公司一直进行有关注册商标1和注册商标2的滤清器产品的生产和销售工作。经过原告大量、长期的商标使用和广告宣传，注册商标1和注册商标2已经与原告形成唯一对应的关系，且两枚注册商标已被相关公众所熟知，具有很高的市场知名度及影响力。

2020年4月，原告经调查发现，被告高阳县某旺农机配件加工厂（一审诉讼过程中予以注销，负责人李某胜）擅自生产和销售侵犯原告注册商标1专用权的商品；被告王某林在某多多平台上擅自销售侵犯原告注册商标1专

用权的商品，且被告在销售的商品名称和商品宣传中使用"某某惠通"字样，其行为使得相关公众误认为被告王某林销售的商品为原告所生产。两被告的恶意侵权行为给原告某某惠通公司造成了较大的经济损失，原告遂将高阳县某旺农机配件加工厂和王某林诉至河北省保定市中级人民法院，请求判令两被告停止侵害原告某某惠通公司注册商标1和注册商标2的专用权，并赔偿原告经济损失及为制止被告侵权行为所产生的合理费用。

被告李某胜（原高阳县某旺农机配件加工厂负责人）辩称，"某旺及图"商标是被告独立创作完成，与原告某某惠通公司的商标具有显著差异，不构成近似商标，不会造成消费者的混淆和误认。被告使用的标识已经申请了商标注册，商标注册已经初审公告，即将注册公告，所以被告才提前印刷的商标标识，但并未大规模投入市场，卖给王某林的仅是试用装，没有因此获得较大利益。因此，原告某某惠通公司主张诉讼请求金额明显过高。

被告王某林辩称，原告所诉没有事实和法律依据，所诉主张不能成立。本案案由为知识产权与竞争纠纷，争议产品中所涉商标标识的同一性和相似性是不可回避的基本事实。从被告销售的商品来看，不具有侵犯原告注册商标专用权的行为。从对案涉领域不专业的角度来看，原告主张注册商标标识与被告销售的产品上的商标标识存在肉眼可辨的明显区别。无论是图标中心位置的红色部分的结构还是整体图标蓝色的颜色及覆盖程度，均区别于原告注册商标。被告销售产品标有"某旺"字样和大写拼音，与原告注册标识产品中标有的"某某惠通"及英文字母具有显著区别。对同行业购买者来说，不存在或达不到容易导致混淆的程度。从被告的本意来看，不具有销售侵犯商标专用权产品的故意。被告不知道销售的产品是侵犯注册商标专用权的商品，能提供合法购进的证据，能说明提供者，不应承担赔偿责任。关于原告起诉的停止不正当竞争行为，从销售产品来看，标识与原告的主张不存在相同或相似性。被告从网上复制"某某惠通"并使用，对这几个字没有清晰认识，收到法庭传票后立即下架，停止了涉案问题的任何行为，不具有不正当竞争的故意。销售涉案产品的数量具体为24笔交易，共计24件产品，产品价值2780元，进货成本2140元，实际盈利640元。某多多显示和统计的数据，绝大部分是"刷单"行为，某多多对涉案问题的使用是自2021年3月2日开始的，2021年4月23日收到法庭传票后立即停止了相关行为。"某某惠通"字样不像原告所述具有极高的知名度，只在省内个别城市有某种程度的知名度，原告主张赔偿损失100万元没有事实和法律依据。主张数额具体分担比例和形式没有具体明确表述，属诉请不明确。

保定市中级人民法院一审认为，经对比，涉案商品上使用的图形与原告注册商标1中的图形虽在细节部分存在差异，但图形整体差别不明显，与原告注册商标高度近似，容易使消费者误认，产生混淆的结果，且涉案商品与原告注册商标核定使用商品为同一种商品。因此，被告李某胜侵犯了原告注册商标专用权，综合考虑原告商标知名度、李某胜的主观过错程度、侵权行为的范围、影响力等因素，酌情确定李某胜赔偿原告包括制止侵权行为所支付的合理开支在内的各项损失100000元。被告王某林在其开设的某多多店铺销售的商品名称和描述上均使用了"某某惠通"字样，足以引人误认为是原告商品或者与原告存在特定联系，因此王某林的行为构成不正当竞争。原告未提供证据证明因被侵权所受到的实际损失及被告因侵权所获得的利益，本案根据王某林侵权行为的情节酌定王某林赔偿原告包括合理开支在内的各项损失20000元。

📝 案例评析

本案中被诉侵权标识与注册商标1在构图及整体外观上高度近似，被告王某林在销售商品进行描述时使用了注册商标2"某某惠通"字样，足以造成相关公众混淆，法院判令被告李某胜侵犯了原告注册商标专用权，被告王某林构成不正当竞争行为，酌定赔偿12万元。笔者认为两被告行为应认定为恶意侵权且情节严重，可考虑适用惩罚性赔偿，现简要分析如下。

（一）法律之规定

《民法典》第一千一百八十五条规定，故意侵害他人知识产权，情节严重的，被侵权人有权请求相应的惩罚性赔偿。《商标法》第六十三条明确规定，对恶意侵犯商标专用权，情节严重的，可以在按照上述方法确定数额的一倍以上五倍以下确定赔偿数额。赔偿数额应当包括权利人为制止侵权行为所支付的合理开支。恶意侵权是指侵权人在明知或者应知自己不享有使用相关商标权利的情况下，仍然故意或者具有重大过失地实施商标侵权的行为。恶意侵权人在实施目的与动机上都具有违法性，应当承担更重的侵权责任。知识产权的保护越来越受到重视，然而在司法实践中，适用惩罚性赔偿的案例并不多见，其难点在于恶意、情节严重及赔偿基数的多重认定。

（二）法院对于"恶意"的不同观点

在某衡身体公司与某康一恋运动器材有限公司侵害商标权纠纷案[①]中，一审法院认为"此种全面模仿原告商标及产品的行为足见被告侵犯原告商标权、攀附原告商誉的意图十分明显；其次，被告早在2011年因出口西班牙的产品涉嫌侵权而被原告发函警告，在原告多次沟通之后，被告最终签署和解协议，承诺今后不会从事任何可能侵犯或妨碍原告所拥有的知识产权的活动，但时隔几年之后，被告再次生产销售侵犯原告注册商标专用权的产品。被告此种不信守承诺、无视他人知识产权的行为，是对诚实信用原则的违背，侵权恶意极其严重"。有法官认为在司法实践中，恶意的典型表现形式具体而言，包括以下几类：第一类是行为人受到行政处罚或收到法院禁令后继续实施侵权行为；第二类是行为人收到权利人警告后继续实施侵权行为；第三类是行为人与权利人签署和解协议后又实施侵权行为。[②] 该法院认为在

---

① 见（2018）沪0115民初53351号判决文书。
② 宫晓艳、黄心怡：《商标侵权惩罚性赔偿的适用要件与路径》，载《人民司法》2021年第29期，第5页。

收到警告后仍继续实施侵权行为方认定为商标侵权人的恶意侵权。

在张某飞与汕头市某龙日化实业有限公司、涿州市某儿良品商贸有限公司侵害商标权纠纷案①中，一审法院综合考虑本案被告的侵权行为方式、侵权产品的性质、侵权产品销售规模、销售价格，侵权持续时间、侵权损害后果，主观恶意程度等因素，以及原告为维权支出的合理费用，酌情确定两被告共同承担的赔偿数额为50万元。被告以无侵权恶意、赔偿金额过高作为主要理由，提起的上诉。二审法官认为原审被告刻意"傍商誉""搭便车"，非法牟利以及企图逃避法律责任的意图十分明显，原判认定其具有不正当利用他人驰名商标市场声誉，提高相关公众对其侵权商品认可程度的恶意具有充分的事实依据。

上述各地不同判决显示，对商标恶意侵权的认定，裁判观点不完全相同。第一种观点中，法院认为在收到警告或者签署协议后仍继续实施侵权的行为方可认定为恶意侵权；第二种观点中，法院认定，被告非法牟利以及企图逃避法律责任的意图十分明显，对此也可认定为被告的恶意侵权。

（三）本案中商标恶意侵权的认定

笔者认为在明知侵权的基础之上，仍旧有预谋、有组织地实施侵权行为即可以认定为恶意侵权，不必局限于以警告后继续实施侵权为前提。例如，在本案件中基于原告极高的知名度，被告与原告处于相同地域、拥有相同的销售渠道，对于被告故意攀附原告知名商标的行为存在明显的侵权故意；不仅如此，被告李某胜经营高阳县某旺农机配件加工厂，进行大规模的生产被诉侵权产品，王某林更是妄图通过使用"某某惠通"侵权标识的行为来进一步达到混淆商品来源、使消费者产生误认的目的。两被告属于有预谋、有组织地实施共同侵权行为，对原告某某惠通公司的商标属于恶意侵权且情节严重，在相关赔偿基数确定的情况下可以适用惩罚性赔偿，以体现对权利人维

---

① 相关裁判文书：一审为（2017）沪73民初471号；二审为（2018）沪民终285号。

权的关怀和保护。

心得体会

(一)"销量为'刷单'"的抗辩应不应该得到支持?

本案取证时发现被告王某林的某多多店铺涉案产品的销售数量约为5000件,但是被告王某林辩称"销售涉案产品的数量具体为24笔交易,共计24件产品,产品价值2780元,进货成本2140元,实际盈利640元。某多多显示和统计的数据,绝大部分是'刷单'行为"。那么,以"销量为'刷单'"作为抗辩事由以此请求降低赔偿额度的请求能否得到支持?

1. 什么是"刷单"?

"刷单"是一个电商衍生词,一般是由卖家提供购买费用,帮指定的网店卖家购买商品提高销量和信用度,并填写虚假好评的行为。"刷单"的目的是用以假乱真的购物方式提高网店的排名和销量获取好评吸引顾客。2021年5月31日下午,在最高人民法院举行的互联网十大典型案例发布会上,明确了网络"刷单"为灰黑产业,并将其列为重点打击对象。

2. 各地法院观点

在网购环境下的知识产权侵权诉讼中,大部分的被告在庭审中都会以"线上店铺中显示的销量为'刷单'导致,实际销量较少"为抗辩,请求减轻赔偿责任。但是对于被告"销量为'刷单'"抗辩的处理,法院一般有两种意见:第一种,被告以"销量为'刷单'"为理由请求降低赔偿数额的请求不予支持;第二种,采信被告"销量为'刷单'"的抗辩,但将"刷单"行为作为确定赔偿金额的重要考量因素。

(1) 法院对降低赔偿数额的请求不予支持

在隋某、盖某起著作权权属纠纷案[①]中,二审法院认为若确如某潮公司、

---

① 见(2021)辽02民终4663号。

盖某起所称,购买课程人数存在"刷单"行为,公证书证明的购买人数不真实,则需对"刷单"行为的性质予以认定。"刷单"行为作为某潮公司的经营策略,目的是通过虚构交易提升其商誉及知名度,获取更高的商业排名、访问量或美誉度。"刷单"形成虚假交易,违反诚实信用原则和合法经营理念,影响网络用户的真实选择,造成竞争秩序的混乱无序,致使网络营商环境丧失了客观透明、公平公正的基本特征,对该种行为理应予以否定。某潮公司在选择"刷单"方式谋取不当利益的同时,亦应承担该行为可能产生的风险或法律责任,因此某潮公司主张在计算购买课程人数时将"刷单"部分予以扣减,不予支持。

（2）法院将其作为确定赔偿金额的重要考量因素

在胡某维与某梦公司、邱某侵害外观设计专利权纠纷案①中,法院认为根据被告邱某提供的其与"某姣"的微信聊天记录,开团的产品名称与被诉侵权产品相符,相应的开团订单编号亦与被告某梦公司提供的涉案被诉侵权产品的销售订单信息相符,被告邱某主张该证据项下241件订单所涉商品并非实际销售,可予支持;但是,被告邱某的"刷单"行为违反了诚实信用的商业道德,对某多多平台的信用评价体系造成了不良影响,对原告专利产品的市场信誉亦造成了一定的影响,在一定程度上也损害了消费者的合法权益,本院亦将此作为确定赔偿金额的重要考量因素。

3.律师观点

面对目前网购环境中"刷单"现象日益普遍的情况,为了肃清网购环境中的"刷单"乱象,笔者认为对于"刷单"行为应做到零容忍。消费者更青睐销量较高的线上店铺,商家的"刷单"行为会使店铺受到更多的关注进而吸引更多的流量,售卖更多的产品,使得销售者谋取更多的利益。在电子商务领域知识产权侵权责任认定中,经营者应自行承担其通过"刷单"虚构交易量、谋取不当利益而产生的法律风险。因此,笔者认为"为网店宣传而

---

① 见（2020）沪73民初38号判决书。

'刷单'致使销量显示数据与实际销售情况存在较大差距"的主张,不能在面临知识产权侵权主张时成为其降低主观过错程度、逃避法律责任的抗辩理由,应将公示的销量作为侵权赔偿数额的依据更为合理。

(二)诉讼过程中主体注销后对案件的影响

1.个体工商户注销并不影响其责任主体的确定

根据《最高人民法院关于适用〈中华人民共和国民事诉讼法〉的解释》第五十九条,在诉讼中,个体工商户以营业执照上登记的经营者为当事人。有字号的,以营业执照上登记的字号为当事人,但应同时注明该字号经营者的基本信息。营业执照上登记的经营者与实际经营者不一致的,以登记的经营者和实际经营者为共同诉讼人。因此,个体工商户经过工商登记,有自己的字号时,就将个体工商户营业执照上的字号列为原告或者被告。个体工商户本质上是自然人从事工商业经营及商事活动资格法律化的体现,是对自然人商事资格的确认。如果在诉讼过程中,个体工商户注销的,也不影响其责任主体的确定。

在夏某、刘某英侵害实用新型专利权纠纷案[①]中,二审法院认为,个体工商户本质上是自然人从事工商业经营及商事活动资格法律化的体现,是对自然人商事资格的确认,个体工商户的债务,以个人或家庭财产承担,个体工商户注销与否,并不影响其责任主体的确定。个体工商户的字号是对当事人主体名称的表述,是否存在字号,亦并不影响责任主体的确定。

2.一审判决后,二审期间主体注销的问题

在中山市某丰智能科技有限公司(以下简称中山某丰公司)因与被上诉人某安(台州)安防科技有限公司(以下简称某安公司)、原审被告济南某丰安防设备有限公司(以下简称济南某丰公司)侵害外观设计专利权纠纷一案[②]中,二审期间,中山某丰公司企业机读档案登记资料显示该公司已经于

---

① 见(2021)最高法知民终1468号相关裁判文书。
② 见(2019)粤民终2636号相关裁判文书。

2019年10月8日注销，该公司投资者为代某平和王某霞；2018年12月19日，原中山市工商行政管理局受理了中山某丰公司的备案登记：公司股东会决议成立清算组，成员为代某平（负责人）、王某霞；2019年9月29日，中山某丰公司出具《中山市某丰智能科技有限公司注销清算报告》，股东会决议同意公司注销，对清算报告予以审议确认，并承诺公司的债权债务已清算完毕，清算报告中不含虚假内容，如有虚假，股东愿意承担一切法律责任；中山市市场监督管理局于2019年10月8日核准注销中山某丰公司。

二审法院认定，根据《最高人民法院关于适用〈中华人民共和国民事诉讼法〉的解释》（2020年修正）第六十四条规定："企业法人解散的，依法清算并注销前，以该企业法人为当事人；未依法清算即被注销的，以该企业法人的股东、发起人或者出资人为当事人。"本案中，某安公司于2018年7月31日向原审法院提起诉讼，原审法院作出一审判决后，于2019年1月7日到中山某丰公司住所地送达了一审判决书，而中山某丰公司于2018年12月19日成立清算组，于2019年9月29日出具清算报告，也就是说，中山某丰公司是在收到原审判决较长时间之后才注销的，但作为中山某丰公司的投资人代某平、王某霞同时又是清算组成员，在明知中山某丰公司与某安公司之间存在侵权诉讼的情况下，未通知某安公司申报债权，致使某安公司的合法权利得不到保障，因此，中山某丰公司的清算属于非法清算，代某平、王某霞应作为中山某丰公司诉讼权利义务的承继人参与本案诉讼。同时，《最高人民法院关于适用〈中华人民共和国公司法〉若干问题的规定（二）》第十九条规定："有限责任公司的股东、股份有限公司的董事和控股股东，以及公司的实际控制人在公司解散后，恶意处置公司财产给债权人造成损失，或者未经依法清算，以虚假的清算报告骗取公司登记机关办理法人注销登记，债权人主张其对公司债务承担相应赔偿责任的，人民法院应依法予以支持。"第二十条规定："公司解散应当在依法清算完毕后，申请办理注销登记。公司未经清算即办理注销登记，导致公司无法进行清算，债权人主张有限责任公司的股东、股份有限公司的董事和控股股东，以及公司的实际控制人对公司债务承担清偿责任的,人民法院应依法予以支持。公司未经依法清算即办理注销登记,股东或者第三人在公司登记机关办理注销登记时承诺对公司债务承担责任,债权人主张其对公司债务承担相应民事责任的,人民法院应依法予以支持。"代某平、王某霞在中山某丰公司股东会决议中对清算报告予以确认,并承诺公司的债权债务已清算完毕,清算报告中不含虚假内容,如有虚假,股东愿意承担一切法律责任,因此,某安公司请求代某平、王某霞对中山某丰公司本案的债务承担清偿责任,有事实和法律依据,本院予以支持。二审法院直接根据相关事实变更诉讼主体并作出判决,对于相关案件给出了基本指引。

(撰稿人:王现辉 石素坤)

PART 3

第三部分

著作权部分

可以不经许可，但应当支付报酬而未支付的属侵权行为
——中国音乐著作权协会与石家庄广播电视台侵害作品广播权纠纷案

要旨：广播电台、电视台播放他人已发表的作品，可以不经著作权人许可，但应当支付报酬。未支付的属侵权行为。

案情介绍

【案情简介】

原告中国音乐著作权协会（以下简称音著协）是经国家批准成立的、中国大陆地区唯一的音乐著作权集体管理组织，根据国内、国际广大音乐词曲著作权人的授权、国家赋予的著作权集体管理职能以及我国《著作权法》等相关法律法规的规定，原告有权向中国大陆地区的各类音乐作品使用者发放著作权有偿许可并可以自身的名义从事维护音乐著作权的法律诉讼。

原告与涉案音乐作品作者签订了《音乐著作权合同》，合同约定原告有权对《我只喜欢你》等多首作品的作词和作曲行使著作权（包括提起诉讼）。

被告违反法律规定，在未支付相关著作权使用费的情况下，在其电视台的音乐广播《你好，旧时光》中使用涉案音乐作品《我只喜欢你》等。被告的上述行为侵犯了涉案音乐作者的广播权益。

被告石家庄广播电视台答辩称，不认可原告的诉讼请求，理由如下：一、媒体是一个宣传推广的渠道，被告的播出可以促进演唱者和词曲作者音乐作品的推广和传播，词曲作者都希望借助媒体让歌曲被更多人听到，因而原告的诉讼请求是否真实反映著作权人的意识很难确定。二、被告的传播行为是公益性质的传播，让老百姓免费赏析音乐，听众听歌是不用向电台付费的，广播电视台不是以经济利益为先的企业，被告的播放行为是公益性质的

传播，无需付费。三、原告只管在音著协注册的音乐人的词曲版权，不管录音版权，被告即使给原告交了版权费也不能随意使用。对原告"代表内地所有音乐著作权"权威性及其收益分配有异议，据此被告请求法院驳回原告的诉讼请求。

【一审查明】

经审理查明，歌曲《我只喜欢你》等词曲作者授权原告对上述歌曲享有相关著作权并有权就侵权行为提起诉讼。

2016年8月12日，原告委托代理人张某桑在北京市方正公证处公证员融某和公证处工作人员祁某的监督下，使用公证处计算机操作，记录下被告在其《你好，旧时光》节目中播放歌曲《我只喜欢你》《我听过你的歌》《真情真美》《穿越人海》，北京市方正公证处对上述过程进行了公证，制作光盘并封存，出具了（2016）京方正内经证字第210××号公证书。

另查明，原告支付公证费16000元。原告与大成律师事务所签订《民事委托代理合同》，支付律师费12000元。

【一审判决与结果】

一审法院认为，依据《著作权法》[①]第十一条的规定，"著作权属于作者……如无相反证明，在作品上署名的公民、法人或者其他组织为作者"。本案涉案8首歌曲的词曲作者与音著协签订了《音乐著作权合同》，授权原告集体管理词曲作者拥有的相关著作权，并有权以原告自己的名义向侵权使用者提起诉讼，因此原告系本案适格主体。

依据《著作权法》第四十三条第二款的规定，"广播电台、电视台播放他人已发表的作品，可以不经著作权人许可，但应当支付报酬"。被告石家庄广播电视台在未支付相关著作权使用费的情况下，在其《你好，旧时光》

---

① 生效时间为2010年4月1日，2020年已修订。

等节目中使用原告管理的《我只喜欢你》等8首歌曲，应当支付相应报酬。鉴于原告未提供广播电台、电视台使用作品报酬标准，一审法院酌定被告石家庄广播电视台支付原告音著协作品使用报酬及原告维权支付的合理费用10000元。

【一审判决】

依照《著作权法》第四十三条的规定，判决如下：

一、被告石家庄广播电视台支付原告音著协作品使用报酬及合理费用10000元；二、驳回原告音著协的其他诉讼请求。

案例评析

【律师评述】

本案为侵害作品广播权纠纷，关于著作权侵权案件涉及以下问题需要探讨。

（一）音著协在本案当中主体资格是否适格？

《著作权法》第八条第一款规定，著作权人和与著作权有关的权利人可以授权著作权集体管理组织行使著作权或者与著作权有关的权利。著作权集体管理组织被授权后，可以以自己的名义为著作权人和与著作权有关的权利人主张权利，并可以作为当事人进行涉及著作权或者与著作权有关的权利的诉讼、仲裁活动。本案中，音著协是依法成立的音像著作权集体管理组织，依法取得了涉案作品《我只喜欢你》等8首涉案音乐作品的词曲作者梁某、郭某等的广播权的授权，因此，音著协以自己的名义在上述词曲作者授权的范围内提起诉讼符合法律规定，是本案适格主体。

（二）被告未经许可侵害了作者何种权利，应当承担何种法律责任？

被告石家庄广播电视台未经著作权人许可，通过广播等信息网络向公众传播涉案8首音乐作品，侵害了词曲作者的广播权，应当承担赔偿责任。

《著作权法》第四十八条第一项规定，未经著作权人许可，复制、发行、表演、放映、广播、汇编、通过信息网络向公众传播其作品的，应当根据情况，承担停止侵害、消除影响、赔礼道歉、赔偿损失等民事责任。据此，石家庄广播电视台未经词曲作者的授权，擅自以无线等信息网络传播等方式向公众公开传播涉案8首音乐作品，侵害了词曲作者的广播权，依法应当承担停止侵权、赔偿损失等民事责任。

（三）被告在其节目当中使用涉案音乐作品是否构成合理使用？

关于合理使用，《著作权法》第二十二条规定了个人使用、合理引用、新闻报道、课堂教学与科研等使用方式，可以不经著作权人许可，不向其支付报酬。但石家庄广播电视台在其节目中使用时，并不属于新闻报道等使用方式，也不属于本条第九种关于现场表演者合理使用的情形，被告亦没有举证证明是属于《著作权法》第二十二条规定的其他合理使用的情形，即使其属于公益性事业单位，由于其不符合合理使用涉案歌曲的情形，因此不能成为其不构成侵权的抗辩。

（撰稿人：聂丽敏）

①

---

① 此二维码为本案生效裁判文书。

有证据证明实际著作权人的情况下，可以推翻署名行为的效力
——北京完美建信影视文化公司诉南宫市广播电视台侵害著作权纠纷案①

要旨：电视剧著作权的归属，不能仅凭协议即认定著作权人。电视剧片尾视频截图显示出品单位，虽然该标注系在作品上署名的行为，但有其他证据确定证明实际著作权人的情况下，可以推翻该署名行为的效力。

案情介绍

【案情简介】

2011年4月8日，北京完美建信影视文化有限公司（以下简称北京完美建信公司）与北京世纪伙伴文化传媒有限公司签订电视剧《红娘子》联合投资摄制合同书，双方共同投资摄制电视剧《红娘子》，约定自本合同签订之日起该剧之所有版权及其他衍生权利由双方共同享有。2016年7月20日，北京完美建信公司与某尚影视文化有限公司签订《红娘子》电视剧播映权许可合同，约定北京完美建信公司将拥有版权的电视剧《红娘子》的电视播映权有偿许可给某尚影视文化有限公司。江苏省广播电影电视局出具的（苏）剧审字（2012）第××号《国产电视剧发行许可证》记载，《红娘子》长度为47集。中视广联（北京）媒介咨询有限公司（以下简称中视广联）出具的《〈红娘子〉影视剧播出监测报告》显示，中视广联于2019年6月10日对河北省邢台市南宫市地区进行了影视剧播出监测，监测到南宫市广播电视台电视频道在上述日期播出了《红娘子》电视剧，合计播出5条次。北京完美建信公司认为南宫市广播电视台的行为严重侵害了其合法权益，遂诉至法院。

---

① 该案入选2020年度中国法院50件知识产权典型案例。

【一审法院判决】

一审法院判决如下：一、被告南宫市广播电视台自本判决生效之日起十日内赔偿原告北京完美建信公司经济损失及维权合理支出共计40000元；二、驳回原告北京完美建信公司的其他诉讼请求。

【二审法院判决】

一审被告南宫市广播电视台不服一审判决，上诉至河北省高级人民法院。经二审法院审理，判决：驳回上诉，维持原判。

案例评析

【观点展示】

大成泽知®知识产权团队李洪磊、刘兴稳接受南宫市广播电视台的委托，分析后认为电视剧《红娘子》为合作作品，而北京完美建信公司作为著作权人之一，未出具与其他著作权人协商一致的证明，所以北京完美建信公司不具备诉讼主体资格。而且，涉案电视剧《红娘子》自2012年播出以来，已经在省、市、县电视台及网络中多地、多轮播放，北京完美建信公司的损失几乎可以忽略不计，南宫市广播电视台也并未在其中获利，所以北京完美建信公司主张高达30万元的侵权赔偿无法律和事实依据。

具体观点如下。

观点一：首先，根据我国《著作权法》第十一条的规定，如无相反证明，在作品上署名的公民、法人或者其他组织为作者。根据北京完美建信公司在一审中提交的证据可以证实，在涉案电视剧《红娘子》的片尾署名的主体单位包括江苏广播电视总台、广东广播电视台、辽宁广播电视台、黑龙江广播电视台、湖北广播电视台、云南广播电视台、某盟世纪（北京）传媒有限公司、北京世纪伙伴文化传媒有限公司、完美建信（北京）影视文化有限公司等。虽然北京完美建信公司指出，江苏省广播电视总台等多家单位仅享有署名权，不享有著作权，享有著作权的主体仅为北京完美建信公司及北京世纪伙伴文化传媒有限公司。但北京完美建信公司未能提交相关证据证明加以佐证，因此根据《著作权法》第十一条的规定，应认定江苏省广播电视总台等多家单位为涉案电视剧共同著作权人。

另外，即便涉案电视剧《红娘子》的著作权人仅为北京完美建信公司及北京世纪伙伴文化传媒有限公司，北京完美建信公司也未提交与北京世纪伙伴文化传媒有限公司协商一致的证明。根据《著作权法实施条例》第九条规定：合作作品不可以分割使用的，其著作权由各合作作者共同享有，通过协商一致行使；不能协商一致，又无正当理由的，任何一方不得阻止他方行使除转让以外的其他权利，但是所得收益应当合理分配给所有合作作者。本案二审过程中，北京完美建信公司未提交协商一致的证明，不符合上述法律的规定。

综上所述，北京完美建信公司不具备单独提起诉讼的资格，对于其起诉应予以驳回。

观点二：根据《著作权法》的相关规定，侵犯著作权人著作权的侵权人应当按照权利人的实际损失给予赔偿；实际损失难以计算的，可以按照侵权人的违法所得给予赔偿。所以根据《著作权法》的相关规定，在权利人损失难以计算的情况下，应当按照侵权人的违法所得进行赔偿。由于北京完美建信公司并未举证证明其损失情况，南宫市广播电视台也未从中获利，因此，北京完美建信公司主张高达30万元的侵权赔偿无法律和事实依据。

其次，南宫市广播电视台属于县级广播电视台，在广告管理规范下的今天，原来的疾病类、药品类已经全部停止，县级电视台仅靠政府财政支撑。且涉案电视剧自2012年播出以来，已经在省、市、县电视台及网络中多地、多轮播放，北京完美建信公司的损失几乎可以忽略不计，南宫市广播电视台也并未在其中获利。

【关注要点】

（一）电视剧《红娘子》是否为合作作品，著作权人是谁？

1. 法律规定

我国《著作权法》第十三条规定，两人以上合作创作的作品，著作权由合作作者共同享有。没有参加创作的人，不能成为合作作者。合作作品可以分割使用的，作者对各自创作的部分可以单独享有著作权，但行使著作权时不得侵犯合作作品整体的著作权。

根据《著作权法实施条例》第九条规定，合作作品不可以分割使用的，其著作权由各合作作者共同享有，通过协商一致行使；不能协商一致，又无正当理由的，任何一方不得阻止他方行使除转让以外的其他权利，但是所得收益应当合理分配给所有合作作者。

2. 案情分析

涉案电视剧片尾视频截图显示出品单位为江苏广播电视总台、广东广播电视台、辽宁广播电视台、黑龙江广播电视台、湖北广播电视台、云南广播电视台、某盟世纪（北京）传媒有限公司、北京世纪伙伴文化传媒有限公司、完美建信（北京）影视文化有限公司等，虽然该标注系在作品上署名的行为，但在有其他证据证明实际著作权人的情况下，可以推翻该署名行为的效力。《国产电视剧发行许可证》作为影视主管部门核发的行政许可决定书，具有较高的证明效力，该发行许可证结合《电视剧〈红娘子〉联合投资摄制合同书》看，可以确认某美世界（北京）影视文化有限公司并非涉案电视剧的著作权人。此外，北京完美建信公司提交了江苏省广播电视总台授权北京世纪伙伴文化传媒有限公司、北京完美建信公司海内外全部电视剧播映权的授权书，河北省高级人民法院认为，在此情况下，不论江苏省广播电视总台是否为涉案电视剧的著作权人，北京完美建信公司与北京世纪伙伴文化传媒有限公司均为涉案电视剧的著作权人,该电视剧为二者的合作作品。

(二)合作作品的著作权人是否可以单独提起诉讼?

合作作品的著作权人是否有权单独提起诉讼关系到本案中北京完美建信公司是否具备诉讼主体资格问题。

我国《著作权法》第十一条规定,如无相反证明,在作品上署名的公民、法人或者其他组织为作者;第十五条规定,电影作品和以类似摄制电影的方法创作的作品的著作权由制片者享有。本案中,关于认定涉案电视剧著作权人的主要证据有以下三份,一是北京完美建信公司提交的《电视剧〈红娘子〉联合投资摄制合同书》,旨在证明涉案电视剧的著作权为北京完美建信公司与北京世纪伙伴文化传媒有限公司共同享有;二是北京完美建信公司提交的《国产电视剧发行许可证》,显示江苏省广播电视总台系涉案电视剧的制作机构,北京世纪伙伴文化传媒有限公司、北京完美建信公司为合作机构;三是南宫电视台提交的电视剧《红娘子》片尾视频截图,显示涉案电视剧为江苏省广播电视总台、北京世纪伙伴文化传媒有限公司、北京完美建信公司、完美建信(北京)影视文化有限公司四家单位联合出品。通过本案提交证据情况,双方均认可涉案电视剧的著作权人包括北京完美建信公司与北京世纪伙伴文化传媒有限公司,对江苏省广播电视总台和完美建信(北京)影视文化有限公司是否为著作权人双方持有不同意见,北京完美建信公司对该二者著作权人的身份不予认可,认为将江苏省广播电视总台列为制作单位,仅是出于便于为项目申请立项的目的,而某美世界(北京)影视文化有限公司根据合同约定仅享有署名权。河北省高级人民法院认为,在上述三份证据中,《电视剧〈红娘子〉联合投资摄制合同书》中虽然清晰地约定了涉案电视剧著作权的归属,也约定了完美建信(北京)影视文化有限公司享有署名权的内容,但该协议仅为北京完美建信公司与北京世纪伙伴文化传媒有限公司双方签署,未有完美建信(北京)影视文化有限公司等相关单位的盖章确认,不能仅凭该协议即认定涉案电视剧的著作权人。涉案电视剧片尾视频截图显示了出品单位，虽然该标注系在作品上署名的行为，但在有其他证据证明实际著作权人的情况下，可以推翻该署名行为的效力，因此在本案中亦不能仅凭该视频截图即认定涉案电视剧的著作权人。《国产电视剧发行许可证》作为影视主管部门核发的行政许可决定书，具有较高的证明效力，该发行许可证结合《电视剧〈红娘子〉联合投资摄制合同书》看，可以确认完美建信（北京）影视文化有限公司并非涉案电视剧的著作权人。此外，北京完美建信公司提交了江苏省广播电视总台授权北京世纪伙伴文化传媒有限公司、北京完美建信公司海内外全部电视剧播映权的授权书，在此情况下，不论江苏省广播电视总台是否为涉案电视剧的著作权人，北京完美建信公司与北京世纪伙伴文化传媒有限公司作为著作权人，都可就涉案电视剧提起著作权侵权的维权诉讼。

河北省高级人民法院认为，北京完美建信公司在一审中提交了《〈红娘子〉电视剧播映权许可合同》及对某尚影视文化有限公司的授权书原件，合议庭对该合同及授权书的真实性予以认定。该合同及授权书中显示北京完美建信公司作为著作权人独立对外进行了授权的情况，且没有证据表明有其他著作权人对该行为提出过异议，该证据可以对北京世纪伙伴文化传媒有限公司及上海娜某影视文化工作室的两份授权书的真实性予以印证，故对该两份授权书的真实性予以认定。

由此可以看出，经过前述授权，北京完美建信公司享有独立针对涉案电视剧侵权行为提起诉讼的权利。况且，北京完美建信公司在本案中的维权诉讼，并未对其他著作权人的权益造成损害，故北京完美建信公司虽然系著作权人之一，但其在本案中以自己的名义提起维权诉讼并无不当。

心得体会

本案被最高人民法院评选为2020年度50件典型案件之一，案件中，河北省高级人民法院认定合作作品的著作权人在不损害其他著作权人合法权益且其他著作权人未提出异议的情况下，可以以自己的名义提起维权诉讼。此裁判观点体现了对知识产权的大力保护，对净化市场打击侵权行为具有指导作用，同时为同类型的侵权案件提供了裁判指引。

（撰稿人：刘兴稳）

---

① 此二维码为本案生效裁判文书。

关于"避风港原则"和"红旗原则"的思考

——河北广播电视台诉河北顶某文化传播有限公司侵害著作权及不正当竞争纠纷案

要旨：在判定网络侵权时，红旗原则应优先于避风港原则。只有在网络服务提供者"不明知，不应知"的情况下发生侵权行为时，才适用避风港原则。而当侵权行为明显到如同鲜艳的红旗一样，连普通人也能够看出来时，网络服务商就不能再视而不见，应该负起监测、删除、排除的义务。即在发生侵权事件需适用避风港原则之前，应首先考虑红旗原则。

案情介绍

【案情简介】

《某日资讯》是河北广播电视台经济生活频道的一档民生新闻类栏目，该栏目创办于2001年7月16日，是河北广播电视台开办最早、创收最高、投入最大、观众关注度最密集的民生新闻栏目之一。

河北广播电视台经调查发现，河北顶某文化传播有限公司（以下简称顶某公司）注册的名为"河北电视"的微信公众号（微信号：gh_d6bc40715×××），未经准许转发《某日资讯》中名为"大商场买大牌家具，不料除了样品其余都是假货，商铺经理回复惊人"的节目片段，并且在其每个公众号文章页面均宣称与河北广播电视台合作，顶某公司此行为严重侵害了河北广播电视台享有的信息网络传播权并构成不正当竞争行为，给河北广播电视台带来了极大的负面影响及经济损失。

【证据提交】

大成律师事务所泽知®知识产权团队王现辉、刘兴稳接受河北广播电视台的委托，分析后认为顶某公司严重侵害了河北广播电视台的合法权益。为此，泽知®知识产权团队特向石家庄市燕赵公证处申请对顶某公司转发视频的行为进行公证，并经过对案情的一系列分析，向石家庄中级人民法院提交了以下证据（见表3-1）：

表 3-1

序号	证据名称	来源	证明内容及目的
第一组：权利人权属证据			
1	《某日资讯》20200621整期视频	原告	证明：原告为《某日资讯》的著作权人，拥有《某日资讯》节目的整期视频。
第二组：侵权方主体信息及侵权行为证据			
2	被告的主体信息	国家企业信用信息公示系统	证明：被告的主体资格。
3	冀石燕赵证民字第××××号	河北省石家庄市燕赵公证处	证明：被告顶某公司未经原告许可，在其名为"河北电视"的微信公众号上，转载了原告享有著作权的《某日资讯》节目片段。
第三组：侵权损害赔偿证据			
4	律师费发票、公证费发票	原告	证明：原告因维权支付律师费6000元、公证费2000元。

【案件结果】

被告顶某公司收到我方起诉状后，及时删除了涉案视频，并在第一时间与河北广播电视台取得了联系，在赔偿一定损失后，河北广播电视台撤回对其的诉讼。

案例评析

【关注要点】

（一）《某日资讯》栏目的视频资料是否属于《著作权法》[①]上的作品，是否受《著作权法》保护？

我国《著作权法》所称的作品，是指文学、艺术和科学领域内具有独创性并能以某种形式表现的智力成果。时事新闻，则是指通过报纸、期刊、广播电台、电视台等媒体报道的单纯事实消息，该类事实消息仅仅是对时间、地点、人物、起因、经过、结果等新闻要素的简单排列组合。而本案中，涉案视频融入了作者对相关事件的讲解、采访、评论，加入了新闻工作者的独立思考及独创性的评论分析，而且在内容的选择、结构的编排、文字的表达上均体现了作者的独创性，不仅只是单纯描述客观事实本身，应属于《著作权法》上的作品，受《著作权法》保护。

（二）作品著作权人如何确定？

根据我国《著作权法》第十一条的规定，如无相反证明，在作品上署名的公民、法人或者其他组织为作者。河北广播电视台作为《某日资讯》栏目的著作权人，为防止侵权事故的发生，在其制作的每期节目中均标有河北广播电视台台标及该栏目标志，片中底部游走字幕滚动列有栏目信息，如官方微博号、官方微信号及官方抖音号等，片尾也列有"河北广播电视台"字样。作为权利人，河北广播电视台已经在栏目中清晰地标明了著作权的权属，可以证明涉案作品的作者为河北广播电视台。

[①] 本案所指《著作权法》于2010年4月1日生效，2020年修订，余同。

（三）被告转发涉案视频并宣称与原告合作，侵害原告何种权益？

1. 侵害原告著作权的行为

根据《著作权法》第四十八条规定，未经著作权人许可，复制、发行、表演、放映、广播、汇编、通过信息网络向公众传播其作品的侵权行为，应当根据情况，承担停止侵害、消除影响、赔礼道歉、赔偿损失等民事责任。信息网络传播权作为一项法定著作权，是由权利人享有的专有权利，在性质上属绝对权。被告未经原告许可，亦无法定或约定除外情形的，实施受该专有权利控制的信息网络传播行为，构成对原告著作权的侵害。

涉案视频是由原告于2020年6月21日播出的，根据原告提供的保全证据可知，2020年6月28日被告未经许可且未向原告支付报酬，即在其经营的微信公众号上传播涉案视频。根据《著作权法》第十条第一款第十二项规定，信息网络传播权是指以有线或者无线方式向公众提供作品，使公众可以在其个人选定的时间和地点获得作品的权利。本案中被告在其微信公众号上传播涉案视频，使公众可以在其个人选定的时间和地点获得该视频，该行为构成对原告信息网络传播权的侵害。

2. 构成不正当竞争

根据《反不正当竞争法》第六条经营者不得实施下列混淆行为，引人误认为是他人商品或者与他人存在特定联系：擅自使用他人有一定影响的企业名称（包括简称、字号等）、社会组织名称（包括简称等）、姓名（包括笔名、艺名、译名等）。被告未经原告许可或授权，擅自在其微信公众号页面宣称与原告合作，利用原告在省内的知名度及影响力，宣传自身公司业务，为原告造成了名誉上及经济上巨大的损失，构成不正当竞争。

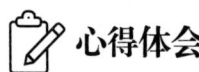
心得体会

避风港原则与红旗原则如何适用？

依据规定，网络服务提供者通常将《信息网络传播权保护条例》中第二十二条第五项"网络服务提供者为服务对象提供信息存储空间,供服务对象通过信息网络向公众提供作品、表演、录音录像制品,并具备下列条件的,不承担赔偿责任……(五)在接到权利人的通知书后,根据本条例规定删除权利人认为侵权的作品、表演、录音录像制品"及第二十三条的规定"网络服务提供者为服务对象提供搜索或者链接服务,在接到权利人的通知书后,根据本条例规定断开与侵权的作品、表演、录音录像制品的链接的,不承担赔偿责任;但是,明知或者应知所链接的作品、表演、录音录像制品侵权的,应当承担共同侵权责任"作为其免责的依据,也就是避风港原则。

在现实中,当一部作品被截取成几分钟的片段上传至各个网络平台时,随之而来的是基于不特定用户自主高频上传,真正权利人往往难以及时发现进而要求其删除或进一步追究侵权责任,滞后的通知删除实际上为时已晚,对于权利人的救济远远无法与其付出的制作费及版权费等成本相匹配。因此,虽然我国《著作权法》规定了网站方对著作权人信息网络传播权的免责条款,但该条款并非网站方万能的"挡箭牌",其适用是有条件的。从互联网行业良性发展角度考虑,在肆意转播视频片段的问题上,网络服务提供者应视为侵权责任主体之一,应当负有更高程度的注意义务。所以在判定网络侵权时,红旗原则应优先于避风港原则。只有在网络服务提供者"不明知,不应知"的情况下发生侵权行为时,才适用避风港原则。而当侵权行为明显到如同鲜艳的红旗一样,连普通人也能够看出来时,网络服务商就不能再视而不见,应该负起监测、删除、排除的义务。总之,在发生侵权事件而需适用避风港原则之前,应首先考虑红旗原则。

(撰稿人:刘兴稳)

①

---

① 此二维码为本案生效裁判文书。

权利人不能证实软件形成时间早于被诉侵权软件应承担不利后果
——北京南某网络科技有限公司与沈阳诺某科技有限公司侵害计算机软件著作权纠纷案

要旨：对于计算机软件著作权侵权纠纷案件，应当从软件权属、代码比对是否构成实质性近似，必要时委托进行鉴定等穷尽方法进行分析，以达到代理效果。

案情介绍

【案情简介】

北京南某网络科技有限公司（以下简称南某公司）诉称沈阳诺某科技有限公司（以下简称诺某公司）使用软件代码构成对其计算机软件著作权的侵害，向北京知识产权法院提起诉讼，要求诺某公司停止使用并销毁侵权软件，并在官方微信公众号、法制日报上公开赔礼道歉，赔偿损失100万元。南某公司向法庭提交了其前端代码电子数据保全证书、前端代码比对表、通过法院调取的某云平台被告后台代码等证据材料。诺某公司提交了前后端代码分析表。

【争议焦点】

一、涉案软件权属；二、南某公司主张的软件形成的时间；三、诺某公司使用的软件与南某公司是否构成实质性相同。

【案件结果】

南某公司撤回起诉。

案例评析

本案系一起侵害计算机软件著作权纠纷案件,代理律师接受委托后从计算机软件权属、南某公司软件形成时间、计算机软件不构成实质相同等几个方面提出答辩意见。

1. 南某公司不具备本案的诉讼主体资格

南某公司并没有证据证明相关代码著作权人归其所有,在其提供的代码中显示"created by ziqiu on 2017/12/8",即"某丘创作于2017年12月8日",可见,相关代码的作者另有他人。《计算机软件保护条例》第九条规定,软件著作权属于软件开发者,本条例另有规定的除外。如无相反证明,在软件上署名的自然人、法人或者其他组织为开发者。南某公司无该软件的源程序、文档以及其他能证明其享有权利的证据,不享有本案的诉讼主体资格。

2. 南某公司举证代码不具有独创性

南某公司提供给法院用来对比的软件代码,未提供开发过程文件及代码来源,且存在大量的开源文件,第三方版权文件等,系借鉴开源代码、使用公共代码和通用写法,并未压缩、加密,并非独创。

3. 双方代码不构成实质性近似

南某公司举证代码仅为整体软件中的三个文件deposit.js、new.js、my.js,无论是在其整个公众号软件中还是诺某公司公众号软件中占比均极小。南某公司举证代码并非诺某公司h5核心功能组成部分,举证中的deposit.js,为上线初期充值记录页面js,主要功能是发起请求,功能较为简单,而真正支撑用户充值的是诺某公司后端代码对数据的解析、处理和返回,诺某公司后端代码均为在开源代码基础上二次开发完成,与南某公司无关。new.js代码功能为获取最新书籍列表。该文件的核心功能为无限下拉列表功能,原被告双方代码也由开源社区代码demo(小样)修改而来（具体见代码分析表）。my.js代码对我方没有任何使用意义（具体见代码分析表）。

南某公司主张deposit.js、new.js、my.js三段代码中部分代码相同，据此可以推断出诺某公司软件抄袭剽窃了其享有的权利，是错误的。诺某公司认为原则上应提供权利软件及被诉侵权软件的全部程序供整体比对，仅凭几行代码相似，无法认定上述软件之间构成实质性相似。

代理人向法庭提交了关于南某公司代码是否为开源代码及是否与诺某公司整体软件构成实质性近似的鉴定申请。表示诺某公司愿提供整体代码并请求法庭对此问题进行鉴定。

本案经过两次庭审，多轮举证，代理人认定南某公司提交的源代码与诺某公司使用的软件代码并不构成实质性近似，且南某公司源代码的完成时间无法确认。本案最终以南某公司撤诉告终。律师提醒，对于计算机软件著作权侵权纠纷案件，应当从软件权属、代码比对是否构成实质性近似，必要时委托进行鉴定等穷尽方法进行分析，以达到代理效果。

心得体会

对于计算机软件侵权抗辩一般从以下几个方面进行。

1.被告的软件是自行创作的证据，比如被告的软件开发时间早于原告的软件开发时间。

2.原告的软件属于公有领域的证据，比如是开源软件。

3.双方软件执行共同的标准或者表达形式有限的证据。

4.双方软件只是思想相同或相似的证据，著作权不保护作品的思想，保护的是作品的表达方式。

5.质疑软件著作权权属的证据，比如原告的软件来源于第三方；质疑原告损失和因果关系的证据，比如被告的软件还没有销售不可能对原告造成损失。

6.被告无过错的证据,比如被告是计算机软件复制品的发行者或者出租者,如有证据能证明其发行、出租的复制品有合法来源证据的,不承担赔偿责任。

（撰稿人：王现辉）

---

① 此二维码为本案生效裁判文书。

PART 4

第四部分

不正当竞争及其他

保密措施应明确具体
——玉田县某公司与唐山某公司侵害商业秘密纠纷案[①]

要旨：本案对于商业秘密的构成要件中的秘密性、保密性、价值性均有涉及，尤其对保密性进行充分的辩论与分析，对商业权利人的保密措施、保密主观意识及竞业限制中相应条款是否具有保密主观意识均进行了充分的论证，对相关案件代理具有高度参考价值。

案情介绍

【案情简介】

玉田县某公司成立于2005年，其法定代表人曾于1990年至2005年在唐山某公司工作（负责该公司在山东、河南地区的销售工作），并在准备辞职期间着手创办了玉田县某公司。而后，其辞职到该公司担任法定代表人。在其辞职后，有部分技术人员跳槽至玉田某公司。因玉田县某公司拥有较为先进的管理经验和灵活的销售策略，在其成立后对唐山某公司市场产生了较大的冲击。为了遏制玉田某公司的发展，唐山某公司于2011年以玉田某公司及其法定代表人侵害商业秘密为由起诉至唐山市中级人民法院，并申请财产保全查封了玉田某公司对公账号。虽然唐山某公司仅提交了技术操作流程图纸、没有签字的规章制度及客户名单作为商业秘密载体的证据，但一审法院还是对商业秘密进行了认定，并判决玉田某公司及其法定代表人赔偿唐山某公司经济损失850786.86元。

[①] 该案荣获大成知识产权十佳竞争/反垄断诉讼案例奖。

【争议焦点】

唐山某公司主张的技术和经营信息是否属于商业秘密以及玉田某公司侵害了该商业秘密。具体而言，包括：（1）唐山某公司主张的技术和客户名单是否属于商业秘密；（2）唐山某公司对于其所主张的商业秘密是否采取了保密措施；（3）玉田某公司是否侵害了唐山某公司的商业秘密。

【审判结果】

二审法院判决：撤销一审判决，驳回一审全部诉讼请求。再审驳回再审申请。

案例评析

（一）在商业秘密侵权案件中，如何把握涉案技术或经营信息是否构成商业秘密？

《反不正当竞争法》[①]中对"商业秘密"的描述包括，"不为公众所知悉""能为权利人带来经济利益、具有实用性""权利人采取了保密措施"，《最高人民法院关于审理不正当竞争民事案件应用法律若干问题的解释》（以下简称司法解释）第九条、第十条、第十一条对此分别予以了详细阐释。因此在司法实践中针对技术信息，需要委托专门的鉴定机构，对于所涉技术信息是否属于技术秘密进行秘密性鉴定。专业技术特征不能通过简单的比对得出是否相同或相似的结论，必须通过专业技术鉴定，而该鉴定结论是证明权利人诉讼请求所依据的事实的关键证据。

对于经营信息，因其具有较大的主观性及差异性，对此并未有专门科学的鉴定来进行认定，需要法院和代理律师严格按照司法解释第九条、第十

---

① 本案形成于2017年，故所用法律法规为当时有效。《反不正当竞争法》于2019年修正。

条、第十一条的相关定义来进行认定。当涉及客户名单时，司法解释第十三条第一款规定："商业秘密中的客户名单，一般是指客户的名称、地址、联系方式以及交易的习惯、意向、内容等构成的区别于相关公知信息的特殊客户信息，包括汇集众多客户的客户名册，以及保持长期稳定交易关系的特定客户。"依照司法解释第十三条的规定，商业秘密中的客户名单包括长期稳定交易的关系的特定客户，但该司法解释并非意指只要是有较长时间稳定交易的特定客户就应作为商业秘密予以保护，相反，只有进一步考察主张享有权利的经营者就该特定客户是否拥有区别于相关公知信息的特殊客户信息，并且考察是否符合前述构成商业秘密的一般条件后，才能够决定是否应当认定为法律所保护的商业秘密。

在本案中，唐山某公司在诉讼中并未对涉案技术进行秘密性鉴定，也没有理解对于经营信息的认定标准，导致最终的败诉结果。

（二）关于是否采取保密措施

无论是侵犯技术信息还是经营信息，都要求权利人对其所要求的相关商业秘密进行了保密措施，但是在实践中总体上说企业的保密措施或多或少都存在一定的疏漏，而这些疏漏往往会产生扭转乾坤的效果，即使认定所涉技术或者经营信息构成商业秘密、被诉侵权人所有技术或经营信息与该商业秘密具有同一性，但仅仅因为无法证明采取了相应的保密措施，就不构成《反不正当竞争法》所规定的侵犯商业秘密。常见的有：（1）并未规定保密措施或者虽然制定的保密措施并未施行，如此并不符合《反不正当竞争法》第九条关于"商业秘密"的定义，当然不构成商业秘密。（2）将竞业限制条款认为是保密条款，我国立法允许约定竞业限制，目的在于保护用人单位的商业秘密和其他可受保护的利益。但是，竞业限制协议与保密协议在性质上是不同的。前者是限制特定的人从事竞争业务，后者则是要求保守商业秘密。用人单位依法可以与负有保密义务的劳动者约定竞业限制，竞业限制约定因此成为保护商业秘密的一种手段，即通过限制负有保密义务的劳动者从事竞争业务而在一定程度上防止劳动者泄露、使用其商业秘密。但是，相关信息作为商业秘密受到保护，必须具备反不正当竞争法规定的要件，包括采取了保密措施，而并不是单纯约定竞业限制就可以实现的。对于单纯的竞业限制约定，即便其主要目的就是保护商业秘密，但由于该约定并没有明确用人单位保密的主观愿望和作为商业秘密保护的信息的范围，因而不能构成《反不正当竞争法》第十条规定的保密措施。（3）保密措施空泛笼统。在日常的司法实践中，企业往往会以劳动合同书中约定"员工应该保守公司的一切商业机密"，而未明确保密的具体内容及范围，在这种情况下，无法判断权利人主张的商业秘密是否属于一般性保密条款或者保密要求中的"商业秘密"，也不足以认定员工已经通过保密措施知悉了企业希望保密的商业秘密范围，从而无法认定员工对其在工作中所掌握的相关信息使用的主观恶意，故单凭此类原则性规定并不足以认定企业采取了必要的保密措施，同时如果单纯在有关资料上标明"保密"字样或者在资料室门口写有"闲杂人等，禁止入内"，而任何人无任何障碍即可进入，不得认定为采取了合理的保密措施。

心得体会

本案涵盖了商业秘密案件中技术和经营信息的认定标准及保密措施，属于较为专业的知识产权问题，本案唐山某公司在起诉时只是单纯地认为玉田某公司的法定代表人在我单位工作、有部分员工跳槽至该单位工作，两者的主营产品相同，就主观认定为侵犯其商业秘密，甚至将产品说明书主张成商业秘密的载体，最终导致其主张的技术和客户信息是否属于商业秘密无法举证，是否采取保密措施无法自圆其说，是否侵害其技术无法举证的败诉结果。并且盲目查封玉田某公司的对公账户，在该案唐山某公司败诉后，玉田某公司随即向法院起诉主张唐山某公司财产保全错误的损害赔偿。

知识产权诉讼尤其是商业秘密诉讼具有较强的专业性，是企业自我保护和对外竞争的撒手锏，但在启动之前必须全面掌握相关的法律法规和司法实践，收集完整的证据，否则只会导致"偷鸡不成蚀把米"的结果。

（撰稿人：王现辉）

①

---

① 此二维码为本案生效裁判文书。

商业秘密重大损失的认定与后果
——曹某某侵犯商业秘密罪

要旨：公诉机关指控被告人曹某某涉嫌侵犯中某化"氨肟化"专用技术，给权利人造成经济损失1.7亿元，并以侵犯商业秘密罪提起公诉。辩护人从商业秘密构成及重大损失认定等多方面进行无罪辩护，最终法院判决被告人缓刑。

案情介绍

【案情简介】

被告人曹某某，男，196×年×月×日出生，汉族，博士研究生文化，中共党员，原中国某化工股份有限公司石家庄炼化分公司（以下简称石炼化）化工作业部副总工程师、化工技术处处长，"己内酰胺"项目副总经理。现任内蒙古某华集团腾格里精细化工分公司（以下简称内蒙某华）副总经理。因涉嫌侵犯商业秘密罪于2015年11月6日被石家庄市公安局刑事拘留，同年12月11日被执行逮捕，2018年3月16日被本院取保候审。2016年3月2日公安机关以被告人涉嫌侵犯商业秘密罪，向检察机关移送审查起诉。审查起诉过程中，检察机关以事实不清、证据不足为由，于2016年5月12日将案件退回公安机关补充侦查，后检察机关再次将案件退回公安机关补充侦查。2016年10月10日，检察机关向人民法院提起公诉。石家庄市裕华区人民检察院指控，"己内酰胺"氨肟化技术是中国某化工股份有限公司（以下简称中某化）拥有自主知识产权的专有技术，授权其所属的石炼化使用。其工程设计由湖南某利工程科技有限公司（以下简称湖南某利）完成，石炼化的该项目于2009年建成投产。被告人曹某某原系石炼化的"己内酰胺"项目负责人，熟知并掌握该相关技术秘密。其任职期间和离职时均与石炼化签有《保密协议》。2011年6月，被告人受内蒙某华高薪聘请，从石炼化离职。在内蒙某华被告人曹某某任"己内酰胺"事业部副总经理，享受"安家费100万元、年薪税前80万元、签订五年劳动合同"待遇，内蒙某华为上"己内酰胺"项目，委托北京某福工程设计有限公司（以下简称北京某福）对该项目进行工程设计。被告人曹某某代表内蒙某华与北京某福对接，以提供手中与"己内酰胺"氨肟化技术有关的资料、授课、审核、编写技术资料等方式，将其所掌握的"己内酰胺"氨肟化技术秘密予以披露，供北京某福设计使用。被告人的行为，使内蒙某华完全掌握了"己内酰胺"氨肟化所需的相关技术，并通过北京某福完成了该项目的工程设计。中某化因而蒙受特别重大的经济损失。被告人获得非法利益。被告人曹某某违反有关保守商业秘密的约定，将其所掌握的商业秘密向他人披露并被他人使用，给商业秘密权利人造成的后果特别严重，其行为触犯了《刑法》第二百一十九条第三项之规定，犯罪事实清楚，证据确实充分，被公诉机关以侵犯商业秘密罪提起公诉。

【办案过程】

辩护人接受被告人委托后，认真阅读卷宗并多次会见被告人，得出的初步结论为被告人不构成侵犯商业秘密罪。

《反不正当竞争法》第九条第四款规定：本法所称的商业秘密，是指不为公众所知悉、具有商业价值并经权利人采取相应保密措施的技术信息和经营信息等商业信息。简单来说，商业秘密的构成要件归结为：1.不为公众所知悉（秘密性）；2.能为权利人带来经济利益（价值性）；3.经权利人采取保密措施（保密性）。侵犯商业秘密罪，是指违反商业秘密保护法规，采取不正当竞争手段，侵犯他人的商业秘密，给商业秘密权利人造成重大损失的行为。从概念中可以得出，构成侵犯商业秘密罪的要件主要有两点：一是实施侵犯商业秘密的行为；二是给权利人造成了重大损失。可见，什么是权利人的商业秘密？即秘密点或是重大损失数额的认定，往往会成为辩护律师的突破点。

辩护人认为对于员工非法处置合法获得的商业秘密的行为中，第三方与员工签订劳动合同并支付合理工资报酬情况下，能否将工资报酬全额定性为违法所得，辩护人持否定意见。侵权人在侵权期间获得的利润不能完全与侵权人的工资收入等同。劳动者在就业中获得的业务上的知识、经验和技能，如果已经成为劳动者人格财产的一部分，劳动者离职后如何利用是劳动者的自由，任何特别约定都不能约束这种自由。职工利用自己在本职工作中积累和掌握的一般知识、技术、经验、信息为他人服务，不属于本单位技术权益范围，不构成侵犯商业秘密行为，与其工作经验、能力等价的工资报酬并不能定性或完全定性为违法所得。

2017年5月12日检察机关变更起诉决定书，认定"被告人行为使内蒙某华完全掌握了'己内酰胺'氨肟化所需的相关技术，并通过北京某福完成了该项目的工程设计。经价值评估鉴定，中国石油化工股份有限公司'己内酰胺'氨肟化技术研发费用为人民币11532万元，给中国石油化工股份有限公司造成的直接收益损失为人民币17236万元"。

另，2017年3月6日，石炼化向一审法院提起刑事附带民事起诉，要求对被告人从重处罚并与其他五被告人共同赔偿给其造成的损失17236万元。

2018年2月28日，一审法院以本案与另案合并审理为由，裁定本案中止诉讼。

2018年8月3日，一审法院裁定本案恢复审理。

【公诉机关指控证据材料】

针对上述指控，公诉机关出示证据：

第一部分：关于商业秘密权利人和商业秘密合法有效的证据

第二部分：关于商业秘密秘密点及非公知性的证据

鉴定意见：

（一）中国科学技术法学会华科知识产权鉴定中心《司法鉴定意见书》：

对比检材中所含的技术信息与委托人提交的文件所记载技术信息表现形式具有同一性。

1.《石家庄化纤有限责任公司己内酰胺装置6.5改16工程100kt/a环己酮氨肟化装置——基础工程设计》（共五册）对比。

2.《石家庄化纤有限责任公司己内酰胺装置6.5改16工程可行性研究报告》（共一册）对比电子版。

3.《氨肟化装置岗位操作法》（石化纤，共一册）对比。

4.《氨肟化装置工艺技术规程》（石化纤，共一册）对比。

5.《中国石油化工股份公司石家庄化纤有限责任公司10万吨/年环己酮氨肟化装置工艺包》（上、下册）[包含环己酮氨肟化合成环己酮肟阶段的塔及换热器设备数据（对比电子版王某响、杜某、曹某某披露）]对比。

6.《5万吨/年己内酰胺装置工艺操作手册》（共一册）（己内酰胺部分）对比。

（二）中国科学技术法学会华科知识产权鉴定中心《司法鉴定意见书》：

A.在2010年10月1日以前，送鉴材料（注：6项），属于内部资料，涵盖了环己酮生产己内酰胺的整体化工工艺流程，包含不为公众知悉的技术信息，未见公开报道。

B.在2010年10月1日以前，送鉴材料（注：环己酮氨后化合成环己酮肟阶段的塔及换热器设备数据）属于内部资料，包含不为公众知悉的技术信息，未见公开报道。

商业秘密点：

1.《石家庄化纤有限责任公司己内酰胺装置6.5改16工程100kt/a环己酮氨肟化装置——基础工程设计》（共五册）。

2.《氨肟化装置岗位操作法》（石家庄化纤有限责任公司，共一册）。

3.《中国石油化工股份公司石家庄化纤有限责任公司10万吨/年环己酮氨肟化装置工艺包》（上、下册）。

4.《石家庄化纤有限责任公司己内酰胺装置6.5改16工程可行性研究报

告》（共一册）。

5.在环己酮氨肟化合成环己酮肟阶段，叔丁醇回收塔、水萃取塔、第一精馏塔、第二精馏塔、甲苯脱肟塔、甲苯脱酮塔、废水汽提塔分配器气液相负荷及性质表记载的数据信息，反应签液冷却器数据表甲苯冷却器数据表、甲苯肟后冷器数据表、甲苯肟冷凝器数据表、脱肟塔顶冷凝器、脱酮塔顶冷凝器、废水汽提塔进出料换热器数据表、废水汽提塔顶冷凝器数据表、废水后冷器数据表记载的数据信息。

6.《五万吨/年己内酰胺装置工艺操作手册（己内酰胺部分）》（巴陵石化公司工程建设指挥部外事处，共一册）。

第三部分：权利人对商业秘密采取保护措施的证据

（1）石炼化文件。石炼化〔2004〕4号关于石炼化股份公司技术保密管理规定。

（2）员工保密协议。石炼化与曹某某于2009年1月1日签订保密协议。

（3）曹某某离职承诺协议，时间2011年10月24日。

（4）知识产权保护协议。中国某集团巴陵石油化工有限公司与湖南某利于2004年10月26日签订保护协议。

第四部分：石炼化商业秘密的价值性、实用性和损失方面的证据

1.石炼化己内酰胺6.5改16万吨/年改造工程竣工决算审计报告。项目实际完成投资61903.22万元。

2.石炼化出具的《石炼化科研经费、投资、亏损统计说明》：科研投入8764万元、投资9亿元、亏损5.85亿元及相关财务报表。

3.连城资产评估有限公司《价值评估鉴定报告》，关于对"连资评报字（2017）01003号价值评估鉴定报告"评估值的补充说明（散页）：曹某某等6人，评估基准日给中国某油化工股份有限公司造成的直接收益损失为人民币壹亿柒仟贰佰叁拾陆万元整（17236万元）；

第五部分：关于被告人曹某某侵犯商业秘密的相关证据

1.物证：七本操作规程。石家庄市公安局搜查、扣押物品、文件清单，

证明对内蒙某华、曹某某在该公司的办公室、住处进行搜查，扣押了相关物品的手续。

2.书证：

（1）从石炼化调取的技术保密规定、知识产权管理办法、保护商业秘密管理规定、员工保密协议、离职承诺协议、曹某某的工资收入证明。

（2）从内蒙某华调取的曹某某的工资表、劳动合同书等；曹某某在内蒙某华的工资收入银行流水。

（3）从内蒙某华调取的聘用曹某某的聘用协议。

（4）曹某某个人档案。

（5）北京某福为内蒙某华工程设计的《工程设计合同》，与从北京某福调取的内蒙某华与北京某福签订的《工程设计合同》一致。

（6）北京某福《会议纪要》（曹某某、张某某、王某某代表内蒙某华、王某言作为专家参加）。

（7）曹某某与陈某某的电子邮件；曹某某与张某某的电子邮件；曹某某与陈某的电子邮件。

3.证人证言若干。

4.被告人的供述与辩解。

……

【辩护意见】

针对公诉机关变更的起诉书的内容、评估报告数额及刑事附带民事起诉原告的起诉，辩护人从以下几点进行了分析：

一、鉴定报告认定权利人技术信息构成"商业秘密"不应采信

（一）查新报告检验范围及检验方法均有错误

中国化工信息中心出具的《科技查新报告》，认为商业秘密权利人的技

术信息在所检文献中未见有公开报道。华科知识产权司法鉴定中心据此认定送鉴材料属于内部资料，权利人的技术信息包含不为公众所知的技术信息，明显不具有说服力。

1.查新报告查新范围较窄

首先，检索范围1.Dialog联机检索化学化工相关数据库至15.Googles搜索引擎，涵盖范围过窄不能反映相关领域的报道情况。另外，查新报告未对国内外公开使用情况进行检索，查新方法不科学、不准确。在未经中某化许可的情况下，赵某军及山东某军公司将中某化的技术转授其他企业使用，可见权利人的商业秘密已经在部分范围内公开，赵某军将非法获得的技术信息出售给浙江工程设计有限公司，杜某林将上述技术信息中的技术图纸出售给北京某富，另，"山东某巨、湖北某宁、江苏某鼎、平煤某马"均在使用相应技术，可见，上述技术信息已经在一定范围内公开使用。

其次，赵某军辩护人提交的证据，其中一份证据为"某逸己内酰胺工艺设计"已经公开氨肟化技术的相关信息，而检索范围中人为地将此项检索进行排除，并且控方对此证据的质证意见未有实质回应，辩护人认为应当进行鉴定以确定网上公开的此类相关资料是否构成中某化氨肟化技术的公开资料。

2.查新报告查新内容浅显

鉴定意见书对于专利文献的检索只限于摘要部分内容，例如第16页26."一种己内酰胺制备工艺"，赵某军、张某新（河北某通美邦工程有限公司），申请公布号：CN10170××××A，申请公布日：2010.05.19，申请号：200910175××××.9，申请日：2009.12.14。（摘要部分略）。辩护人认为检索的范围，尤其是对于专利类技术信息，应当依据专利的权利要求作为检索对象而非依据没有法律意义的摘要部分，该专利权利要求书及说明书公开了己内酰胺生产工艺且与商业秘密权利人的技术信息存在同一性。

3.同一性结论与不为公众所知悉结论在同一天鉴定，程序错误

华科知识产权司法鉴定中心司法鉴定意见书华科司鉴中心［2016］知鉴

字第003号、第005号分别对"不为公众所知悉""同一性"进行鉴定,鉴定在同一天进行,存在程序错误。

两类鉴定报告同一天作出,存在鉴定机构事先知道被告人使用的技术后,再总结归纳权利人的技术秘密点,从而再判断两者是否同一,次序颠倒,程序错误,显然是不公正的。

在商业秘密案件中,非公知技术鉴定和同比鉴定是常见的两种鉴定。这两类鉴定应用先后顺序,通常不会同时作出,更不能本末倒置。正确的做法是,应当先对权利人的技术进行考察,作出非公知技术鉴定,以判断权利人的技术是否包含不为公众所知悉的技术信息,然后再获取被告人所使用的技术。进行同比鉴定,判断被告人使用的技术是否与权利人的技术秘密具有同一性。

4.同一性鉴定结论的比对方法错误,该鉴定结论不能作为定案依据

由于基础鉴定第003号鉴定未明确其具体、明确的技术秘密点,第005号鉴定的比对没有任何意义,即使大部分相同,如技术秘密点不同,也不应认定构成侵犯商业秘密。

可口可乐的技术秘密就在于含量不到1%的第7种神秘配料,而其他配料都是公开的,如糖、碳酸水、咖啡因、焦糖等。如某饮料和可口可乐饮料所有配料一起比对,如其他99%相同,但就是第7种神秘配料不相同,则不侵犯可口可乐公司的商业秘密,可见,整体方案的百分比对比不是商业秘密的比对方法。

本案比对方法也不正确,采用版权比对百分比的对比方法,甚至采用专利等同侵权的比对方法,但唯独未采用商业秘密的比对方法。商业秘密的比对方法,就是首先确定技术秘密点,再判断侵权方是否使用了该技术秘密点。而不是将两个方案整体来比对。

(二)"不为公众所知悉"鉴定报告结论不可信

首先,华科知识产权司法鉴定中心华科司鉴中心〔2016〕知鉴字第003号鉴定意见书中鉴定结论为"……包含不为公众所知悉的技术信息,未见公

开报道"。该鉴定结论仅说明商业秘密权利人的技术信息中包含有不为公众知悉的技术信息,并非送鉴的材料均为不为公众知悉的技术信息,并未说明送鉴材料的具体秘密点。鉴定人当庭陈述也是这样的观点,显然这种结论违背了最基本的"商业秘密"秘密性的条件,即公知技术首先应当排除在秘密性之外。因此,我们一直讲秘密性时以秘密点来论述。鉴定人陈述"不为公众所知悉"鉴定而非商业秘密的鉴定,但是侵犯商业秘密的行为无论如何也要回归到法律意义上"秘密点"的认定。为此,在没有排除公知技术的前提下,鉴定报告实际上不能作为认定秘密性的依据。

其次,根据规定,"不为公众所知悉"应当同时具备不为"普遍知悉"和"并非容易获得"两个具体条件。辩护人认为上述技术信息已经属于想获得就可以获得的状态。

再次,鉴定人当庭证实其鉴定结论的依据仅仅是查新报告中的"未见公开报道",故构成不为公众所知悉的技术信息。辩护人认为,鉴定报告中的依据及逻辑是错误的。一个技术信息是否为公众所知悉,应该按照《最高人民法院关于审理不正当竞争民事案件应用法律若干问题的解释》,将第九条规定的六种情形一一排除,才能认定该信息"不为公众所知悉"。而鉴定意见完全没有按上述程序将六种情形一一排除,而只是根据鉴定人主观上的一种推测作出。

最后,技术秘密必须具体确定,鉴定意见中的技术秘密无具体内容,不明确、具体,不符合法律规定。

具体到本案,该鉴定意见认为,"6份文档属于商业秘密中的技术秘密"。也就是说,整个文档都是技术秘密,显然违背了最高人民法院所要求的技术秘密必须具体化、明确化的要求,显然是错误的。

我们认为,本案中某化的商业秘密并不是原创发明,其也是在借鉴他人的产品的基础上,稍加改进而来。同时,包括赵某军在内的多家单位和个人也申请了专利。这些他人的技术成果不可能成为中某化的商业秘密,专利也不可能成为商业秘密。也就是说,本案的商业秘密不可能是整个生产工艺,最多只能是一个或若干个技术秘密点的组合。

技术秘密点,是指区别于公知信息的具体技术方案或技术信息。如设计图纸或生产工艺构成技术秘密,应具体指出设计图纸或生产工艺中的哪些具体内容、环节、步骤构成技术秘密,而不应该是全部技术信息。

秘密点必须是明确、具体的技术信息或经营信息,而不能简单地说制造工艺、生产流程等。技术秘密点应有如下具体内容:在某个产品制造的某个工艺过程中,温度控制在多少度之间,可以有效地提供产品的强度。而在本案中,该鉴定意见认为该整个生产工艺的所有技术方案都构成"商业秘密"显然是错误的。

(三)鉴定专家非本案技术领域专家

鉴定专家小组有3位成员,虽然都可认为是专家,但却并非是己内酰胺化工专业的专家。

鉴定人林某1系北京信某永光知识产权代理有限公司工作人员,非化工领域专家且未显示具有高级技术职务任职资格。

陈某2为中国政法大学副教授,显然非化工领域专家。

专家顾问谢某麟为北京橡胶工业研究所高级工程师,同样非"己内酰胺"氨肟化技术领域专家。

(四)鉴定报告结论不能证实商业秘密权利人"不为公众所知悉"

查新报告的截止时间为2010年10月1日,认定相应信息在2010年10月1日以前包含不为公众所知悉的技术信息,而在本案中,根据公诉机关的证据材料,被告人曹某某最早发邮件的时间点为2011年6月9日(曹某某第一次讯问笔录),可见,公诉机关对于2010年10月1日之后,即本案中所涉及的信息是否为公众所知,并无证据。

(五)价值评估鉴定报告不应作为认定损失的依据

连城资产评估有限公司评估报告〔连资评报字(2017)01003号〕不应作为商业秘密权利人损失的依据。该报告认定评估基准日给中国某油化工股份有限公司造成的直接收益损失为人民币17236.00万元没有事实和法律依据。

首先，评估报告依据的法律错误，该评估报告不能适用本案。

《最高人民法院关于审理不正当竞争民事案件应用法律若干问题的解释》第十七条第一款规定："确定反不正当竞争法第十条规定的侵犯商业秘密行为的损害赔偿额，可以参照确定侵犯专利权的损害赔偿额的方法进行……"

第十七条第二款规定："因侵权行为导致商业秘密已为公众所知悉的，应当根据该项商业秘密的商业价值确定损害赔偿额。商业秘密的商业价值，根据其研究开发成本、实施该项商业秘密的收益、可得利益、可保持竞争优势的时间等因素确定。"

根据上述司法解释，只有该商业秘密"已为公众所知悉"，才可根据该项商业秘密的商业价值确定损害赔偿额。如侵权行为没有导致商业秘密已为公众所知悉，则是按照"确定侵犯专利权的损害赔偿额的方法进行"，而非"根据该项商业秘密的商业价值确定损害赔偿额"。

具体到本案，根本没有为"公众所知悉"。既然没有为公众所知悉，则不适用"该项商业秘密的商业价值确定损害赔偿额"，而应适用"确定侵犯专利权的损害赔偿额的方法进行"。

本案的评估报告都是依据"该项商业秘密的商业价值确定损害赔偿额"，"为商业秘密侵犯企业由于侵犯商业秘密而获得的可得利益"显然适用法律错误。其依据该法律作出的评估报告，显然也是错误的。

其次，赔偿数额的顺序依次为：权利人损失—侵权人获利—许可费用的合理倍数。

参照专利许可使用费，其有严格的顺序限制，但本案评估报告违反相应的参照顺序。专利案件中损害赔偿的顺序是损失、获利、许可费，公诉机关指控将许可费作为评估依据认定为损失是错误的，违背基本的法理顺序。被告人的获利（实际不应为工资收入）是确定的，即被告人因此所获得的最大利益是完全可以确定的，认定造成的损失不能超过获利的数额，而公诉机关舍本逐末在获利已经明显可以确定即不超过其收入的情况下，违反基本排序,绕过获得利益而直接认定许可费作为损失依据,违背基本法理,颠倒基本事实顺序。

再次,价值评估鉴定报告没有事实依据。

1.因为商业秘密并未处于公开状态,故研发费用对本案不具有参考性。

2.收益法确定造成的直接损失17236万元,取价依据是技术许可合同,评估交易对象是6份文档。但是无证据证明6份文档与许可合同的内容一致;6份文档未构成完整的技术信息;6份技术文档不是技术许可合同中商业秘密的全部,不是许可合同的技术内容;未有证据证实内蒙某华使用了6份技术文档,且具有同一性,公诉机关未有此方面的举证,目前只是显示在内蒙某华相关地方找到了被告人带走的技术资料,但并未证实内蒙某华已经使用,未有对生产线或车间能够仅依6份文档使用商业秘密的证据,即6份文档与许可合同的内容不一,以6份文档为收益法基础认定损失无依据。

最后,评估报告利用许可合同认定直接收益损失没有法律依据。

本案中评估报告的依据为"侵害商业秘密的情形存在",内蒙某华存在侵害商业秘密的行为,即该公司使用了中某化的氨肟化技术,而本案中没有切实证据证实存在使用相应技术的侵权行为,又如何来参考许可费认定损失呢?使用评估报告的证据前提有二,一是该公司使用了相应技术,二是使用的相应技术与中某化技术具有"同一性"。

二、附带民事诉讼没有事实和法律依据

(一)在刑事附带民事诉讼中提起近6亿元的赔偿违背基本的级别管辖

侵犯商业秘密罪在未实行"三审合一"的地区,刑事案件仍由基层法院审理,但是对于基本的技术信息类案件,在河北省区域内最低受理法院为石家庄市中级人民法院,对于本6亿元的标的额度,一审管辖即为河北省高级人民法院。

(二)附带民事诉讼无法律依据

《最高人民法院关于刑事附带民事诉讼范围问题的规定》第一条:"因人

身权利受到犯罪侵犯而遭受物质损失或者财物被犯罪分子毁坏而遭受物质损失的,可以提起附带民事诉讼。对于被害人因犯罪行为遭受精神损失而提起附带民事诉讼的,人民法院不予受理。"

《浙江高法刑二庭关于审理侵犯知识产权刑事案件若干问题的解答》第十二条规定,根据《刑事诉讼法司法解释》第一百三十八条规定,被害人因人身权利受到犯罪侵犯或者财物被犯罪分子毁坏而遭受物质损失的,有权在刑事诉讼过程中提起附带民事诉讼。知识产权表现为智力成果,系一种无形财产。侵犯知识产权罪中既不涉及人身权利受侵犯,也不存在有形财物被犯罪分子毁坏的情形。根据上述司法解释,被害人不宜提起附带民事诉讼。

由此可见,并不是所有刑事案件的被害人都能提起附带民事诉讼,而只有因犯罪行为导致人身权利遭受侵犯以及因财物被犯罪分子毁坏而遭受物质损失的案件,法院才会受理。故对于侵犯商业秘密罪而言,其中既不涉及因人身权利遭受侵犯而遭受物质损失,也不涉及因财物被毁而遭受物质损失,因而依法不应属于法院受理刑事附带民事诉讼的范围。

综合上述分析,可知侵犯商业秘密罪由于不属于法定的可提起附带民事诉讼的范围,通常情况下是不适用刑事附带民事诉讼程序的。但这并不是说商业秘密权利人就不能再追究侵害人的民事责任了。如有必要,权利人是可以通过在刑事判决后向侵权人单独提起民事诉讼的方式,追究侵权人的赔偿损失等民事责任的。

【一审法院判决】

一审法院认为,被告人违反了有关商业秘密的约定,将其所掌握的商业秘密向他人披露并被他人使用,给商业秘密权利人造成特别严重的后果,其行为已经构成侵犯商业秘密罪。

关于公诉机关指控各被告人的行为给权利人(中某化)造成17236万元损失的意见,本院认为,本案涉案的内蒙某华虽获取了技术人员及相关核心技术,但尚处于设计施工阶段,尚未投产,而价值评估报告做出的结论不能全面真实、客观反映出该损失与各被告人的犯罪行为之间存在直接因果关系，证据不充分。因此应综合考虑各被告人所实施的行为、所获利益的同时结合该评估意见认定损失后果。故对公诉机关的该指控意见不予支持。

关于被告人及辩护人辩称，公诉机关出示的同一性鉴定报告、秘密性鉴定报告及相关证据不能证实各被告人侵犯了中某化的商业秘密，且没有明确指明哪些技术属于中某化的商业秘密的意见。本院认为，根据被告人供述、证人证言及相关书证可证实，各被告人作为石炼化的己内酰胺项目负责人或者技术骨干，熟知并掌握相关技术秘密，在任职期间及离职时均与石炼化签有《保密协议》等文件，对石炼化相关技术秘密负有保密义务。而被告人在离职时私自将含有秘密技术内容的资料带出并以邮件及文件形式予以披露、使用，具有侵犯中某化（权利人）商业秘密的行为。中某化的"环己酮生产己内酰胺的整体化工工艺流程"及"环己酮氨后化合成环己酮肟阶段的塔及换热器设备数据"具备非公知性、价值性和实用性的特点属于商业秘密。对此有司法鉴定意见、被告人供述、证人证言、书证等予以证实。被告人及辩护人虽辩称内蒙某华所使用技术与中某化的技术存在不同，本院认为，他人对氨肟化技术所使用催化剂颗粒大小、催化剂的过滤方式等的改进存在可能，但所有改进是建立在中某化的氨肟化路线的己内酰胺成套技术基础之上，该技术的相关信息均存于工艺包、操作规程和岗位操作手册之中。内蒙某华正是基于此才高薪利诱各被告人加入该公司，并使用其带出的技术资料进行工程设计。故本院对被告人及辩护人的该辩解意见不予采信。

综上，依据《刑法》第二十五条、第二十六条、第二十七条、第六十四条、第七十二条、第二百一十九条，《最高人民法院关于处理自首和立功具体应用法律若干问题的解释》第六条之规定，判决被告人曹某某犯侵犯商业秘密罪，判处有期徒刑三年，缓刑四年，并处罚金人民币150万元。

同时一审法院以被告人不属于附带民事诉讼原告单位起诉关卡事项的适格被告为由驳回附带民事诉讼原告人石炼化的起诉。

案例评析

【一审判决疑点】

根据我国刑事诉讼法规定，刑事案件认定案件事实，必须以证据为根据。审理定罪量刑的证据应当确实充分，且案件认定事实已经排除合理怀疑。本案中，根据现有证据，对于中某化氨肟化技术技术信息是否不为公众所知悉，以及中某化涉案损失数额是否在50万元以上的认定均存在一定疑点，尚不能满足刑事案件排除合理怀疑的证明标准。

一、本案鉴定所采用的检材存在一定疑点，结论不可信

一审法院认定涉案技术信息构成商业秘密的主要证据是鉴定报告的相关鉴定结论，该鉴定报告未明确具体的"秘密点"，而是认定整体文档包含"不为公众所知悉的信息"，鉴定报告的结论不客观、不真实。

二、现有证据不足以证明石炼化涉案损失在50万元以上

一审法院认为，本案涉案的内蒙某华虽获取了技术人员及相关核心技术，但尚处于设计施工阶段，尚未投产，而价值评估报告做出的结论不能全面真实、客观反映出该损失与各被告人的犯罪行为之间存在直接因果关系，证据不充分，即已经明确排除了鉴定报告数额作为证据使用，但又同时认定"应综合考虑各被告人所实施的行为、所获利益同时结合该评估意见认定损失后果"。一审法院将被告人所获利益作为认定损失结果的依据是错误的。被告人所获利益是否属于"违法所得"，一审法院并未论述，对于所获利益的性质笔者在前文已经论述，不再赘述。实际上，本案现有证据不能认定石炼化的涉案损失数额达到刑法规定的商业秘密犯罪50万元以上的入罪标准，理应判决被告人无罪。

一审判决后，被告人未提起上诉。

【问题提出】

如何认定侵犯商业秘密罪中的"违法所得数额"？

《刑法》第二百一十九条规定：给商业秘密的权利人造成重大损失的，构成侵犯商业秘密罪。《最高人民法院、最高人民检察院关于办理侵犯知识产权刑事案件具体应用法律若干问题的解释》[①]第七条对于重大损失的认定进行明确，即造成损失数额在50万元以上的，属于"给商业秘密的权利人造成重大损失"，应当以侵犯商业秘密罪定罪处罚。可见，侵犯商业秘密罪是一种结果犯，必须要给商业秘密权利人造成重大损失才能构成犯罪，行为后果是侵犯商业秘密罪的构成要件要素。达到规定数额的则构成本罪，没有达到的则不能构成本罪。如行为人虽实施了侵犯权利人商业秘密的行为，但并未因此给权利人造成法定的重大损失后果，不构成侵犯商业秘密罪。

《最高人民检察院、公安部关于公安机关管辖刑事案件立案追诉标准的规定（二）》[②]第七十三条规定：因侵犯商业秘密违法所得数额在50万元以上的，应予立案追诉。该规定将"侵犯商业秘密违法所得数额"与"给商业秘密权利人造成重大损失"作为并列的追诉情形。此规定是否有悖罪刑法定原则？又该如何理解"侵犯商业秘密违法所得数额"与"给商业秘密权利人造成重大损失"的关系？违法所得数额与造成损失的数额是否具有统一性？

笔者认为：该规定中以被告人"违法所得"作为"重大损失"的认定标准不符合刑法规定。

《刑法》第二百一十九条规定：给商业秘密的权利人造成重大损失的，处三年以下有期徒刑或者拘役，并处或者单处罚金；造成特别严重后果的，处三年以上七年以下有期徒刑，并处罚金。

---

① 2004年12月22日起施行。
② 2010年5月7日起施行。

《刑法》第二百一十九条规定给商业秘密权利人造成重大损失而非侵犯商业秘密违法所得数额作为侵犯商业秘密罪的犯罪构成。《最高人民检察院、公安部关于公安机关管辖的刑事案件立案追诉标准的规定（二）》：因侵犯商业秘密违法所得数额在50万元以上的，应予立案追诉。这一规定有悖刑法第二百一十九条的规定[①]。

《最高人民法院、最高人民检察院关于办理侵犯知识产权刑事案件具体应用法律若干问题的解释》第四条规定，违法所得10万元与给权利人造成损失50万元属于同一量刑情节。因此，"违法所得"与"权利人损失"并非同一性质的概念。在侵犯商业秘密犯罪中以犯罪嫌疑人的获利即违法所得来认定"重大损失"，尤其是同等数额的认定"重大损失"值得质疑。[②]

需要说明的是，"因侵犯商业秘密违法所得额在50万元以上的"情形源于《反不正当竞争法》计算损失的方法，但从刑法角度而言，把"重大损失"扩大解释为"违法所得"有违罪刑法定之嫌。"重大损失"是决定被告人行为罪与非罪的重要依据，重大损失的数额必须有确实、充分的证据予以证明，而不允许法官具有自由裁量的空间，在司法实践中需慎重适用。笔者认为一般应仅在权利人损失难以查明的情况下适用。

侵权人侵犯商业秘密罪给权利人造成损害的，应当承担损害赔偿责任，权利人的损失难以计算的，赔偿额为侵权人在侵权期间因侵权所获得的利润。可见，在刑事司法实践中，一般是参照法律规定的侵权人应当承担的民事赔偿数额确定给权利人造成的损失额。

司法实践中，损失很难用具体、量化的形式表现出来。为证明损失存在而提交的相关证据，也常常因为缺乏客观性而受到广泛质疑。损失与违法所得之间可否画等号？对于员工非法处置合法获得的商业秘密的行为中，第三方与员工签订劳动合同并支付合理工资报酬情况下，能否将工资报酬全额定

---

① 参见张明楷：《刑法学》，法律出版社2005年版，第739页。
② 孙海龙、姚建军：《如何确定侵犯商业秘密罪的"重大损失"》，载《人民法院》报2010年2月24日第6版。

性为违法所得，笔者持否定意见。

《最高人民检察院、公安部关于公安机关管辖刑事案件立案追诉标准的规定（二）》更多的是从侵权人在侵权期间所获得的利润，即产品销售利润、营业利润和营业利润缴纳所得税后的净利润等几个方面来认定违法所得，并以此定性为侵权人在侵权期间因侵权所获得的利润，在权利人的损失难以计算的情况下，认定为权利人的损失。

侵权人在侵权期间获得的利润不能完全与侵权人的工资收入等同。劳动者在就业中获得的业务上的知识、经验和技能，如果已经成为劳动者人格财产的一部分，劳动者离职后如何利用是劳动者的自由，任何特别约定都不能约束这种自由。

职工利用自己在本职工作中积累和掌握的一般知识、技术、经验、信息为他人服务，不属于本单位技术权益范围，不构成侵犯商业秘密行为，与其工作经验、能力等价的工资报酬并不能定性或完全定性为违法所得。

司法实践中，不能将工资收入与研发费用或者技术服务费用混同。在王某峻、刘某、秦某军侵犯商业秘密一案中[①]，法院认定，以被告人王某峻等人从某尔公司获取的研发费用人民币588.01万元作为某为公司在本案中所遭受的损失，符合法律精神，同时也符合刑法所规定的重大损失的确定标准，可作为追究被告人刑事责任的依据。上述案例中的研发费用或者技术服务费用等系技术信息的交易行为，与劳动者工资收入不同，后者是劳动者正常的工资收入或者说包含劳动者的劳动报酬，不完全等同于侵权人的违法所得。

另外，在权利人损失难以计算的情况下，同样不能将商业秘密自身的价值作为权利人的损失。否则，将会混淆侵犯商业秘密罪与财产罪的犯罪认定标准。只有在商业秘密被公开、导致商业秘密丧失其秘密性或导致权利人对商业秘密的使用不可控制的情形下，才能将商业秘密的自身价值作为重大损

---

① 深圳市南山区人民法院（2004）深南法刑初字第439号。

失予以认定。

对于"违法所得"的具体认定,希望能有进一步明确的权威规定,以解决目前司法实践中对于"违法所得"认定不明确、不具体、适用混乱等现象。

目前司法实践中,刑事重大损失认定的相关依据基本来自民事规范性文件。

《刑法》第二百一十九条规定:给商业秘密的权利人造成重大损失的,构成侵犯商业秘密罪。但是,如何计算权利人的重大损失,相关刑事司法解释及规范性指导文件并无规定。实践中,重大损失的计算依据主要是民事侵权的相关法律规范。司法实践一般参照《反不正当竞争法》规定的民事赔偿额的计算方法。

最高人民法院在《关于审理不正当竞争民事案件应用法律若干问题的解释》中专门就商业秘密侵权行为的损失认定进行了规定。该解释第十七条规定:"确定反不正当竞争法第十条规定的侵犯商业秘密行为的损害赔偿额,可以参照确定侵犯专利权的损害赔偿额的方法进行……因侵权行为导致商业秘密已为公众所知悉的,应当根据该项商业秘密的商业价值确定损害赔偿额。商业秘密的商业价值,根据其研究开发成本、实施该项商业秘密的收益、可得利益、可保持竞争优势的时间等因素确定。"而《专利法》第六十五条规定:"侵犯专利权的赔偿数额按照权利人因被侵权所受到的实际损失确定;实际损失难以确定的,可以按照侵权人因侵权所获得的利益确定。权利人的损失或者侵权人获得的利益难以确定的,参照该专利许可使用费的倍数合理确定。赔偿数额还应当包括权利人为制止侵权行为所支付的合理开支。权利人的损失、侵权人获得的利益和专利许可使用费均难以确定的,人民法院可以根据专利权的类型、侵权行为的性质和情节等因素,确定给予一万元以上一百万元以下的赔偿。"

据此,侵害商业秘密纠纷案件中主要有以下确定损害赔偿额的方法:

一、以商业秘密权利人因侵权行为遭受的损失为依据确定赔偿额

侵害商业秘密损失的认定，需要注意商业秘密本身的特性和价值。商业秘密因具有秘密性而使权利人获取经济利益和竞争优势，商业秘密的价值更多体现在其秘密性上。因此，侵害商业秘密给权利人造成的损失不仅直接反映在因侵权而使产品销售数量减少、市场份额萎缩等方面，还包括商业秘密被公开后其本身价值的减损。侵权行为导致商业秘密已为公众所知悉的，应当根据该项商业秘密的商业价值确定损害赔偿额。商业秘密的商业价值根据其研究开发成本、实施该项商业秘密的收益、可得利益、可保持竞争优势的时间、市场前景和供求关系等因素确定。但是在权利人损失数额认定时应该注意以下两点。

（一）在技术信息没有丧失秘密性的前提下，研发成本不应认定为商业秘密权利人的损失

在劳某某侵犯商业秘密罪一案中[①]，侵权人违反保密规定，获取并使用权利人的商业秘密技术，但尚未销售、对外披露商业秘密，在权利人的损失及侵权人的获利难以查清时，法院认为侵权人的行为势必造成商业秘密权利人的技术许可使用费的损失。经侦查机关委托相应的鉴定、评估机构证实，权利人被侵犯的商业秘密技术许可使用费是218万元。法院认为，可参照商业秘密的开发成本、技术许可使用费等因素合理确定损失数额。笔者认为，法院的上述认定忽略了商业秘密仍处于保密状态的客观事实，认定"势必造成商业秘密权利人的技术许可使用费的损失"没有事实依据。

商业秘密的本质是信息，权利人并不会因为侵权人的不法占有而完全丧失对商业秘密的所有权。因此，商业秘密的研发成本是否计入权利人损失以及计入的数额，应当根据商业秘密被侵犯的程度，也就是秘密泄露的范围、使用者的多少等情况来综合考量。笔者认为在技术信息没有丧失秘密性的前提下，研发成本、技术许可使用费等不应认定为商业秘密权利人

---

① 深圳市中级人民法院（2013）深中法知刑终字第47号。

的损失。本案中把商业秘密的研发成本完全计入权利人损失的数额是不科学的，从司法的角度讲，对侵权人也是不公正的，而是应当根据商业秘密被侵犯的程度，也就是秘密泄露的范围、使用者的多少等实际情况来确定损失的大小，综合考量以尽量准确地确定损失的数额，准确地定罪量刑。可见，在无证据证明商业秘密已经丧失秘密性，侵权人没有付诸实施的情况下，商业秘密仍处于保密状态，因此以商业秘密的研发成本来认定权利人损失的做法应予以纠正。

笔者认为，在权利人损失难以计算的情况下，如将商业秘密自身的价值作为权利人的损失将会混淆侵犯商业秘密罪与财产罪的犯罪认定标准。只有在商业秘密被公开、导致商业秘密丧失其秘密性或导致权利人对商业秘密的使用不可控制的情形下，才能将商业秘密的自身价值作为重大损失予以认定。

（二）转让商业秘密的所得可认定为权利人的损失

在王某峻、刘某、秦某军侵犯商业秘密罪一案[①]中，被告人通过转让技术秘密，获得了研发费用人民币588万元。法院认为，根据《反正当竞争法》第二十条之规定，在侵权行为所造成损失难以计算的情况下，赔偿额为侵权人在侵权期间所获得的利润。因此，以被告人从权利人处获取的研发费用作为权利人在本案所遭受的损失，是符合法律精神的。在李某廷侵犯商业秘密一案中[②]，法院认为权利人被侵权所受到的损失或者侵权人因使用商业秘密所获得的利益难以确定，法院参照该公司技术合作转让费和为引进技术所支出的培训费来计算权利人的经济损失。笔者认为，以技术信息类商业秘密直接作为标的物进行转让交易的行为严重侵犯了商业秘密权利人的权利，可以以技术转让费或者支付的研发费用等直接作为权利人的损失。

二、以侵权人因侵权行为获得的利润为依据确定赔偿额

在商业秘密权利人的损失无法查清的情况下，以侵权人的获利认定"重

---

① 深圳市南山区人民法院（2004）深南法刑初字第439号。
② 广西北海市中级人民法院（2007）北刑终字第101号。

大损失"的做法在司法实践中较为常见。对于违法使用商业秘密进行生产经营活动的，以其获得或增加的利润为赔偿额，侵权人因侵权所获得的利益一般按照侵权人的营业利润计算；对于完全以侵权为业的侵权人，可以按照销售利润计算，当利润率无法查明时，可委托评估机构进行评估。

（一）商业秘密权利人的损失并不与侵权人获利相等同

技术秘密并不占有垄断的地位，权利人拥有技术秘密并不代表着其他竞争者不能拥有同样的技术秘密。如以侵权人销售产品的数量作为权利人销售的数量，意味着拥有技术秘密的产品不是由权利人生产的就是由侵权人生产的，两者存在非彼即此的替代关系。如不能提供证据表明权利人的技术秘密具有唯一性，也不能提供证据说明该技术领域只有权利人和侵权人两家公司的，相反有证据表明存在多家同业竞争者时，由于其他的同业竞争者会满足购买者的需求，因此，侵权人销售产品的数量不必然等于权利人少销售的数量，司法实践中的"以权利人单方的损失来计算'重大损失'，并作为罪与非罪的标准"存在法律和事实上的双重障碍。

（二）以侵权人所获利润来计算权利人的损失

侵犯商业秘密的行为侵犯的是权利人的无形财产权，与侵犯有形财产权不同，其损失并不一定表现为财产的直接减少，而可能体现为无形财产价值的贬损和产品销售市场的侵占，继而造成权利人在正常情况下获利的减少。因此侵权行为人因侵权行为所获的利益实际上就是商业秘密权利人的损失。

在江西某铂电子科技有限公司等侵犯商业秘密罪一案[①]中，法院判决采用"侵权人销售与权利人相同型号产品的数量×权利人相应型号产品的平均毛利率=权利人经济损失"的方法。笔者认为该认定方法符合法律的规定，即侵权产品没有标价或者无法查清其实际销售价格的，按照被侵权产品的市场中间价格计算。此类认定方法在司法实践中较为常用，其确定了商业秘密权利人的经济损失可按照商业秘密权利人因被侵权所丧失的预期利润或者侵

---

① 一审：广东省珠海市香洲区人民法院（2012）珠香法刑初字第1204号；二审：广东省珠海市中级人民法院（2013）珠中法刑终字第87号。

权人所获利润计算的认定标准，符合《最高人民法院、最高人民检察院关于办理侵犯知识产权刑事案件具体应用法律若干问题的解释》第十二条"侵权产品没有标价或者无法查清其实际销售价格的，按照被侵权产品的市场中间价格计算"的规定。

三、参照商业秘密使用许可的合理使用费的倍数确定赔偿数额

参照许可使用费的倍数来确定赔偿数额，关键是要审查许可使用合同的真实性和合理性，防止出现商业秘密权利人与他人相互串通、虚构事实以向侵权人收取巨额赔偿的情形。对许可使用费的真实性、合理性的审查，一方面要全面、公正、合理地评价商业秘密的价值；另一方面要考虑许可人与被许可人之间的关系、许可费的支付方式、支付期限、许可方式、许可年限及规模、范围、被许可人的实际履约能力及许可合同是否实际履行等情况。如果经审查，对许可使用费的真实性、合理性存有怀疑的，对许可费可酌情降低或不予采用。

此外，专利法还规定，在上述方法无法准确认定的情况下，法院可以根据具体案情酌定的法定赔偿方式。但是在侵犯商业秘密刑事犯罪中，这种方法是不能适用的，因为刑事诉讼与民事诉讼的证据标准不同，刑事诉讼实行确实、充分的证据标准，而民事诉讼实行高度盖然性的证据标准。在商业秘密刑事案件中，"重大损失"是确定被告人行为构成"罪与非罪"的重要依据，因此重大损失的数额必须通过确实、充分的证据予以证明，而不允许法官进行自由裁量。

在侵犯商业秘密犯罪中，数额的认定直接决定了"罪与非罪"及量刑标准，但目前在司法实践中，尚未形成确定的数额认定标准，因此还需要辩护律师根据具体的案情，结合公诉机关的数额认定标准及认定证据的情况，有针对性地进行辩护，以最大限度地维护犯罪嫌疑人的合法权益。

（撰稿人：王现辉）

以盗窃方式获取他人商业秘密的，构成侵权

——某泰压缩机（北京）有限公司等诉窦某虎等侵害技术秘密纠纷案[①]

要旨：权利人系涉案技术的研发者，其为研发该项技术耗费巨大，且涉案技术在全国远远领先于同类经营者，一旦进行实际生产，必将为权利人创造不菲的收益。因此，权利人以保密协议的方式和参与技术研发的工作人员、加工厂商约定了涉案技术的保密性，防止第三人知悉涉案技术。涉案技术的数项特征均符合法律关于商业秘密的规定，认定为商业秘密，依法应当予以保护，第三人不得侵犯。而经营者为获取非法利益，明知涉案技术为权利人所有，仍以盗窃的方式获取技术资料，并提前为大批量生产做好了准备。据此，经营者的行为已实际侵害了权利人的商业秘密，构成不正当竞争，依法应承担法律责任。

案情介绍

【案情简介】

某泰公司［某泰压缩机（北京）有限公司］、北京某力公司［某力压缩机（北京）有限公司］、河北某力公司（河北某力压缩机有限公司）、北京某力石家庄加工分公司［某力压缩机（北京）有限公司石家庄加工分公司］均系从事活塞式空气压缩机销售企业。自1998年起，四企业共同进行滑片式空气压缩机的研发工作，并为此投入巨大的人力、财力；其仅在研发阶段就已投入约500万元资金，并因产品试制过程废品损失约100万元。次年，四企业就研发工程签订保密条约，该条约对商业秘密进行了界定并规定了具体的内容；同时，合同规定涉密员工三年内的竞业禁止及保密义务。三年后，研发工作取得成功，

---

① 该案被评为河北省高级人民法院2014年度十大知识产权典型案例。

并取得国内首创技术成果。查某志于2009年5月担任北京某力石家庄加工分公司副厂长，知悉上述研发工作，而后于同年11月辞职。2009年上半年，作为某昌公司（石家庄某昌机电设备有限公司）业务经理的窦某虎从他人处复制了落款为某泰公司的涉案滑片式空气压缩机图纸，并于同年10月、11月依据图纸生产了压缩机以谋取非法利益，同时其聘请了知悉涉案压缩机生产流程的查某志作为其工程技术人员。同时，窦某虎承租厂房并筹建某尔特公司（石家庄某尔特压缩机制造有限公司），但未在工商部门注册。后窦某虎知晓，将涉案图纸落款变更为某昌公司，并要求上述四企业的部分加工模具商根据其所提供的涉案图纸加工模具。次年年初，窦某虎将变更落款后为某昌公司的图纸交付某祥模具厂及某达模具厂，要求其加工模具，并为此支付数万元的加工费。3月，窦某虎先后向某尔凯公司（石家庄某尔凯铸件开发有限公司）、阿特拉斯公司（河北阿特拉斯设备制造有限公司）要求购买北京某力石家庄加工分公司在其处加工制作的压缩机铸件毛坯，因两公司与北京某力石家庄加工分公司签有加工保密协议，遂拒绝售卖；同时两公司在发现窦某虎提供的印有某昌公司名称的图纸与北京某力石家庄加工分公司提供图纸相似后，再度拒绝窦某虎的购买请求。同月11日，四企业法定代表人陈某金报案称查某志于工作期间盗取涉案图纸，侵犯其商业秘密；失窃图纸给其造成直接经济损失达500万元。随后，经侦队对相关人员的询问，认定查某志、窦某虎的行为未造成相关方损失，不构成犯罪。4月，窦某虎向石家庄某城机械模具厂提供涉案图纸，要求其加工数种模具，其中，仅剩油分桶未加工完成，窦某虎亦支付大部分价款。

某泰公司、北京某力公司、河北某力公司、北京某力石家庄加工分公司以窦某虎、某昌公司侵犯其商业秘密为由，提起诉讼，请求窦某虎、某昌公司停止侵害，并赔偿四企业因调查涉案侵权行为支出的相关费用。

【争议焦点】

耗资巨大的涉案技术远领先于同类经营者，权利人为防止第三人知悉涉案技术，与他人签订了保密协议，行为人盗取涉案技术并准备大批量生产的行为是否侵害了权利人的商业秘密，构成不正当竞争？

【审判结果】

一审法院认定：原告某泰公司、北京某力公司、河北某力公司、北京某力石家庄加工分公司为研发滑片式空气压缩机制造技术，花费巨大财力、人力，历时多年方取得原材料配方、模具图纸和技术图纸，该技术在国内处于领先地位。一旦该技术投入生产，将给四原告带来巨大经济效益，遂四原告采取一定保密措施，包括签订保密协议，约定企业技术人员及其模具加工厂商履行保密义务。滑片式空气压缩机制造技术因其保密性及可期待利益性符合商业秘密特征，根据规定，该技术属于法律所保护的商业秘密。而被告窦某虎明知他人对滑片式空气压缩机制造技术具有知识产权，仍以偷盗手段获取涉案技术资料，并将技术资料交付多家加工商要求其加工制造压缩机所需模具；同时，被告窦某虎还向原告北京某力石家庄加工分公司加工厂商购买或委托加工涉案压缩机毛坯件，数次遭到拒绝。被告窦某虎的上述行为系生产涉案压缩机的必要准备行为，具有非法营利的目的，其行为侵害了四原告的商业秘密，已构成侵权。而被告窦某虎作为被告某昌公司业务经理、某尔特公司法定代表人，代表被告某昌公司、某尔特公司实施上述侵权行为，三者共同侵害了原告的商业秘密，依法应承担侵权责任。虽被告窦某虎辩称未实施盗窃行为，但此辩解与其在经侦队询问时所作陈述不一致，亦未有其他证据予以证明，因而不采信该抗辩。而四原告主张三被告使用涉案技术已生产了一定数量的压缩机，但并无相关证据证明，不应认定为事实，对其没收或销毁侵权产品的主张不予支持。

一审法院判决：被告窦某虎、被告某昌公司和第三人某尔特公司立即停止使用涉案滑片式空气压缩机技术；驳回四原告的其他诉讼请求。

被告窦某虎、某昌公司不服一审判决，提起上诉称：1.涉案压缩机技术资料系上诉人窦某虎从第三人处取得，上诉人窦某虎并不知晓该技术资料系属他人商业秘密，其后亦未依据该技术资料进行相关产品的生产。而后，上诉人窦某虎知悉侵犯他人商业秘密，遂及时将内含技术资料的U盘上交公安机关。因而，上诉人窦某虎的行为未构成盗窃，亦未造成被上诉人的损失。原审法院认定事实错误，其后法律适用亦错误。2.原审判决系历经三年方作出，其审限远远超过法律规定，违反法定程序。同时，被上诉人及法院认为上诉人窦某虎的行为构成盗窃，则本案应属于公安机关管辖的刑事范围，不应由原审法院审理。而第三人某尔特公司尚未在工商行政管理机关登记注册，其主体尚未成立，并非本案适格被告。

被上诉人某泰公司、北京某力公司、河北某力公司、北京某力石家庄加工分公司答辩称：1.上诉人窦某虎在接受经侦队询问时承认明知涉案技术属于被上诉人商业秘密，仍加以使用以获取非法利益，其行为已构成实质侵权。虽上诉人窦某虎事后将U盘上交公安机关，但仍不能改变其已侵犯被上诉人商业秘密的性质，依法应承担侵权责任。2.本案长达三年的审限是由于上诉人原因造成，且审理之中存在多次调解，依法不应计入审限。因而，本案审理期限符合法律规定。3.第三人某尔特公司虽未登记注册，但将其作为本案当事人，对于上诉人窦某虎的侵权行为具有更好的惩戒作用；且上诉人并未在一审中提出该主张，二审不应采纳。4.上诉人窦某虎虽以盗窃手段获取涉案技术资料，但本案并不属于刑事案件，上诉人理解错误，本案不存在管辖错误问题。

二审法院判决：撤销原审判决；上诉人窦某虎、某昌公司立即停止使用涉案商业秘密；驳回被上诉人某泰公司、北京某力公司、河北某力公司、北京某力石家庄加工分公司的其他诉讼请求。

案例评析

【审判规则评析】

《反不正当竞争法》第十条规定，经营者不得以盗窃、利诱、胁迫或者其他不正当手段获取权利人的商业秘密，否则构成侵犯商业秘密。该条是关于侵犯商业秘密及侵权手段的规定，以此明示侵犯商业秘密，构成不正当竞争的行为。根据该条规定，构成侵犯商业秘密应从以下两个方面进行考量。

一、商业秘密的认定。商业秘密，即不为公众所知悉、能为权利人带来经济利益、具有实用性并经权利人采取保密措施的技术信息和经营信息。通常，商业秘密具有四个特征：1.秘密性。即商业秘密是不为公众所知悉的、仅为权利人所独知的、排他性的信息。2.经济利益性。该特征是商业秘密最根本的特征，商业秘密正是因为能给权利人带来经济效益，具有商业属性，使得其受法律保护具有正当性及必要性。3.实用性。商业秘密的实用性使其能够具体运用到社会实践中，从而具有经济价值并能创造经济利益。4.保密性。正因为商业秘密具有秘密性并具有经济价值，对于追求经济价值最大化的经营者来说，尽可能地独占某项技术，限制甚至排除第三人知悉该项技术是有必要的。因而，采取保密措施防止第三人知晓技术秘密是商业秘密的重要特征。

二、行为人实施了盗窃、利诱、胁迫或者其他不正当手段获取他人商业秘密的行为。盗窃行为是指经营者采用秘密手段，未经权利人许可擅自获取他人商业秘密，限制、排除竞争的行为。经营者盗窃商业秘密的行为严重扰乱市场秩序，为法律所禁止，违反者应承担法律责任。利诱行为是经营者采取钱、色等不正当行为从知晓商业秘密之人处获取信息的行为。胁迫行为则是指经营者采取人身、财产或精神等压迫行为逼取商业秘密的行为。上述行为均具有不正当性，为非法行为，经营者未经权利人许可以非法手段获取商业秘密的，侵犯了权利人的商业秘密，构成侵权，应承担民事侵权责任。同时，因经营者及权利人身份的特殊性，成立《反不正当竞争法》上关于具有竞争关系的经营者的规定，经营者非法获取商业秘密的行为限制、排除了竞争，因而亦构成不正当竞争，经营者应承担相应法律责任。

经营者从第三人处偷偷复制了属于权利人的涉案技术资料，并根据涉案技术资料以公司的名义委托多家加工厂商加工制作产品，同时筹建新公司，准备大批量生产，其明显具有非法牟利的目的。而涉案技术资料系权利人历时多年、耗资巨大所得，该项技术在全国具有领先地位，一旦技术运用到实践，大批量进行生产，必将给权利人带来巨大经济效益。据此，权利人采取相应保密措施，保密人员从技术职工到合作加工厂商，该项技术不为公众所知悉。因而，涉案技术属于商业秘密，权利人有禁止他人侵害的权利。而经营者以盗窃的不正当方式获取涉案技术资料，并已就大批量生产进行了准备，其行为侵害了权利人的商业秘密，构成不正当竞争，同时构成民法上的侵权行为，依法应承担侵权责任。

（撰稿人：王现辉）

未有证据证明直接侵权，不能排除"反向工程"的合理抗辩
——石家庄开发区某泵泵业有限公司侵犯商业秘密罪案

要旨：辩护人接受委托后，从秘密性、保密措施、同一性及反向工程等多方面提出辩护观点，并对多份鉴定意见中存在的问题及相互矛盾之处提出辩护意见，最终石家庄市桥西区人民检察院作出不起诉决定书。

案情介绍

【案情简介】

公诉机关指控，2004年9月14日，张某某注册成立石家庄开发区某泵泵业有限公司（以下简称某泵泵业公司）后，在未经某尔矿业澳大利亚有限公司（以下简称某尔矿业公司）的授权许可下，获取某尔矿业公司的沃曼牌系列渣浆泵生产图纸，使用某尔矿业公司的生产技术制造3/2C-AHR、2/1.5B-AH、65QV-SP型号渣浆泵，并将渣浆泵的整机及配件销售给某金矿业集团股份有限公司、某溪矿业有限公司、湖北省某麦岭磷化工有限责任公司等公司。经北京国科知识产权司法鉴定中心鉴定，某泵泵业公司制造的3/2C-AHR、2/1.5B-AH、65QV-SP型号渣浆泵与某尔矿业公司同型号的渣浆泵实质相同。经北京天鼎衡会计师事务所司法鉴定，某泵泵业公司涉案总金额为人民币1243754.83元。石家庄市桥西区人民检察院以侵犯商业秘密罪向石家庄市桥西区人民法院提起公诉。

【代理过程】

辩护人接受委托后，从秘密性、保密措施、同一性及反向工程等多方面提出辩护观点，并对多份鉴定意见中存在的问题及相互矛盾之处提出辩

护意见，最终石家庄市桥西区人民检察院作出了不起诉决定书。具体辩护意见如下。

一、本案中某尔矿业公司的沃曼牌系列渣浆泵生产图纸、生产技术不属于商业秘密

按照《反不正当竞争法》的规定，商业秘密是指不为公众所知悉、能为权利人带来经济利益，具有实用性并经权利人采取保密措施的技术信息和经营信息。

本案中，商业秘密所有人某尔矿业公司和经商业秘密所有人许可的商业秘密使用人石家庄水泵厂协议工厂及协作厂未采取保密措施，据此可认定权利人本身未采取保密措施，渣浆泵生产图纸、生产技术并非商业秘密。

鉴定结论没有证据效力。"不为公众所知悉"的鉴定结论的技术鉴定委托方是众达国际法律事务所，此为单方委托，没有证据效力。众达国际法律事务所单方委托的鉴定结果中分析到，"根据目前企业的惯常做法，企业通常不会将上述技术信息在公开的出版物上发表；上述图纸中记载的设计尺寸、公差配合、表面粗糙度等具体的技术参数需要根据实际应用情况，经过计算和试验才能确定，不同技术人员独立设计的产品的上述技术信息原则上不相同，因此也不为本领域普通技术人员普遍了解和掌握；上述图纸中记载的设计尺寸、公差配合、表面粗糙度等技术参数在相关产品被公开销售后，通过产品也不能直观、容易地获得。因此具体技术参数应当认定为'不为公众所知悉'属于非公知的技术信息"。描述全是推测性语言，不具有证据效力。

二、本案中被告人技术为反向工程获得

《最高人民法院关于审理不正当竞争民事案件应用法律若干问题的解释》第十二条规定：通过自行开发研制或者反向工程等方式获得的商业秘密，不认定为反不正当竞争法第十条第一项、第二项规定的侵犯商业秘密行为。

前款所称"反向工程",是指通过技术手段对从公开渠道取得的产品进行拆卸、测绘、分析等而获得该产品的有关技术信息。当事人以不正当手段知悉了他人的商业秘密之后,又以反向工程为由主张获取行为合法的,不予支持。

首先,本案中某尔矿业公司的沃曼牌系列渣浆泵生产图纸、生产技术完全可以通过反向工程获得。

石家庄公安局委托的北京国科知识产权司法鉴定中心司法鉴定意见书(国科知鉴字〔2009〕26号)第3页描述:"我中心接受石家庄市公安局委托后,根据鉴定工作的实际需要,特委托天津内燃机研究所对石家庄某泵泵业有限公司制造的3/2C-AHR型号渣浆泵、2/1.5B-AH型号渣浆泵以及65QV-SP型号渣浆泵的部分零件进行测绘。天津内燃机研究所对上述渣浆泵的部分零件测绘后向我中心提交了相关测绘图纸。第5-9页描述:经对比分析,石家庄某某泵业有限公司制造的3/2C-AHR型号渣浆泵、2/1.5B-AH型号渣浆泵以及65QV-SP型号渣浆泵的叶轮、泵体衬、泵盖及泵体在结构方面基本相同,并且石家庄某泵泵业有限公司制造的3/2C-AHR型号渣浆泵、2/1.5B-AH型号渣浆泵以及65QV-SP型号渣浆泵的上述测绘图纸中的实测尺寸与某尔矿业澳大利亚有限公司3/2C-AHR型号渣浆泵、2/1.5B-AH型号渣浆泵以及65QV-SP型号渣浆泵相应图纸中的设计尺寸相同或基本相同。"据此可以得出结论:天津内燃机研究所已经通过反向工程获得了相应技术信息,被告人同样完全有能力通过反向工程获得相应技术信息。

其次,司法解释规定:当事人以不正当手段知悉了他人的商业秘密之后,又以反向工程为由主张获取行为合法的,不予支持。本案中,未见有证据材料证明被告人通过何种途径获得了商业秘密,不正当手段又具体指的是什么手段,公诉机关指控没有任何证据支持。

三、被告人不构成侵犯商业秘密罪

侵犯商业秘密罪,是指采用不正当手段,非法获取、披露、使用权利人的商业秘密,给权利人造成重大损失的行为。侵犯商业秘密的行为有以下几种具体表现形式:(一)以盗窃、利诱、胁迫或者其他不正当手段获取权利人的商业秘密的;(二)披露、使用或者允许他人使用以前项手段获取的权利人的商业秘密的;(三)违反约定或者违反权利人有关保守商业秘密的要求,披露、使用或者允许他人使用其所掌握的商业秘密的;(四)明知或者应知前款所列行为,获取、使用或者披露他人的商业秘密的,以侵犯商业秘密论。

第四种表现形式是间接侵犯商业秘密的行为,即第三者明知或者应知向其传授商业秘密的人具有上述违法行为,仍获取、使用或者披露他人的商业秘密。对于该款的理解应当是明知或应知有上述三种形式的行为,而非明知或应知某项技术信息为商业秘密。本案中,被告显然不符合第一种、第二种、第三种形式的规定,同样也没有证据证明第三者曾向被告传授商业秘密或被告人通过不正当手段获取相关商业秘密,被告对此又是明知或应知的。

(撰稿人:王现辉)

网页被抄袭的维权路径
——河北中某通拍卖有限公司与江苏金某钢宝电子商务股份有限公司不正当竞争纠纷案

要旨： 将网站或者网页认定为《著作权法》意义上的作品并受到保护的标准非常高，一些网站虽然不能被认定为作品，但由于这些网站往往是一个公司的重要财产，网站制作者也为之付出了巨大的心血，如果其网站被抄袭，仍然可受我国其他法律如《反不正当竞争法》的保护。

案情介绍

【案情简介】

原告河北中某通拍卖有限公司（以下简称中某通公司）于2015年11月1日在石家庄全新上线了一个废旧行业B2B在线实时竞拍系统平台网站"某拍网（www.××pai.net）"，主要服务于物资设备拍卖、机动车拍卖、房产拍卖、土地拍卖、其他拍卖、无形资产等几大板块，同时即时发布国内大集团企业的竞标资讯和拍卖公告。上线后，某拍网与全国上万家大集团企业建立了良好的合作关系，并专门为其开通了发布竞标和拍卖信息的快捷通道，为广大从事废旧物资行业商人提供及时的拍卖竞标商机。通过对广大行业市场的拓展，某拍网积累了一定的有实力的拍卖企业，且某拍网在拍卖行业里也取得了良好口碑，其合作伙伴遍布全国各地。

"某拍网"网站独出心裁的设计风格，使得其上线后受到了合作伙伴的一致好评，逐渐成为各大企业发布物资处理公告、拍卖公告、拍卖预告、拍品征集的最佳平台。经过多年发展，原告经营的某拍网获得了多项荣誉，成为废旧行业知名网站。

"某拍网"网站系原告公司独立开发设计，网站的整个框架设计、栏目、照片的使用、文字的编排布局、网页功能设计体现了作品的独创性，网站最底端也有原告的版权声明。

2019年1月，原告发现被告开发运营的网站"金某钢宝网"在框架设计、栏目、照片的使用、文字的编排布局、网页功能设计等方面与"某拍网"存在多处雷同，其部分网页完全盗用了"某拍网"的设计内容，导致大量用户将其经营的"金某钢宝网"误认为原告的"某拍网"，这也直接给原告造成了巨大的经济损失。后原告委托本所王现辉、聂丽敏律师，经过分析和取证后，将被告起诉至南京铁路运输法院。

【一审结果】

合议庭经过庭前阅卷及充分讨论，在与双方当事人充分协调的情况下，最终案件调解成功，被告立即停止抄袭、仿冒原告网站的不正当竞争行为，并赔偿原告12万元经济损失及合理开支，原告撤回对被告的起诉。

案例评析

【律师评述】

本案虽没有以判决的形式取得胜利，但是调解后的结果使被告在第一时间停止了侵权行为，并且原告也获得了一定数额的经济赔偿，可以说是"短平快"，也最符合当事人起诉预期的结果。

对于网站抄袭的著作权侵权及不正当竞争纠纷案件，关键在于判断侵权网站与权利网站是否达到高度近似。为使法院对双方网站设计风格有清晰的认识，且能够一目了然地看出对被告网站是否构成抄袭，代理人对双方网站的多级页面做了较为详细的对比图，并对被告抄袭部分与原告的设计原理做了详细的解释。（见图4-1）

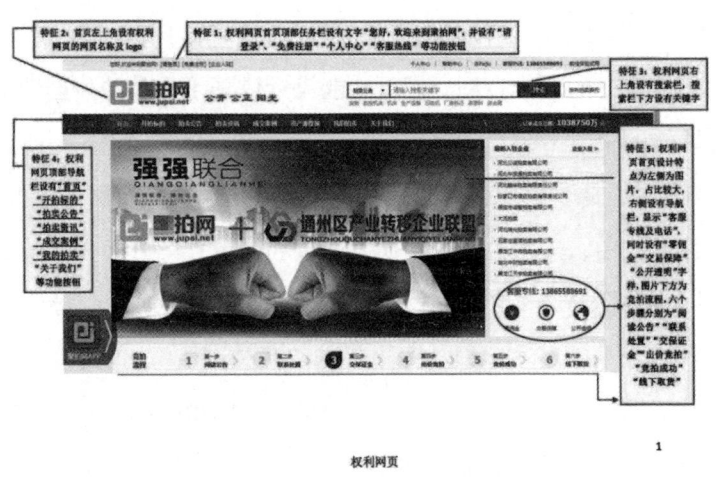

权利网页

被诉侵权网页

图4-1 网站对比图

当然，仅有图片还是不够的，对于两个网站的近似程度以及被告为何构成侵权，仍需用文字作出详尽的阐述。我方代理意见如下：

被告设立的"金某钢宝网"晚于原告建立的"某拍网"，且两者均是电子拍卖平台，具有竞争关系，被诉侵权网站与权利网站在版面设计、页面布局、功能设置及各功能项下的内容编排上具有高度的一致性，被诉侵权网站仅对其部分细节内容稍加修改。被告仿冒原告知名网站设计版式的行为，侵害了原告智力劳动成果，破坏了正常的市场经营秩序，构成不正当竞争。

首先，权利网站"某拍网"成立于2016年，并于2018年10月10日被工信部审核通过（提供证据）。被诉侵权网站"金某钢宝网"审核通过时间为2018年10月15日，晚于权利网站建立的时间，且在被诉侵权网站建立时，原告"某拍网"已经在电子拍卖领域享有较高的知名度，被告从事同种电子拍卖业务，明知权利网站的知名度却仍然进行仿冒和复制，具有侵权的主观恶意。

其次，通过将权利网站与被诉侵权网站进行详细比对，被诉侵权网站至少在14个特征上与权利网站相同。双方网页版式特征具体如下：

权利网站特征：

（1）权利网站顶部设有文字"您好，欢迎来到某拍网"，并设有"请登录""免费注册""个人中心""客服热线"等功能按钮；（2）左上角设有权利网站的网页名称及标志；（3）权利网站右上角设有搜索栏，搜索栏下方设有关键字；（4）权利网站顶部导航栏设有"首页""开拍标的""拍卖公告""拍卖资讯""成交案例""我的拍卖""关于我们"等功能按钮；（5）权利网站主页中设计特点为左侧为图片，右侧设有导航栏，"客服专线及电话"，同时设有"零佣金""交易保障""公开透明"字样，图片下方设有一行竞拍流程，六个步骤分别为"阅读公告""联系处置""交保证金""出价竞拍""竞拍成功""线下取货"；（6）下拉权利网站，在竞拍流程下方设有"最新拍卖"的公告，公告内容呈现板块设计，每行4个公告，每个公告上设有拍卖时间、所在地，联系电话，拍卖物名称，图片下方设有"报名拍卖会"与"去看看"功能按钮；（7）下拉权利网站，在最新拍卖下方设有"近期预告"内容，预告内容呈现板块设计，每行4个预告，每个预告上设有拍卖物名称及照片，照片下方设有预告发布时间；（8）继续下拉权利网站，在"近期预告"下方设有"最近成交"内容，该部分内容呈现板块设计，每行4个预告，每个预告上设有拍卖物名称及照片，成交金额以及成交时间，图片上盖有"成交"字样印戳；（9）权利网站最底部，设有"快速导航""拍卖规则""机构入驻""官方微信"等内容；（10）在权利网站首页，点击"开拍标的"，出现"竞价拍卖"页面，该页面上部列有导航栏，设有"所属地区""拍卖时间"，拍卖时间包括"即将开始""正在进行""5天内""7天内"

等内容，标的物拍卖列表呈现出板块设计，每行4个公告，公告上载有拍卖物名称，起拍价，拍卖会时间；（11）继续点击权利网站"竞价拍卖"页面任意一个公告，出现该拍卖物的详细页面，该页面显示有标的物的详细介绍，具体为图片上面显示"标的图"+"标的名称"，列表右上角有"温馨提示：网络拍卖存在一定时间延迟，请您提前出价，以避免出价失败！"字样，图片右侧为拍卖物基本介绍，包括"当前价格""限时竞价""您的出价""起拍价""保证金""保留价"等内容，图片最底部设有导航栏，包括"竞买公告、竞买须知、标的物介绍、标的物视频、瑕疵免责声明、竞买记录"等功能按钮，最右侧设有"出价记录"列表；（12）继续点击权利网站图片下方导航栏内容，依次出现"竞买公告、竞买须知、标的物介绍"等内容，竞买公告与竞买须知并列出现，且竞买须知小标题设计为"网络竞价规则"；（13）继续点击权利网站图片下方导航栏内容瑕疵免责声明，内容为"无，一切以现场实际看货为准"；（14）继续点击权利网站图片下方导航栏内容竞买记录，内容为"出价方式、编号、价格、出价时间"。

被诉侵权网站特征：

（1）被诉侵权网站首页顶部同样设有汉字"您好，欢迎来到循环物资拍卖"，并设有"登录""注册""个人中心""客服热线"等功能按钮，该特征与权利网站的宣传文字、显示位置及功能相同；（2）被诉侵权网站左上角设有被告网页名称及logo，显示的位置及文字与图片的排列方式与权利网站设计内容相同；（3）被诉侵权网站右上角同样是搜索栏，搜索栏下方设有关键字，编排方式与权利网站相同；（4）被诉侵权网站顶部导航栏设有"首页""竞价拍卖""拍卖公告""成交案例""我的拍卖""资讯中心"等功能按钮，除了没有"关于我们"外，其他内容与权利网站文字、功能、目的均相同；（5）被诉侵权网站主页设计特点为左侧为图片，占比较大，右侧设有导航栏，"客服专线及电话"字样，导航栏下同时设有"零佣金""交易保障""公开透明"字样，图片下方设有一行竞拍流程，六个步骤分别为"阅读公告""联系处置""交保证金""出价竞拍""竞拍成功""线下取货",该部分图片与文字的排列位置、流程设计步骤、整体布局与权利网站完全一致;(6)下拉被诉侵权网站,在竞拍流程下方设有"最新拍卖"的公告,公告内容呈现板块设计,每行4个公告,每个公告上设有拍卖的开始时间、所在地,拍卖物名称,图片下方设有"报名拍卖会"与"去看看"功能按钮,该特征与权利网站布局、内容设计、功能完全一致;(7)继续下拉被诉侵权网站,在最新拍卖下方同样设有"近期预告"内容,预告内容呈现板块设计,每行4个预告,每个预告上设有拍卖物名称及照片,照片下方设有预告发布时间,该特征与权利网站布局、内容设计、功能、板块完全一致;(8)继续下拉被诉侵权网站,在"近期预告"下方设有"最近成交"内容,该部分内容呈现板块设计,每行4个预告,每个预告上设置有拍卖物名称及照片,成交金额以及成交时间,图片上盖有"成交"字样印戳,该特征与权利网站布局、内容设计、功能、板块完全一致;(9)被诉侵权网站最底部,设有"快速导航""拍卖规则""机构入驻""官方微信"等内容,该设计内容与布局与权利网站完全一致,且扫描权利网站官方微信二维码,反而出现了原告微信公众号"某拍网"的官方微信,可见,被告在抄袭原告网页内容时由于疏忽未及时将二维码进行修改,充分说明了被告具有抄袭原告网页内容的主观恶意以及客观事实;(10)返回被诉侵权网站首页,点击"竞价拍卖",出现"竞价拍卖"页面,该页面上部列有导航栏,设置有"所属地区""拍卖时间",拍卖时间包括"15天内""30天内"等内容,"场次状态"包括"即将开始""正在进行""终止""已结束",标的物拍卖列表呈现板块设计,每行4个公告,公告上载有拍卖物名称,起拍价,拍卖时间和所在地,该页面设计特征与权利网站基本相同,虽然其将场次状态与拍卖时间分为两行,但其内容与功能却与权利网站完全相同,整体页面布局与权利网站相同;(11)继续点击被诉侵权网站"竞价拍卖"页面任意一个公告,出现该拍卖物的详细页面,该页面显示有标的物的详细介绍,具体为:图片上面显示"标的图+标的名称",与权利网站设计相同;列表右上角有"温馨提示:网络拍卖存在一定时间延迟,请您提前出价,以避免出价失败!"字样,与权利网站文字设计及内容相同，图片右侧为拍卖物基本介绍，包括"当前价格""距结束时间""您的出价""起拍价""保证金""保留价"等内容，与权利网站完全一致，图片最底部设有导航栏，包括"竞买公告、竞买须知、标的物介绍、瑕疵免责声明、竞买记录"等功能按钮，除没有"标的物视频"外，与权利网站完全一致，最右侧设有"出价记录"列表，与权利网站完全一致，综合观察发现，被诉侵权网站该部分页面在设计的布局、理念、设计文字与内容、实现功能上均与权利网站完全相同；（12）继续点击被诉侵权网站图片下方导航栏内容，依次出现"竞买公告、竞买须知、标的物介绍"等内容，竞买公告与竞买须知并列出现，且竞买须知小标题设计为"网络竞价规则"，该设计特征与权利网站完全相同；（13）继续点击被诉侵权网站图片下方导航栏内容瑕疵免责声明，内容为"无，一切以现场实际看货为准"，与权利网站完全一致；（14）继续点击被诉侵权网站图片下方导航栏内容竞买记录，内容为"出价方式、价格、出价时间"，除没有编号外，其他文字内容均与权利网站相同，设计风格与布局也与权利网站完全一致。

经过上述比对发现，被诉侵权网站与权利网站存在多处完全相同或基本相同之处。首页布局在版面设计、页面图片与文字布局、功能设置及各功能项下的布局与内容编排上高度一致，颜色搭配近似，且部分内容完全抄袭了原告权利网站的文字内容。经扫描被诉侵权网站底部公众号二维码，出现了原告"某拍网"的公众号主体信息，足以证明被告在抄袭原告网站内容时是整体复制，局部修改的，而由于疏忽未能将二维码及时进行更换的行为恰恰能够证明被告仿冒权利网站的主观故意以及仿冒的客观事实。

心得体会

【问题提出】

目前，针对网站抄袭涉及的法律问题主要有以下几点。

1. 主张保护的网站（以下简称权利网站）是否能受到《著作权法》的保护，如果可以，该权利网站应该被定性为美术作品还是汇编作品？

2. 权利网站是否能受到《反不正当竞争法》的保护，如果可以，应当适用哪些条款予以保护？

下面，笔者将针对上述问题，结合本案、其他相关案例、部分地区法官的观点做出详细的阐述。

（一）权利网站是否能受到《著作权法》的保护，如果可以，该权利网站应该被定性为美术作品还是汇编作品

1. 权利网站是否构成《著作权法》意义上的作品？

对于网站是否能够受到《著作权法》的保护，学术界至今还有争议。想要搞清楚这个问题，我们需要先探讨权利网站是否能构成《著作权法》意义上的作品。即如果网站都无法构成一个作品，那就无须再探讨其应该构成什么形式的作品。

《著作权法》第三条对作品的范围采取了肯定性列举加概括性标准相结合的形式进行了规定，但对于网站是否属于作品，并没有明确规定。从性质上来讲，著作权法所称作品，是指在文学、艺术和科学领域内具有独创性并能以某种有形形式复制的智力成果。[①]因此，权利网站是否能够被认定为作品，需要满足三个构成要件：（1）该网站是不是文学、艺术和科学领域内的智力成果；（2）是否具有独创性；（3）该网站是否能够以某种有形形式复制。

笔者认为，不仅要从上述3个构成要件角度对网站是否构成《著作权法》意义上的作品进行充分论述，还要从网站属于9种作品类型中的哪一个进行论述，如果仅讨论网站构成作品就主张其应该受到《著作权法》的保护，显然法理支持还是不够的。我们仍然需要探讨权利网站构成何种类型

---

① 见《著作权法实施条例》第二条。

的作品。

2.权利网站是否构成《著作权法》意义上的"美术作品"?

学术界多数观点认为,网站构成《著作权法》意义上的美术作品。美术作品是指绘画、书法、雕塑等以线条、色彩或者其他方式构成的有审美意义的平面或者立体的造型艺术作品①。美术作品不但包括各种形式的平面绘画,如油画、水墨画、木版画、铜版画、素描等,也包括各种立体形式的雕刻和雕塑,如石雕、木雕和以各种材料塑造出来的形象②。

条例对于美术作品的定义同样为列举加概括的模式,即一般情况下,绘画、书法、雕塑可以被认定为美术作品。其他以线条、色彩等构成具有"审美意义"的平面或者立体的造型艺术作品都可以被认定为美术作品。笔者认为,对于网站是否构成美术作品,需要对该条文做出严格意义的限定理解,此处的"美术作品"更加强调文化艺术领域内的绘画、书法、雕塑等作品,因为此类作品能够体现作者对于"审美"的理解。虽然网页也是由线条、色彩、图文、声音等设计而成,但是网站的基本功能首先还是为了满足公司经营需求、用户的浏览需求。实践当中对于网站是否满足"审美意义"的标准认定比较困难,虽然不排除该可能性,但是笔者还没有检索到将网站认定为"美术作品"的在先判例。可见,我国目前的法院观点对于网页认定为"美术作品"的态度是比较谨慎的。

3.权利网站(网站)是否构成《著作权法》意义上的汇编作品?

汇编作品,是汇编若干作品、作品的片段或者不构成作品的数据或者其他材料,对其内容的选择或者编排体现独创性的作品③。典型的如文集、选集、百科全书、词典、摄影画册等,是我们耳熟能详的汇编作品。目前,不少学者或法官认为,网站体现了编排者对多级页面进行的选择编排,能体现出其独创性的劳动,因此网站应当被认定为汇编作品。

---

① 见《著作权法实施条例》第四条第八项。
② 见王迁:《知识产权法教程》(第五版),中国人民大学出版社2016年版。
③ 见《著作权法》(2020年修正)第十五条。

将各个相互独立的元素，通过汇编人独具个性的选择和编排，使这些元素紧密联系，形成独特、系统的整体效果，这种体现汇编人智力劳动效果的选择与编排即为汇编作品的独创性之所在，而这独创性是汇编作品成为著作权意义上作品的本质特征。网站是伴随互联网发展而出现的事物，其通过源代码的撰写将文字、图片、声音等组合成多媒体并通过计算机输出设备进行展示。一个网站大致由源程序、版面设计及具体内容构成。网站设计者通过创作构思将多种元素信息进行整合与排列，以营造丰富的视觉体验，网站版面设计过程的本身亦是一种劳动创造，其特异性体现在对多媒体信息的选择与编排上。精心挑选的内容、素材经过编排整合形成的网站版面表现形式符合汇编作品的概念与特征。

本案中，网站各页面索引及页面标题有机联系，在栏目设置、标题及文案方面等编排体例上独创性较高，可认定为汇编作品。但是，笔者认为对于网站构成汇编作品的认定结论仅限个案认定，而对于其他网站的多级页面是否能构成汇编作品，无论是原告、代理律师还是法院，都应该依照最严格的审查标准，不能将主张保护的所有网站都一概地认定属于"汇编作品"，如果权利网站只是将多个页面按一般的、常见的逻辑惯例或顺序进行的简单排列，没有体现出编排者创造性劳动，一般无法被认定为属于汇编作品。

（二）权利网站是否能受到《反不正当竞争法》的保护，如果可以，应当适用哪些条款予以保护？

将网站或者网页认定为《著作权法》意义上的作品并受到保护的标准非常高，一些网站虽然不能被认定为作品，但由于这些网站往往是一个公司的重要财产，网站制作者也为之付出了巨大的心血，如果其网站被抄袭，仍然可受我国其他法律如《反不正当竞争法》的保护。

实践中，原告的起诉思路主要有三种，即分别主张以《反不正当竞争法》第二条、第六条第一项、第八条对权利网站进行保护，而这三种主张是否均能够得到人民法院的支持，笔者分别做以下阐述。

1. 以被诉网站构成虚假宣传为由，主张构成不正当竞争

《反不正当竞争法》第八条规定：经营者不得对其商品的性能、功能、质量、销售状况、用户评价、曾获荣誉等作虚假或者引人误解的商业宣传，欺骗、误导消费者。经营者不得通过组织虚假交易等方式，帮助其他经营者进行虚假或者引人误解的商业宣传。

本条款主要规制的是经营者是否在经营过程中存在虚假宣传，从而欺骗和误导消费者的不正当竞争行为。如果涉及网站抄袭，原告往往不会单独适用本条款。如果原告在取证过程中发现，被告在其网站上冒用了原告的荣誉称号、资质或者使用了根本不真实的广告宣传词等虚假信息，在人民法院查实无误的情况下，应当判决被告构成第八条中的不正当竞争行为。

在南京某居装饰工程有限公司与南京某日强装饰工程有限公司著作权权属、侵权纠纷、虚假宣传纠纷一案中，法院认为：被告在其网站上多处使用与原告相同的宣传用语，如"精细施工10年、上万客户见证"，而被告注册时间为2012年，宣传内容显然与实际情况不符。被告称其网站所用素材来自案外人公司，并自认其本身未获得网站展示的相应荣誉。但客观上，被告使用了原告荣誉进行宣传。本案原、被告均属装饰企业，业务范围高度近似、注册地均在江苏省南京市，潜在顾客群存在交叉，两者存在竞争关系。被告上述行为实质上破坏了正常的市场经营秩序，易使得消费者对被告企业真实经营规模、信誉产生误解，本质上构成虚假宣传，构成不正当竞争，侵害了原告正常的商业利益。[①]

2. 主张权利网站构成知名商品特有的包装、装潢而进行保护

此种起诉思路在司法实践当中讨论最多也最有争议。很多权利人主张其网站已经达到了知名商品特有的包装、装潢的效果，在被告构成抄袭的前提下，主张以《反不正当竞争法》第六条进行保护，认为被告属于擅自使用与他人有一定影响的商品名称、包装、装潢等相同或者近似的标识[②]。

---

① 见南京铁路运输法院（2017）苏8602民初564号案判决书正文。
② 见《反不正当竞争法》第六条第一项。

目前，对于网站能否被认定为知名商品特有的包装、装潢进行保护，主要有以下两种观点。

第一种观点认为，《反不正当竞争法》禁止仿冒的"包装""装潢"是一种物质载体意义上的"包装"，是为了在商品流转过程中保护商品、便于存储、促进销售，而为商品专门设计安置的容器、材料等。网页本身属于经营者提供的商品、服务内容或内容的组成部分，起不到在商品或服务之外识别和美化商品或服务的作用，因此，如果原告主张其网站中的网页元素或应用软件中部分页面内容被他人抄袭，由于难以将网页元素或页面内容解释为网站或应用软件的"包装""装潢"，因而即使他人抄袭了这些内容，也难以适用《反不正当竞争法》中的仿冒条款进行规制①。

第二种观点认为，新修订的《反不正当竞争法》第六条明确将网页作为商业标识予以规定，扩大了商业标识的范围。根据该条规定，具有识别商品和服务来源的网页可以适用反不正当竞争法的特殊条款予以保护，网页法律地位在反不正当竞争法上得到了肯定②。

对此，笔者赞同第一种观点。《反不正当竞争法》对于知名商品特有的包装、装潢（新修订后的《反不正当竞争法》将"知名"修改为"有一定影响"）是被视为"未注册商标"来使用的，即如果某商品的包装、装潢具有一定的知名度和影响力，那么该包装就能像商标一样起到识别商品来源的作用。网站能否被认定为是知名商品特有的包装、装潢呢？笔者认为应该要慎重理解《反不正当竞争法》对于包装、装潢的实质定义。我国在1983年国家标准中，对包装的定义是："为在流通中保护产品、方便储运、促进销售，按一定的技术方法所采用的容器、材料和辅助物的过程中施加一定技术方法等操作活动。"网站虽然可以被理解为是经营者提供的一种商品或者服务，但是其仍然只是由域名、空间服务器、DNS域名解析、网站程序、数据

---

① 曹丽萍：《网页抄袭可能引发的法律纠纷》，载《中国知识产权》总第129期。
② 杨馥宇：《网页的著作权与不正当竞争保护界分》，载《人民司法》2019年第22期，第91—95页。

库等组成的集合。网站的实质含义与"包装"或者"装潢"的实质含义显然不同,其起到的作用也不尽相同,多数网站虽然具备一定的知名度,但是相关公众还是不能仅仅通过网页各板块之间的布局、颜色、线条、图画等就可以识别出网站的提供者。因此,笔者认为,网站布局、结构和设计成果被认定为商品特有的"包装、装潢"比较困难。

3.以《反不正当竞争法》一般条款起诉,认为被告抄袭网站的行为违背了公平、诚信原则,损坏商业道德

《反不正当竞争法》第二条规定:经营者在生产经营活动中,应当遵循自愿、平等、公平、诚信的原则,遵守法律和商业道德。不正当竞争行为,是指经营者在生产经营活动中,违反本法规定,扰乱市场竞争秩序,损害其他经营者或者消费者的合法权益的行为。该条是《反不正当竞争法》的一般条款,在前述南京铁路运输法院案例当中,法院同样引用该条认定被告的行为违背了自愿、平等、公平、诚信的原则。实践当中也有不少法院直接以第二条的一般条款作为认定不正当竞争行为的依据。虽然该条是一个"兜底条款",但是,笔者认为不应该随意地适用该条款对事实进行认定。

关于在互联网市场背景下对《反不正当竞争法》第二条规定如何适用的问题,最高人民法院在"奇A公司、奇B公司与甲公司、腾讯某公司不正当竞争纠纷案〔(2013)民三终字第5号〕"中指出,经营者在市场交易中,应当遵循自愿、平等、公平、诚实信用的原则,遵守公认的商业道德。上述规定同样适用于互联网市场领域。认定行为是否构成不正当竞争,关键在于该行为是否违反了诚实信用原则和互联网行业公认的商业道德,并损害了他人的合法权益。

《最高人民法院知识产权案件年度报告(2010)》中对适用反不正当竞争法一般条款认定不正当竞争行为的条件与标准进行了限定:如适用《反不正当竞争法》第二条的原则规定,认定构成不正当竞争应当同时具备以下条件:一是法律对该种竞争行为未作出特别规定,二是其他经营者的合法权益确因该竞争行为而受到了实际损害,三是该种竞争行为因确属违反诚实信用原则和公认的商业道德而具有不正当性或可责性。

可见，最高人民法院认为，即便该行为违反了诚实信用原则而给其他经营者造成了实际损害，但是适用反不正当竞争法一般条款的前提是，法律对该种竞争行为未作出特别规定。如果在反不正当竞争法其他条款或者其他法律已经可以对该种竞争行为进行了规制，则不适宜再适用第二条一般条款的规定。

【结语】

网站抄袭在当今互联网环境当中时有发生，不少权利人在遇到此类事件后不知所措，更有很多权利人采取了"睁一只眼闭一只眼"的消极态度。笔者认为，遇到此类案件，应当尽快委托专业律师对案件进行全面分析，并采取合适的诉讼策略，这样才能在第一时间维护公司的利益，确保公司的无形资产不被侵蚀。

（撰稿人：聂丽敏）

使用知名企业字号构成不正当竞争

——唐山市某斗路桥机械有限公司与郑州市某斗路桥有限公司不正当竞争纠纷案

要旨：字号是企业名称组成要素中最具有区别性、显著性、表义性的要素，体现了企业名称中主要的识别功能和承载商誉的功能。当企业名称因知名度的提高而在相关公众中产生了识别功能时，单独使用的字号同样在相关公众中具有相同的识别功能。因此，有一定影响的企业名称中的字号通常会被认定为企业名称受到反不正当竞争法的保护。《反不正当竞争法》第六条规定，经营者不得擅自使用他人有一定影响的企业名称（包括简称、字号等）。

案情介绍

【案情简介】

唐山市某斗路桥机械有限公司（以下简称唐山某斗路桥公司）成立于2006年2月28日，以自主研发生产"某斗"牌专业混凝土摊铺整平设备为主、养路机械为辅，系一家集研发、生产、销售、服务于一体的专业化路桥设备生产经营企业。近年来，唐山某斗路桥公司发现郑州市某斗路桥有限公司（以下简称郑州某斗路桥公司）擅自使用唐山某斗路桥公司有一定影响的企业字号"某斗路桥"作为企业的名称，并在官方网站突出使用"某斗路桥"作为其网站标志，此外，在某度等搜索引擎中恶意建立搜索链接，人为设置关键词。

大成律师事务所王现辉、张晓汉接受唐山某斗路桥公司委托，分析后认为郑州某斗路桥公司的相关行为构成商标侵权及不正当竞争。为此，我方向法院提交了如下证据。（见表4-1）

表 4-1 原告方证据清单

序号	证据名称	来源	证明内容及目的
	第一部分证据：注册人为原告的商标注册证		
1-1	第 1726xxx 号 "某斗及图" 注册商标	国家知识产权局	证明：该商标权属及商标至今处于有效状态
1-2	第 21828xxx 号 "某斗" 注册商标		
1-3	第 40090xxx 号 "某斗" 注册商标		
1-4	第 40107xxx 号 "某斗路桥" 注册商标		
1-5	第 40099xxx 号 "某斗路桥机械" 注册商标		
2-1	郑州市某斗路桥有限公司工商登记信息	国家企业信用信息公示系统	证明：被告的主体信息及被告与原告存在竞争关系
2-2	（2020）冀石燕赵证民字第 10xxx 号	河北省石家庄市燕赵公证处	证明：被告恶意仿冒原告商标专用权的事实和情节，被告恶意搭建搜索链接，"傍名牌" 构成不正当竞争
2-3	"zxxxlq.cn" 域名信息备案	中华人民共和国工业和信息化部	证明："zxxxlq.cn" 域名所有者信息
3-1	2014 年 12 月 23 日 "河北省科技型中小企业" 荣誉证书	河北省科学技术厅	证明：被告公司设立之前原告 "某斗" 字号及商标品牌已在路桥机械领域及专业混凝土摊铺整平设备领域成为全国知名品牌，并具有较大影响力
3-2	2016 年 7 月 11 日 "bauma China2016" 宝马工程中国博览会参展确认函及现场图片	慕尼黑展览（上海）有限公司	
3-3	2015 年 9 月 21 日《怀来县交通运输局政府采购扫路车项目》成交结果通知书	怀来县公共资源交易中心	
3-4	2015 年 10 月 26 日《宣化县交通运输局公路管理站除雪车项目》中标通知书	宣化县交通运输局公路管理站	

续表

序号	证据名称	来源	证明内容及目的
3-5	2015年10月30日《阳泉县交通运输局公路管理站多功能除雪车政府采购项目》中标通知书	阳泉县交通运输局公路管理站	
3-6	2015年11月4日《赤城县交通运输局公路管理站扫路车政府采购项目》中标通知书	赤城县公共资源交易中心	
3-7	2017年9月13日《中国铁建大桥工程局集团有限公司桁架摊铺机招标项目》中标通知书	中国铁建大桥工程局集团有限公司集采中心	
3-8	2016年6月25日《全自动桁架式分体辊轴摊铺机买卖合同》及发票	中铁五局集团机械化工程有限责任公司	
3-9	2016年7月4日《政府采购路面开槽灌缝机与路面开槽机合同》及发票	玉田县交通运输局玉溪公路管理站	
3-10	2016年7月5日《桁架摊铺机销售合同》及发票	东盟营造工程有限公司	
3-11	2016年12月20日《激光摊铺机采购合同》及发票	中铁十五局集团第二工程有限公司	
3-12	2017年3月20日《全自动桁架式分体辊轴摊铺机销售合同》及发票	四川嘉亿德劳务有限公司	
3-13	2017年4月14日《全自动桁架式分体辊轴摊铺机购置合同》及发票	甘肃万泰建设工程有限公司	
3-14	2017年4月25日《全自动桁架式分体辊轴摊铺机购置合同》及发票	陕西路桥集团有限公司第三工程公司	
3-15	2017年5月2日《8.5米框架式混凝土辊轴摊铺整平机合同》及发票	中交二公司东萌工程有限公司	
3-16	2017年5月22日《激光桁架摊铺机设备买卖合同》及发票	中铁十二局集团第三工程有限公司	
3-17	2017年5月28日《液压型驾驶式摊铺标光机购销合同》及发票	中铁十四局集团第三工程有限公司	

续表

序号	证据名称	来源	证明内容及目的
3-18	2017年6月2日《悬挂式激光混凝土摊铺整平机购销合同》及发票	中铁十四局集团第三工程有限公司	
3-19	2017年6月14日《液压型驾驶抹光机激光桁架摊铺机合同》及发票	中交二公司第三工程有限公司	
3-20	2017年7月20日《激光桁架摊铺机等设备购买、安装合同》及发票	中铁十六局集团第五工程有限公司	
3-21	2017年8月3日《抹光机、摊铺机买卖合同》及发票	中国铁建大桥工程局集团有限公司	
3-22	2017年8月4日《激光桁架式混凝土摊铺整平机等设备购销合同》及发票	中铁十四局集团第三工程有限公司	
3-23	2017年8月16日《激光桁架摊铺机等设备采购合同》及发票	西部中大建设集团股份有限公司	
3-24	2017年9月13日《桥面系、隧道系摊铺设备采购合同》及发票	中铁十七局集团第六工程有限公司	
4-1	2018年1月11日"河北省科技型中小企业"荣誉证书	河北省科学技术厅	证明：原告在路桥机械领域有很高的"某斗"系列品牌知名度及在设备领域混凝土摊铺整平设备领域拥有较大的影响力
4-2	2018年12月31日"好口碑十大品牌"荣誉证书	好口碑品牌评价组委会	
4-3	2019年8月"渠道衬砌机十大品牌"荣誉证书	中国行业十大品牌活动组委会	
4-4	2018年2月5日"bauma China2018"宝马工程中国博览会参展确认函及现场图片	慕尼黑展览（上海）有限公司	
4-5	2020年8月11日"bauma China2020"宝马工程中国博览会参展确认函	慕尼黑展览（上海）有限公司	
4-6	2019年6月17日《混凝土摊铺机采购》成交通知书	中铁七局郑州公司设备管理部	
4-7	2019年12月12日《混凝土摊铺机询价采购》中标通知书	中铁四局集团路桥工程有限公司	
4-8	2020年8月14日《激光摊铺机采购》中标通知书	中铁四局集团路桥工程有限公司	

续表

序号	证据名称	来源	证明内容及目的
4-9	2020年9月15日《桥面摊铺机及抹光机采购》中选通知书	重庆交通建设（集团）有限责任公司	
4-10	2018年5月2日《11米桁架市辊轴摊铺机整平机销售合同》及发票	青岛康鑫源工程劳务有限公司	
4-11	2018年5月3日《激光桁架摊铺机等设备采购合同》及发票	中铁十四局第三工程有限公司	
4-12	2018年7月9日《超声波桁架摊铺机购销合同》及发票	陕西路桥集团有限公司	
4-13	2018年7月16日《UHPC铺装设备工矿产品订货合同》及发票	上海城建市政工程（集团）有限公司	
4-14	2018年8月13日《长福A2项目摊铺机采购合同》及发票	中铁十七局集团第六工程有限公司	
4-15	2018年10月6日《超声波桁架摊铺机等设备采购合同》及发票	山西路桥第二工程有限公司	
4-16	2018年10月7日《基层处理剥离剂喷涂机采购工装设备采购合同》及发票	中国水利水电第七工程局有限公司	
4-17	2019年3月14日《超声波桁架摊铺机购销合同》及发票	河北万宇建设工集团有限公司	
4-18	2019年4月1日《超声波桁架摊铺机等设备采购合同》及发票	山西路桥第二工程有限公司	
4-19	2019年4月18日《激光桁架摊铺机等设备买卖合同》及发票	中铁北京工程局集团有限公司	
4-20	2019年5月8日《摊铺机、抹光机采购合同》及发票	中铁十八局集团有限公司	
4-21	2019年6月8日《激光桁架摊铺机设备采购合同》及发票	中交二公司第三工程有限公司	
4-22	2019年6月30日《超声桁架摊铺机机械设备购销合同》及发票	浙江交工集团第三工程股份有限公司大桥分公司	
4-23	2019年7月7日《超声桁架摊铺机等设备采购合同》及发票	中铁十四局集团第三工程有限公司	
4-24	2019年8月27日《UHPC整平习承揽合同》及发票	中铁大桥科学研究院有限公司	
4-25	原告产品用于各大项目施工现场图片	原告	

续表

序号	证据名称	来源	证明内容及目的
5-1	被告公司某音号截图	某音	证明：被告恶意"傍名牌"构成不正当竞争
5-2	被告公司某手号截图	某手	
5-3	被告公司2020年3月以后多次申请注册"某斗路桥"商标	天眼查	证明：被告知晓"某斗路桥"商标知名度，恶意注册"某斗路桥"商标，构成不正当竞争
6-1	律师费合同及发票	原告	证明：原告为打击侵权，维护合法权益支付的合理开支，律师费10万元，公证费1800元
6-2	公证费发票	原告	

某派公司起诉至法院，请求判令：1.被告立即停止使用并限期更改企业名称，且变更后的企业名称中不得含有"某斗"字样；2.被告停止擅自使用、对外宣传含有"某斗""某斗路桥""某斗路桥机械"等字样的商标侵权及不正当竞争行为；3.被告赔偿原告商标侵权及不正当竞争经济损失100万元；4.被告赔偿原告为制止侵权行为所支付的合理开支101800元；5.被告承担本案全部诉讼费用。

事实与理由如下：原告成立于2006年2月28日，以自主研发生产"某斗"牌专业混凝土摊铺整平设备为主、养路机械为辅，系一家集研发、生产、销售、服务于一体的专业化路桥设备生产经营企业。

经原告多年经营，"某斗"系列注册商标及"某斗"品牌已经与原告公司形成了长期、稳定、唯一的对应关系，在专业混凝土摊铺整平设备领域已经成为全国知名品牌。原告发现，被告在其官方网站中公开使用与原告上述注册商标近似的标识，并突出使用"某斗路桥"作为其网站标识，同时在"某斗路桥"标识后提供其营销电话：1529425××××，可以全国下单，还通过"某音""某手"等平台大肆宣传，造成了相关公众的混淆误认，即认为被告产品为原告生产或者与原告之间存在某种关联。同时，原告还发现，在百度搜索引擎查询"某斗路桥"，弹出结果第一个显示的是"郑州市某斗路桥有限公司"的网站，网址为www.z×××lq.cn。被告的上述行为误导了消费者，严重侵害了原告的合法权益，构成不正当竞争。

另外，被告的法定代表人杨某舵于2017年10月27日在河南省荥阳市注册了郑州某斗路桥公司，其注册公司时知晓唐山某斗路桥公司"某斗"字号及商标品牌的存在及知名度，被告法定代表人杨某舵恶意注册与原告公司名称及原告注册商标名称相一致的"某斗"作为企业字号，且其经营范围与原告经营范围及涉案商标核定的商品类别相同，并且在2020年3月以后多次申请注册"某斗路桥"商标。原告认为，被告擅自使用原告有一定影响的企业字号及仿冒原告"某斗路桥"注册商标，攀附恶意明显，极易导致相关公众混淆误认，构成不正当竞争。

被告郑州某斗路桥公司辩称，一、被告没有侵犯原告的商标权。第一，原告的第二项诉讼请求是认为被告的行为构成不正当竞争，不是侵犯其商标权，因此被告在网站上使用其字号简称是否构成商标侵权不属于本案的审查范围。虽然商标侵权属于学术上广义的不正当竞争行为，但我国法律体系中商标侵权与不正当竞争是互相独立的法律关系，需要当事人明确其诉讼请求及相应的事实和法律关系。第二，根据2002年《最高人民法院关于审理商标民事纠纷案件适用法律若干问题的解释》第一条第一项规定的"将与他人注册商标相同或者相近似的文字作为企业的字号在相同或者类似商品上突出使用，容易使相关公众产生误认的"该行为属于《商标法》第五十二条第五项规定的给他人注册商标专用权造成其他损害的行为，以及2009年《最高人民法院关于当前经济形势下知识产权审判服务大局若干问题的意见》"企业名称因突出使用而侵犯在先注册商标专用权的，依法按照商标侵权行为处理；企业名称未突出使用但其使用足以产生市场混淆、违反公平竞争的，依法按照不正当竞争处理。对于因历史原因造成的注册商标与企业名称的权利冲突，当事人不具有恶意的，应当视案件具体情况，在考虑历史因素和使用现状的基础上，公平合理地解决冲突，不宜简单地认定构成商标侵权或者不正当竞争"的意见，仅有当突出使用企业名称时才有可能构成商标侵权。被告在"某音""某手"上使用的均是"郑州市某斗路桥有限公司""郑州某斗路桥"，没有突出使用"某斗"或"某斗路桥"，因此也不应当适用《商标法》进行评价。第三，被告的经营领域与原告商标保护的类别不相同也不近似，不构成商标侵权。被告成立于2017年10月，原告的商标仅有第1726×××号"某斗及图"早于被告的成立时间，但该商标被核准注册的商品是第7大类中第0742小类"金属切削机床，切削工具和其他金属加工机械"中的钻头（机器部件）、刀片（机器部件）、刀具（机器零件）等，而路桥设备是属于第7大类中第0733小类"建筑、铁道、土木工程用机械"，包括压路机、铺路机、多用养路机等，两者明显不构成类似商品，因此也不可能构成商标侵权。原告申请注册的其余4个商标类别与被告的经营领域也不相同，不相类似。第四，被告字号于2017年10月核准注册，早于原告的第21828×××号、第40090×××号、第40107×××号、第40099×××号商标的申请注册时间，被告在其网站上使用"某斗、某斗路桥、某斗路桥机械"属于对其享有在先字号权的合理使用。二、原告的企业名称不具有知名度，被告不构成擅自使用他人有一定影响企业名称的不正当竞争行为。原告与被告企业分别在唐山市与郑州市注册成立，法律并不禁止在不同地域的企业使用相同的字号。根据《最高人民法院关于当前经济形势下知识产权审判服务大局若干问题的意见》"对于因历史原因造成的注册商标与企业名称的权利冲突，当事人不具有恶意的，应当视案件具体情况，在考虑历史因素和使用现状的基础上，公平合理地解决冲突，不宜简单地认定构成商标侵权或者不正当竞争"。《商标法》第五十八条"将他人注册商标、未注册的驰名商标作为企业名称中的字号使用，误导公众，构成不正当竞争行为的，依照《中华人民共和国反不正当竞争法》处理"，以及《反不正当竞争法》第六条第二项"擅自使用他人有一定影响的企业名称（包括简称、字号等）、社会组织名称（包括简称等）、姓名（包括笔名、艺名、译名等）"的规定，只有"有一定影响的企业名称"，才可能误导公众，才能禁止他人使用。本案原告的证据不足以证明其字号是"有一定影响的企业名称"，尤其在被告2017年10月成立之前，原告没有任何知名度。原告提交的两类荣誉证书，一类是技术型企业的认定，与知名度、影响力无关；另一类是由不具有公信力、权威性的私人企业颁布的。原告提交的合同显示其业务量非常小，5年内仅有不足30单，且完全没有涉及河南及河南周边省份。我国有5000家以上的路桥企业注册资本金超过5000万元，而原告注册资本金只有500万元，仅仅是数千家路桥设备企业中的一个小规模企业，原告在路桥设备行业中根本不具有知名度，被告在郑州市使用"某斗"字号，不会误导公众，不构成不正当竞争行为。被告使用"某斗"字号，不具有攀附原告企业的故意。由于原告字号并不具有知名度，被告在进行企业注册的名称预登记时，并不知道原告企业的存在。且"某斗"并不是第一选择，而是作为三个备选名称的其中一个。综上，被告没有实施任何不正当竞争行为。三、原告的全部诉讼请求均应当予以驳回。1.请求判令被告更改企业名称且变更后不得含有"某斗"字样,没有事实和法律依据。原告没有证据证明其企业字号"有一定影响",更没有证据证明其在河南地区有一定影响,被告在河南使用"某斗"字号不会造成相关公众的误认,原告无权禁止他人在企业名称中使用"某斗"字样。另外,即便原告可以证明其在被告成立之后逐渐形成了影响,但基于被告的在先善意使用,原告也无权禁止被告继续使用"某斗"字号。2.请求判令被告禁止使用、对外宣传"某斗""某斗路桥""某斗路桥机械"的不正当竞争行为,没有法律依据。将他人注册商标在字号中突出使用是商标侵权行为,不是不正当竞争行为。原告诉求的法律依据错误。并且上述行为仅是被告对其在先享有的字号权合理的使用,并未侵犯原告的注册商标专用权。3.请求赔偿不正当竞争经济损失100万元,没有事实和法律依据。被告自2017年10月注册之后,由于厂区土地问题,没有获得环评,因此无法进行设备的制造、销售行为。被告在网站上展示的均是他人的设备图片,从未形成实际交易。原告的合同显示,其销售的基本都是摊铺机等基础设备,技术简单、利润低,单个合同的总价往往也仅有10万元,其请求赔偿经济损失100万元没有依据,其请求10万元的律师费并不属于合理范围。综上,请求贵院依法驳回原告唐山某斗路桥公司的全部诉讼请求。

【一审判决与结果】

本院认为,《反不正当竞争法》第六条规定,经营者不得擅自使用他人有一定影响的企业名称(包括简称、字号等)。原告唐山某斗路桥公司主张被告郑州某斗路桥公司擅自使用其有一定影响的企业字号"某斗",构成不正当竞争行为。首先,被告郑州某斗路桥公司的登记经营范围包括路桥工程维护及机械设备、路面桥梁设备的生产销售,并且其公司的网站展示有摊铺机等机械设备。唐山某斗路桥公司的经营范围也包含摊铺机、抹光机等机械设备。两者经营范围相同,原被告双方存在竞争关系。其次,唐山某斗路桥公司提供证据证明中铁五局、中铁十二局、中铁十四局、中铁十五局、中铁十六局、中铁十七局、中国铁建大桥工程局、陕西路桥集团有限公司等大型企业采购其生产的摊铺机、抹平机等机械设备,使用在国内重大公路建设工程中,足以证明唐山某斗路桥公司在摊铺机、抹光机机械设备生产销售领域具有一定的影响。在通信、交通、互联网高度发达的今天,被告郑州某斗路桥公司的发起人杨某舵完全有能力获悉唐山某斗路桥公司在相关行业内的知名度,故被告擅自使用"某斗"作为企业字号,构成不正当竞争,原告要求被告停止使用"某斗"作为企业字号以及停止使用含有"某斗"字样进行对外宣传的诉讼请求,理由成立,本院予以支持。关于原告主张被告停止使用含有"某斗路桥""某斗路桥机械"进行宣传的诉讼请求,因"路桥"及"路桥机械"分别表示行业类别及行业设备,均属于通用词汇,判令被告停止使用"某斗"足以区分产品或服务来源,故对原告的该项诉讼请求,本院不予支持。

关于赔偿数额,《反不正当竞争法》第十七条规定:经营者违反本法规定,给他人造成损害的,应当依法承担民事责任。因不正当竞争行为受到损害的经营者的赔偿数额,按照其因被侵权所受到的实际损失确定;实际损失难以计算的,按照侵权人因侵权所获得的利益确定。赔偿数额还应当包括经营者为制止侵权行为所支付的合理开支。经营者违反本法第六条、第九条规定,权利人因被侵权所受到的实际损失、侵权人因侵权所获得的利益难以确定的,由人民法院根据侵权行为的情节给予权利人500万元以下的赔偿。本案中,原告为维权支付公证费1800元,律师费10万元。公证费属于维权必要合理开支,予以支持;关于律师费,本院考虑到代理律师为维权所付出的必要劳动强度,将律师费酌定为20000元。原告没有证据证明因侵权所受到的实际损失以及被告因侵权所获利益,本院综合考虑被告侵权行为的性质、情节、经营规模、经营时间等因素,将赔偿数额酌定为10000元。

综上,依照《反不正当竞争法》第六条第二项、第十七条,《民事诉讼法》第六十四条之规定，判决如下：

一、被告郑州某斗路桥公司应于本判决生效之日起立即停止使用含有"某斗"字样的企业名称；

二、被告郑州某斗路桥公司应于本判决生效之日起立即停止使用含有"某斗"字样的宣传用语；

三、被告郑州某斗路桥公司应于本判决生效之日起十五日内赔偿原告唐山某斗路桥公司经济损失及合理开支共计31800元；

四、驳回原告唐山某斗路桥公司的其他诉讼请求。

一审判决已生效。

案例评析

【案件分析】

（一）如何界定企业字号具有一定的影响？

《反不正当竞争法》第六条第二项：经营者不得实施下列混淆行为，引人误认为是他人商品或者与他人存在特定联系："擅自使用他人有一定影响的企业名称（包括简称、字号等）、社会组织名称（包括简称等）、姓名（包括笔名、艺名、译名等）"，只有"有一定影响的企业名称"，才可能误导公众，才能禁止他人使用。本案被告认为原告的证据不足以证明其字号是"有一定影响的企业名称"，针对原告字号是否有一定影响力的问题，我方从以下几点进行了论证。

1.原告成立时间早、行业影响力大：唐山某斗路桥公司成立于2006年2月28日，以自主研发"某斗"牌专业混凝土摊铺整平设备为主、养路机械为辅，在混凝土摊铺整平设备方面，针对高速铁路现浇梁、预制梁的顶板摊铺整平、高铁防水保护层的混凝土摊铺整平机械化、高铁及高速公路两侧的流水渠施工难的问题，研制出了全自动桁架式分体辊轴摊铺机、激光机整平机等,不仅解决了混凝土大面积施工的难题,而且打造了路面、桥面、地坪的高水准平整度。原告唐山某斗路桥公司系行业开创者,解决了该领域诸多难题,一直处于行业领先地位,在路桥机械领域影响力大。

2.原告市场经营范围广、品牌认可度高:原告唐山某斗路桥公司成立至今已有14年的时间,一直致力于路桥机械领域设备的研发制造,且原告的注册商标与原告的企业字号可以相互印证,原告的企业名称在路桥机械领域具有一定的影响力,市场经营范围广、品牌认可度高。原告通过提交部分被告公司设立前的荣誉证书、中标通知书、合同及发票证明原告在路桥机械领域与中铁、中交、上海城建、中国水利水电工程局、西部中大建设集团、山西路桥集团、甘肃万泰建设工程有限公司等多家大型国有建筑公司进行长期的业务合作,在路桥机械领域及专业混凝土摊铺整平领域"某斗"品牌具有相当高的知名度。

3.知名度不应只考虑地域性,还应考虑行业特殊性:本案原告生产的产品主要是专业混凝土摊铺整平设备,该设备属于路桥机械行业的细分、小众领域,界定这类细分领域的市场知名度应充分考虑设备的销售对象公司的规模及影响力,不能仅考虑它的地域性。原告在路桥机械领域与中铁、中交、上海城建、中国水利水电工程局、西部中大建设集团、山西路桥集团、甘肃万泰建设工程有限公司等多家大型国有建筑公司进行长期的业务合作,可以认定原告在专业混凝土摊铺整平领域具有很高的知名度,具有一定的企业影响力。

(二)被告实施了哪些混淆行为,引人误认为是原告商品或者与原告存在特定联系

1.被告公司注册时以"某斗路桥"作为企业字号,攀附恶意明显:被告公司擅自注册含有"某斗路桥"字样的企业名称,并在同类市场广泛适用,利用原告的行业知名度牟利。这种"搭便车、傍名牌"的行为,违背了公认的商业道德,违背了公平、诚实信用原则,构成不正当竞争行为,严重侵犯

了原告的合法权益。被告公司将原告公司的注册商标"某斗路桥"作为其企业名称中的字号使用，会使相关公众误认为其与原告存在特定联系，其行为构成不正当竞争，因此应承担停止侵权及赔偿损失的民事责任。根据《反不正当竞争法》第十八条第二款的规定，经营者登记的企业名称违反本法第六条规定的，应当及时办理名称变更登记；名称变更前，由原企业登记机关以统一社会信用代码代替其名称，被告公司应立即停止使用带有"某斗""某斗路桥"文字的企业名称并变更其企业名称。

2.被告恶意建立搜索链接，人为设置关键词的优化：原告发现在百度搜索引擎查询"某斗路桥"，弹出结果页第一个为显示"郑州市某斗路桥有限公司"的网站，网址为"www.zxxxq.cn"，原告通过中华人民共和国工业和信息化部官方网站查询该网址的域名备案信息为被告公司。被告公司通过人为关键词的优化，严重侵害了原告的合法权益，属于典型的不正当竞争行为。

3.被告公司官网侵害了原告注册商标权，构成不正当竞争：被告公司官方网站公开使用的标识与原告注册商标第1726×××号图形标识非常近似，尤其是"某斗"大写首字母"XD"的组合设计，无论从构造还是倾斜度，均可明显看出被告抄袭了原告的设计理念，被告还在官网上突出使用"某斗路桥"作为其网站标志，恶意攀附原告的注册商标标识，导致相关公众混淆，侵害了原告的注册商标权并构成不正当竞争。

4.被告公司多次恶意申请注册"某斗路桥"商标：被告在知晓"某斗"品牌的知名度及原告已获得"某斗""某斗路桥""某斗路桥机械"等商标的情况下，在2020年3月以后多次恶意申请注册"某斗路桥"商标，攀附恶意明显，极易导致相关公众混淆误认，构成不正当竞争。

（三）被告存在大量实际交易行为，法院应当适用举证妨碍制度

被告在答辩中声称因环评未通过，被告公司成立至今未投入生产和销售，且被告公司官网上展示的照片均是他人的设备照片，从未形成实际交

易。但原告发现其在"某音""某手"等平台上有相关车间生产及高速施工现场视频的展示,证实其存在生产销售行为。根据《商标法》第六十三条第二款关于举证妨碍制度:"人民法院为确定赔偿数额,在权利人已经尽力举证,而与侵权行为相关的账簿、资料主要由侵权人掌握的情况下,可以责令侵权人提供与侵权行为相关的账簿、资料;侵权人不提供或者提供虚假的账簿、资料的,人民法院可以参考权利人的主张和提供的证据判定赔偿数额。"据此,法庭可以调取被告的相关税务记录,以证实被告存在大量的销售行为,获取了高额利润。

笔者认为,通过上述论述已经证明原告企业名称具有一定的影响,被告通过"傍名牌""搭便车"等混淆行为,引人误认为是原告商品或者与原告存在特定联系,符合《反不正当竞争法》第六条第二项的规定,且被告存在大量实际交易行为,法院应当适用举证妨碍制度,判决被告承担更严重的法律后果。

【案件思考】

企业简称如何受到《反不正当竞争法》的保护?

企业名称因包含行政区划名称、字号、行业或者经营特点、组织形式等四个要素,所以整个企业名称往往较长。若在经营活动中使用企业名称的全称来称呼企业,存在诸多不便。为此,经营主体在经营活动中有时会将企业名称简化使用,简化后的企业名称即为企业名称的简称。

《反不正当竞争法》意义上企业名称的简称,是市场参与主体对企业名称习惯性的简化称呼,如将"陕西中大国际有限公司"简称为"中大国际",将"中国建筑股份有限公司"简称为"中建",将"天津中国青年旅行社"简称为"天津青旅"。与字号不同,企业简称没有固定的简化规则,简称与企业名称也没有直观的或者逻辑上的对应关系,因此企业名称的知名度并不能当然地对应到企业名称的简称上。企业名称因知名度的提高而在相关公众中具有识别功能，也不能当然推定企业名称的简称也具有同样的识别功能。当企业名称的简称通过在经营活动中频繁使用，在相关公众中与企业已建立唯一的、稳定的联系时，才能被认定为有一定影响的企业简称，从而受《反不正当竞争法》保护。

（撰稿人：张晓汉）

① 此二维码为本案生效裁判文书。

特许经营合同纠纷中"冷静期"条款的法律适用
——刘某某与北京某酷网络科技有限公司特许经营合同纠纷案

要旨： 特许人与被特许人签订特许经营合同后一定时期内，被特许人尚未掌握和利用特许人的经营资源的，被特许人主张适用"冷静期"条款单方解除特许经营合同的，人民法院应当予以支持。

案情介绍

【案情简介】

2020年8月，原告刘某某在网上接触到被告北京某酷网络科技有限公司经营的新零售便利店"便利之星"超市加盟的宣传信息，遂与被告就加盟事宜进行接洽。经过初步了解，原告与被告于2020年10月20日签订了《单店合同书》，约定被告将其所有的"便利之星"品牌标识、经营模式、运营管理系统等许可原告开设和经营该品牌店使用，合同期限自2020年10月20日起至2023年10月19日止。

合同签订当日，原告向被告支付了店面合作费52624元和运营管理费13200元，并于2020年10月23日到11月2日分多次向被告员工支付了选址费用共计1939元。但是，经原告考察及冷静分析认为，原告经营该类便利店风险较大，遂与被告协商解除合同事宜。经过与被告多次协商，被告始终拒绝解除合同并拒不退还原告支付的店面合作费、运营管理费和其他费用。协商无果后，原告将被告起诉至北京市西城区人民法院。

【一审查明】

一、第2755××××号商标注册证记载注册人为被告，注册日期为2018年

11月21日，有效期至2028年11月20日（核准注册第35类，包括广告、特许经营的商业管理等）。

二、2020年10月20日，原告（乙方）与被告（甲方）订立涉案合同，约定：第一条：品牌使用权1.许可的权利：甲方为"便利之星"品牌的唯一所有方……甲方只是将其所有的"便利之星"品牌标识，经营模式，运营管理系统等许可给乙方开设和经营该品牌店使用……2.合作的方式：甲方许可乙方使用的品牌授权形式为普通授权，不具有独占及排他性，且乙方仅有在授权经营范围内使用甲方授予的特定品牌标识……即乙方根据本合同在授权经营范围内只能设立一家甲方授权的品牌店，统一使用甲方授权的品牌标识开展零售、餐饮服务活动……3.授权经营范围：（1）乙方设立的品牌店位于河北省石家庄市；（2）在本合同有效期内，甲方给予乙方一定的区域保护政策……（3）乙方店址确定后须事先报甲方备案确认后方可开业经营……第三条：合作费用，乙方应在本合同签订时一次性向甲方支付店面合作费人民币52624元……运营管理费人民币13200元……除本合同约定以外，若乙方要求甲方委派团队驻店支持、培训指导、装修施工、物品供应、人员招聘等其他服务的，则乙方应向甲方另行支付费用，具体内容由双方协商予以确定。第四条：合同期限和签订：合同期限为三年，自2020年10月20日起至2023年10月19日止。第五条：开业及支持1.选址支持：（1）乙方应当自行选址，或者要求甲方人员，对乙方目标市场的考察调研、为品牌店的选址提供必要的协助和指导。甲方人员提出的建议及意见仅供乙方参考。甲方不对乙方因选址不佳导致投资失败承担任何责任……

【一审判决与结果】

本案争议焦点为两项，其一为本案原被告双方订立涉案合同的性质；其二为原告是否享有涉案合同的解除权。

（一）关于涉案合同的性质

根据《商业特许经营管理条例》（以下简称《条例》）第三条第一款的规

定,商业特许经营是指拥有注册商标、企业标志、专利、专有技术等经营资源的企业,以合同形式将其拥有的经营资源许可其他经营者使用,被特许人按照合同约定在统一的经营模式下开展经营,并向特许人支付特许经营费用的经营活动。具体到本案中,原、被告签订的涉案协议中明确约定被告授权原告使用"便利之星"品牌进行经营活动的权利;被告向原告提供开店咨询指导培训、协助选址、设计等。原告向被告支付合作费。从上述合同约定内容来看,被告将"便利之星"品牌等经营资源授权原告使用,且原告须在被告的统一管理与业务指导下开展经营活动,并向被告支付相应对价。故原、被告签订的涉案合同符合商业特许经营合同的基本特征,其性质应为特许经营合同。

原、被告订立的涉案合同系双方当事人真实意思表示,亦未违反法律法规的强制性规定,系有效合同。涉案合同签订后,双方均应按照约定全面履行合同义务。本案所涉合同订立在《民法典》施行前,相关争议亦发生在《民法典》施行前。依据《最高人民法院关于适用〈中华人民共和国民法典〉时间效力的若干规定》第二十条规定,本案纠纷审理适用《合同法》的规定。同时亦适用特许经营条例的相关规定。

(二)关于原告是否享有解除权

《条例》第十二条规定,特许人和被特许人应当在特许经营合同中约定,被特许人在特许经营合同订立后一定期限内,可以单方解除合同。上述条款设立的目的之一在于提供一种救济渠道,缓解由于信息不对称所导致被许可人盲目订约致损这种显失公平的情形。本案中,原告提交的相关微信聊天记录尚不足以证明其在主张的时间节点向被告行使合同解除权。为此,本院依据原告向本院提起本次诉讼的时间作为其行使合同解除权的时间。该时间距离涉案合同订立亦不足1个月,原告依据"冷静期"条款行使特许合同解除权于法有据。本院对此予以支持。关于合同解除的时间,本院于2020年12月8日将本案起诉书等诉讼材料送达给被告,因此该时间为涉案合同解除的具体时间。

《合同法》第九十七条规定，合同解除后，尚未履行的，终止履行；已经履行的，根据履行情况和合同性质，当事人可以要求恢复原状、采取其他补救措施，并有权要求赔偿损失。本案中，无证据显示被告存在违约之情形。原告亦根据协议约定行使"冷静期"内其所享有的单方解除权。且无证据显示原告已经开店经营，使用了被告的经营资源。亦无证据证明被告履行了技术指导、培训、提供物料、开店服务等义务。为此，原告主张要求被告返还合作费、运营费的诉讼请求具有事实和法律依据，本院对此予以支持。关于原告要求被告返还选址费，本院认为，依据涉案合同约定，原告应当自行选址或要求被告人员对原告目标市场进行考察调研，为选址提供必要的协助和指导，且该选址意见仅为参考。本案中，双方均确认被告依约派员履行了选址义务。原告在不能证明被告存在违约的情形下，要求被告返还该项费用缺乏事实根据和法律依据，本院对此不予支持。

【一审判决】

1.确认原告刘某某与被告北京某酷网络科技有限公司2020年10月20日签订的《单店合同书》于2020年12月8日解除；

2.被告北京某酷网络科技有限公司于本判决生效之日起七日内返还原告刘某某65824元。

案例评析

【律师评述】

商业特许经营，是指拥有注册商标、企业标志、专利、专有技术等经营资源的企业（以下简称特许人），以合同形式将其拥有的经营资源许可其他经营者（以下简称被特许人）使用，被特许人按照合同约定在统一的经营模式下开展经营,并向特许人支付特许经营费用的经营活动。

由于特许经营的核心内容是涉及商标、商号、专利和专有技术等许可使用问题,所以,对于因特许经营引发的纠纷,除了适用《合同法》以外,一般情况下都会涉及《商标法》《专利法》《反不正当竞争法》等知识产权法律的适用问题。2008年,《最高人民法院民事案件案由规定》将特许经营合同纠纷确定为"知识产权纠纷"中的案由,但是由于特许经营合同纠纷本质上来讲属于商事活动,所以和传统的知识产权纠纷案件相比,特许经营合同纠纷同时具备知识产权纠纷与商事纠纷的双重特征。

(一)"冷静期"的法理分析

《条例》第十二条规定:"特许人和被特许人应当在特许经营合同中约定,被特许人在特许经营合同订立后一定期限内,可以单方解除合同。"该条规定即在一定程度上赋予了被特许人在一定条件下任意解除合同的权利,这种"任意解除权"在国外立法中被称为商业特许经营的"冷静期"。

法律规定上述"冷静期"的原因是多方面的,随着特许经营商事活动的蓬勃发展,当今市场中逐渐出现了很多狡猾的企业,利用夸大宣传等手段,编造莫须有或者低质量的经营资源,欺骗众多投资者的加盟经营费用,很多不法商家均被追究了刑事责任。而运气稍好的投资者,也有很多因为信息不对称在后来的经营活动中发现了很多问题,或者头脑发热在签订了特许经营合同之后后悔的情形。而《条例》第十二条规定的"冷静期"就是基于被特许人在特许经营商事活动中往往处于劣势地位的现状,从而给予被特许人倾斜保护的一项"特别条款"。

但是,由于上述法条规定得较为模糊,司法实践中出现了很多实务问题。比如,第十二条规定,任意解除权的形式需基于合同双方在合同中约定了"单方解除权",而如果合同双方未约定上述条款,是否能够基于法律的规定适用该"单方解除权"呢?另外,第十二条规定的"一定期限",实践当中法院如何根据不同案件的不同情形去界定该案是否符合法律规定的"一定期限",上述问题都需要充分的研究。

(二)冷静期的适用是否以合同约定为前提?

在刘某某与北京某酷网络科技有限公司的上述特许经营合同纠纷案件中,虽然双方签订的合同内并没有明确约定冷静期条款,但是人民法院仍然支持了原告的诉讼请求。据此可知,即便特许经营合同中没有关于对任意解除权的约定,法院仍然可以适用《条例》第十二条的规定。之所以会出现这样的结果,笔者认为应当从立法者对《条例》第十二条的立法目的方面解释。我国规定的"任意解除权"其立法目的是保护被特许人的利益,是弥补被特许人天然存在的被动地位。对于特许经营商事合同来说,特许人往往是提供格式合同的一方,其对于法律规定有着更加清晰的认识,如果合同中未赋予被特许人在一定期限内的"任意解除权",极大的概率是特许人为了规避己方义务而有意为之,在被特许人法律意识并不强的情况下,很难对己方权利有着明确的认识,这自然而然就导致了权力失衡。故实践当中即使合同双方未约定任意解除权,对于被特许人实际享有该权利并不构成影响。

(三)如果被特许人已经实际掌握特许人的经营资源,不能再依据冷静期规定单方解除合同

是否适用"冷静期"的规定判决解除特许人与被特许人签订的合同,应该以被特许人是否已经能够利用特许人的特许经营资源为标准,如果被特许人已经掌握了特许人的经营资源,处于可以随时利用并能独立正常经营的状态,此时人民法院不再赋予被特许人"单方解除权",否则将会对特许人造成不利影响,且不利于公平正义的实现。如果被特许人尚未开店且没有使用特许人的经营资源的,一般可以适用冷静期的规定,判决解除双方签订的特许经营合同。

在刘某某与北京某酷网络科技有限公司的上述特许经营合同纠纷案件中,法院在法庭调查阶段对双方签订合同的时间、协议解除合同的时间、原

告的起诉时间进行了详细的调查。经审查，原告起诉时间距离双方签订特许经营合同尚未超过一个月，且被告承认原告尚未使用特许人的经营资源，故而支持了原告在冷静期内解除合同的权利。

心得体会

笔者建议，签订特许经营合同需要被特许人对特许人的商业模式进行详细的调查，同时需要对目标市场行情做充分的调研后确认该项投资可行后，才能签订合同。即便签订了合同，如果事后反悔，需要慎重使用或者不使用特许人的商业资源，也需要在最短的时间内与特许人进行协商解除合同事宜，并保全相关证据。如果协商无果，需要尽快向人民法院提起诉讼，才能在后续可能发生的诉讼中维护自己的合法权益。

（撰稿人：聂丽敏）

①

---

① 此二维码为本案生效裁判文书。

案由的确定与选择对判决结果的重要性
——河北某标建材科技股份有限公司与某航百慕新材料技术工程股份有限公司技术服务合同纠纷案

要旨：案由是诉讼参与人与人民法院区分此案与彼案、此类案件与彼类案件的重要参考，反映的是案件诉争的民事法律关系性质。当事人可以通过选择案由的方式来决定人民法院审理案件适用的法律框架与审判的逻辑，起诉时案由的选择不同，案件的裁判结果也将会不同。因此，当事人再提起诉讼时要选择适合的案由，将自己的权益最大化。

案情介绍

【案情时间线】

2015.8.10	河北某标建材科技股份有限公司（以下简称河北某标公司）与某航百慕新材料技术工程股份有限公司（以下简称某航百慕公司）签订《VCI加工企业技术合作框架协议》
2015.8.11	河北某标公司转账100万元（某航百慕公司开发票，发票项目"技术服务费"）
2016.10.21	双方签署会议纪要，某航百慕公司仍在进行涂装实验和确定新方案
2017.8.8	河北某标公司要求解除合同，向某航百慕公司发送《告知函》
2017.8.16	某航百慕公司复函
2018.5.15	衡水市中院撤销一审民事裁定，案件移送北京海淀区人民法院

2018.8.24	北京海淀区人民法院第一次开庭（案由：买卖合同纠纷）
2019.7.24	北京海淀区人民法院第二次开庭，河北某标公司撤回起诉
2021.3.19	将案由更换为"技术服务合同纠纷"后，北京海淀区人民法院作出一审民事判决
2021.4.2	某航百慕公司提起上诉
2021.8.5	民事二审达成调解

【案情简介】

河北某标公司系生产、销售金属丝网、交通护栏的企业，经过20年的发展壮大，技术力量、生产工艺、生产能力等均名列行业前茅，生产的产品包括声屏障、立柱、隔离栅、护栏网等。为了使钢构件表面附着锌层，从而达到防腐的目的，河北某标公司采用热镀锌也叫热浸锌和热浸镀锌工艺，具体种类包括丝网镀锌、护栏板镀锌、立柱镀锌等。为了替代热镀锌等落后工艺，符合环保要求，与某航百慕公司于2015年8月10日达成《VCI加工企业技术合作框架协议》及附件《材料单价及年VCI产品采购量》。协议约定某航百慕公司为河北某标公司提供替代热镀锌工艺的技术服务，如某航百慕公司产品和技术符合质量要求并达到国家检测标准，河北某标公司将使用新材料替代热镀锌工艺并作为销售代理销售某航百慕公司新材料。协议中约定"河北某标公司需按时支付技术服务费和保证金，签约5日内支付保证金100万元，2015年12月10日前支付100万元技术服务费，此后每年支付一次；河北某标公司应在被授权使用范围内具备市场、客户、产业集中度、厂房、设备、资金等资源"。签约后河北某标公司向某航百慕公司交付100万元，交易明细备注为货款，某航百慕公司开具的发票注明为技术服务费。

2015年10月8日，河北某标公司与某航百慕公司共同针对VCI产品在使用过程中出现的技术问题进行了讨论。2016年10月21日，双方再次形成会议纪要，预计10月底可完成附着力单项检验，根据检测结果进行护栏板全项检测，争取在12月完成。纪要显示当时某航百慕公司仍在进行涂装实验和确定新方案。

2017年8月8日，河北某标公司致函某航百慕公司，称某航百慕公司收取定金后提供的产品无法达到技术要求，河北某标公司因无法使用造成损失，多次沟通仍无法提交国家权威部门出具的检测报告，使河北某标公司无法推广产品，合同约定无法实现，故要求解除合同并返还交付的保证金100万元。同年8月16日，某航百慕公司回函称河北某标公司未按约支付2015年至2016年的技术服务费200万元，收取的保证金并非债务，其认为自身的义务为辅助河北某标公司工作，行为应在河北某标公司处实行，但河北某标公司未尽主要实行义务，故其无法辅助实行；其提供的产品合格，已与河北某标公司产品完成匹配试验，国家权威部门检测报告的出具时间其无法控制，其已提供了交通部通信交通管理工程质量监督站出具的VCI符合防腐涂料检测报告；某航百慕公司提出河北某标公司未按合同要求在2016年12月31日前采购不低于500万元的产品，未支付服务费，故不能退还保证金，并表示鉴于河北某标公司提出解除合同，其将面访或致函河北某标公司当地环保部门，明确双方合作结束。

2018年7月5日，河北某标公司将某航百慕公司诉至北京海淀区人民法院（案由：买卖合同纠纷）。河北某标公司在2018年8月24日第一次开庭时主张本案的案由为买卖合同纠纷案件，称100万元款项性质为货款；而某航百慕公司却主张河北某标公司支付的100万元款项性质为保证金。

2019年7月21日，河北某标公司委托大成律师事务所泽知®知识产权团队王现辉律师为案件的诉讼代理人。2019年7月24日，北京市海淀区人民法院进行第二次开庭，河北某标公司更改案由，认为100万元属于合同约定的技术服务费范畴，因此本案属于技术服务合同纠纷，即本案属于知识产权案件，申请撤回起诉。2019年7月29日，海淀区人民法院准许河北某标公司撤回起诉。

在撤诉后，河北某标公司以技术服务合同纠纷重新提起诉讼，请求法院：1.判决解除河北某标公司与某航百慕公司签订的《VCI加工企业技术合作框架协议》及附件《材料单价及年VCI产品采购量》；2.判决某航百慕公司返还河北某标公司支付的100万元款项以及承担本次诉讼费用。2021年3月19日一审法院作出判决支持了河北某标公司的所有诉讼请求。2021年4月2日，某航百慕公司对一审判决不服提起上诉，在二审中，双方于2021年8月5日达成调解协议。

【争议焦点】

河北某标公司支付的100万元为何种性质，是技术服务费还是货款？

某航百慕公司应否退还河北某标公司支付的100万元？

【法院认定】

因某航百慕公司的涂料始终未能达到河北某标公司的要求，河北某标公司既无法在自身产品上使用某航百慕公司的涂料，更无法进行销售。合同签订时间为2015年8月，约定第一次交付技术服务费的时间为同年12月，合同的结束时间为2021年12月，即双方在签约时在6年合同期内给某航百慕公司留出了一定时间，使其能够根据河北某标公司的要求调整产品的性能，但技术讨论纪要证实，直到2016年10月，某航百慕公司的产品仍不符合河北某标公司的要求，仍在进行试验和确定新方案，河北某标公司亦一直不能正常使用某航百慕公司的涂料，合同签订已超过一年，但基础技术要求未能实现，河北某标公司未继续向某航百慕公司交付技术服务费的行为因此产生，亦有合理依据。后某航百慕公司先行要求河北某标公司交付服务费，河北某标公司遂提出因某航百慕公司违约，其要求解除合同及退费，合同未能正常履行系因某航百慕公司的行为造成。某航百慕公司在庭审中称其产品未达到标准系因为河北某标公司未提供合格的工件标准，但在双方的技术讨论记录中，河北某标公司提出某航百慕公司需解决的技术问题非常明确，针对工件的要求则非常笼统，本案证据中并无某航百慕公司向河北某标公司明确要求如何进一步完善工件的内容，其向河北某标公司催款的信函中及后期回复中亦未提及此节，故一审法院对某航百慕公司的上述意见未予采信。

一审法院认为无论该款系何种性质，现某航百慕公司均无理由不予退还。在某航百慕公司未能提供符合河北某标公司要求的技术和产品的前提下，如该款是保证金，合同解除后理应恢复原状，予以退还；如该款是技术服务费，河北某标公司的技术目的未能实现，仍应退还。关于某航百慕公司所称即便研制不成功，亦应支付其人员参与工作的费用，但合同中并未约定河北某标公司应对某航百慕公司产品不能达到合同要求需共同承担何种责任，某航百慕公司要求扣除人员费用的理由不能成立，且河北某标公司的100万元款项在某航百慕公司处搁置已超过5年，即便发生了人员费用，其利息收益应已足够抵偿。

案例评析

本案中双方签订的合同属于技术合同的范畴，本案中100万元属于合同约定的技术服务费，双方之间属于技术服务合同关系。该法律关系产生的任何纠纷均属于技术合同纠纷，理由如下。

2015年8月10日，某航百慕公司与河北某标公司之间签订《VCI加工企业技术合作框架协议》，该协议第一条约定"某航百慕公司授权河北某标公司使用产品和技术"。第二条约定"某航百慕公司授权河北某标公司使用其品牌、商标、专利销售甲方的VCI产品，承揽金属表面加工业务和进行对外宣传推广"。第五条第一款约定"综合技术服务费作为河北某标公司使用某航百慕公司品牌、商标、技术、专利、新产品延伸、无形资产等的使用权"，第二款约定"在合同期满或此项技术和VCI材料已经确实落后而某航百慕公司不能提供替代技术，双方协商同意终止后10日内某航百慕公司退还保证金给河北某标公司"。第六条第一款约定"某航百慕公司为河北某标公司提供综合技术服务，授权河北某标公司使用VCI复合涂料相关的某航百慕公司商标、技术、新产品、无形资产等的使用权。具体另行签订《品牌和商标使用协议》"，第二款约定"在收到河北某标公司综合服务费及保证金后一个月内，提供给河北某标公司商标和相关专利使用权的授权书"，第三款约定"某航百慕公司协助河北某标公司设计VCI涂装生产线，负责配合河北某标公司进行工艺调试和售后技术服务"，第四款"按河北某标公司要求的时间及时供应河北某标公司合格产品，积极帮助河北某标公司进行生产线升级换代，做好技术支持和服务，并做好VCI材料及产品在国家权威部门的检测、推广、认证和以后的技术延伸使用"，第六款"某航百慕公司协助河北某标公司解决VCI涂装生产线丝网生产中的交叉点死角防腐问题，完善工作浸涂工艺"。第七条第八款约定"采购某航百慕公司产品，河北某标公司需要求支付材料款，现款现货"。根据上述约定可知，双方之间为技术服务合同关系，双方之间的技术服务合同内容为某航百慕公司向河北某标公司提供VCI产品及技术，达到河北某标公司相关丝网可以喷涂某航百慕公司新型涂料之目的，河北某标公司向通过招投标向交通主管部门销售相关丝网产品，积极使用并推销某航百慕公司新型涂料产品。可见，双方系由某航百慕公司应向河北某标公司提供成熟技术而产生的法律关系。同时，根据《最高人民法院关于审理技术合同纠纷案件适用法律若干问题的解释》第四十三条第四款，"合同中既有技术合同内容，又有其他合同内容，当事人就技术合同内容和其他合同内容均发生争议的，由具有技术合同纠纷案件管辖权的人民法院受理"。本案管辖法院应为有技术合同纠纷案件管辖权的北京海淀区人民法院。

心得体会

在本案中，河北某标公司最先以买卖合同纠纷提起诉讼，经过一审、二审管辖裁定，案件移送至北京海淀区人民法院，而后原告撤回起诉，在更换案由后重新提起诉讼，在此后又经历了一审判决、二审调解方尘埃落定。历时之久，笔者作为代理人，感触良多。

本案在变更案由之前，对于支付的100万元款项的性质一直无法作出合理的解释，经过对案件的分析，笔者发现，虽然河北某标公司支付给某航百慕公司的银行转账凭证写的是货款，但实质上该款项属于合同约定的技术服务费的范畴。由此，案件的案由认定为技术服务合同纠纷，这对于后续案件的处理起着决定性作用。

通过本次案件，也让笔者深刻感受到案由对案件审理的重要性。民事案件中案由是案件名称的核心，其反映的是所涉及纠纷的民事法律关系，这对于法院公正地审判有着重要的意义。但是在司法实务中，很多律师认为案由的确定是法官的职责，律师对此是无能为力的。其实恰恰相反，律师在对案由的确定上大有可为，有的甚至能够直接影响诉讼的胜败。对案件案由作出准确认定有利于当事人合理选择诉讼请求，可以间接改变诉讼的走向，甚至对于案件的胜败产生直接的影响。因此，案由的确定与选择值得每一位诉讼律师认真对待，仔细斟酌，以此提高律师的诉讼技巧，更好地维护当事人合法权益。

（撰稿人：王现辉）

①

---

① 此二维码为本案生效裁判文书。

恶意攀附他人知名自媒体名称构成不正当竞争

——廊坊市摩某特网络科技有限公司与固安某橙文化传媒有限公司不正当竞争纠纷案

要旨：随着市场经济和现代科技的快速发展，手机软件APP、微信公众号已成为企业宣传、推广的重要媒介，而手机软件及微信公众号名称标识又是社会大众识别商品或服务来源的重要标识，实践中擅自使用他人有一定影响力自媒体名称现象时有发生，律师提示，恶意攀附他人知名自媒体名称会构成不正当竞争行为。

案情介绍

【案情简介】

廊坊市摩某特网络科技有限公司（以下简称摩某特公司）成立于2013年12月23日，是一家网络科技公司，常年从事计算机软件开发及相关网络技术研发、服务、网站设计、制作及维护；设计、制作、代理、发布广告等业务。2016年，摩某特公司在手机端开发出手机APP"某安生活圈"，2018年7月26日摩某特公司将手机APP"某安生活圈"更名为"某安圈"。手机APP"某安圈"主要业务内容为社会大众提供某安县当地的各种信息发布，包括当地新闻、二手市场、便民商圈、求职招聘、房产等等信息，经过几年的经营，手机APP"某安圈"已经成为某安县当地的知名信息平台，有一定的社会影响力。2019年8月2日某安某橙文化传媒有限公司（以下简称某橙传媒）通过签订转让协议后，将其原有的微信公众号名称变更为"某安圈"并使用，其图标设计、微信公众号名称等分别仿照手机APP"某安圈"图标和名称，极易造成相关公众混淆、误认。

一审法院认定某橙传媒微信公众号图标与摩某特公司手机APP图标在整

体配色、元素组合等方面有较大的近似度，容易造成公众混淆，认为二者具有某种关联联系，构成不正当竞争行为。对于摩某特公司提起的某橙传媒微信公众号名称擅自使用与摩某特公司手机APP名称相同的不正当竞争诉求，一审法院以某橙传媒微信公众号注册时间早于摩某特公司手机APP名称注册时间为由未予以支持。

【争议焦点】

某橙传媒微信公众号名称擅自使用与摩某特公司手机APP相同名称的行为是否构成不正当竞争

【二审过程】

本案为一典型的自媒体名称纠纷案件，尤其在县域经济体内，"某某圈"等微信公众号或者手机软件APP更为常见，已经成为县域内发布信息的重要平台。由于《商标法》第十条第二款规定，县级以上行政区划的地名不得作为商标，故以"县级以上行政区划的地名+圈"等微信公众号名称或者手机软件APP名称无法通过《商标法》进行保护，此种情况下，如何保护相关名称，规制不正当竞争行为成为相关自媒体发展的重要障碍。"县级以上行政区划的地名+圈"名称既不具有商标法保护的基础，也不具有名称上的显著性，保护过度不利于自媒体行业的良性发展，不予保护会造成竞争无序的局面，为此，保护边界尤为重要。

王现辉、张晓汉律师在接受摩某特公司二审委托后分析认为某橙传媒使用"某安圈"的名称构成不正当竞争，一审法院对此不予支持是错误的，并提交如下上诉意见。

（一）被上诉人某橙传媒的微信公众号注册、使用"固安圈"字样构成对上诉人摩某特公司不正当竞争行为，一审法院对此未予认定显属错误

首先，"固安圈"形成时间及使用情况（"固安圈"使用时间的脉络图）

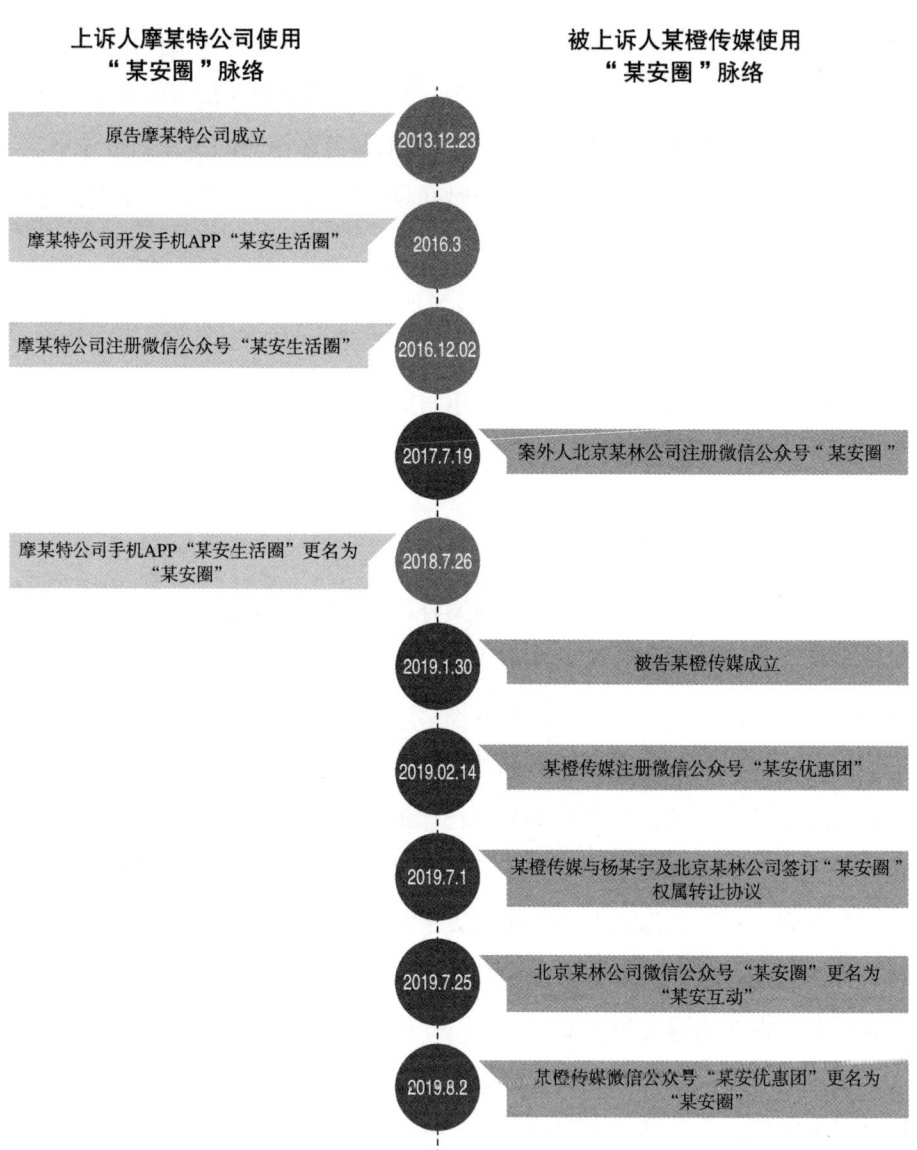

图 1　本案相关时间线

"某安圈"相关的使用时间节点：2016 年 3 月摩某特公司开发使用手机 App "某安生活圈"，2017 年 7 月 19 日案外人北京某林公司登记使用微信公众号 "某安圈"，2018 年 7 月 26 日摩某特公司将手机 App "某安生活圈" 更名为 "某安圈"，2019 年 7 月 25 日北京某林公司将微信公众号 "某安圈" 更名为"某安互动",2019年8月2日某橙传媒将微信公众号"某安优惠团"更名为"某安圈"。

其次,上诉人摩某特公司公众号"某安生活圈""某安圈"APP知名度情况

APP"某安圈"主要业务内容为向社会大众提供某安县当地的各种信息发布,包括当地新闻、二手市场、便民商圈、求职招聘、房产等等信息。经过几年的经营,手机APP"某安圈"已在当地有一定知名度,当地百姓寻姓自己所需信息,大多会从APP"某安圈"上获取。手机APP"某安圈"已经成为当地的知名信息平台,有一定的社会影响力。

2017年—2019年期间,上诉人协助当地县人民政府开发新版当地政府门户网站,多次作为县域内知名自媒体参加了当地的公益活动及自媒体宣传工作调度会,并多次在活动和会议上作为自媒体代表发言。而且在此期间,当地县人民政府官方网站刊登多篇文章,提到上诉人属于当地影响力较大的自媒体平台,在媒体宣传、引导等方面发挥了积极的作用。

上诉人的"某安圈"APP在各大应用平台累计下载量超过了100万次,公众号"某安生活圈"2018年—2019年阅读量达到平均每日2万次左右,是某安最具影响力的公众号之一,并且上诉人与当地近千余家商户签订了商务营销服务协议,上诉人服务对象众多,在当地影响非常大。

再次,被上诉人公众号更名"某安圈"时,与上诉人知名度差异明显,被上诉人"傍名牌"恶意非常明显

上诉人通过整理上诉人与被上诉人在2019年7月2日至2019年9月2日(被上诉人于2019年8月2日更名"某安圈")期间公众号头条文章阅读量时发现,双方文章阅读量存在明显差异,尤其是在同一天刊登相同的文章阅读量差异非常明显,例如2019年8月8日双方均推送《突发!××村附近严重交通事故,面包车头被撞粉碎!》一文,上诉人的阅读量为8824次,被上诉人的阅读量为42次。2019年8月16日双方均推送《车已散架!××村附近严重车祸,两司机已转院至北京!》一文,上诉人的阅读量为8915次,被上诉人的阅读量为46

次。由此可知，双方公众号同时段受众群体数量差异非常明显，知名度差距非常大，可以证实被上诉人更名为"某安圈"其"傍名牌"的恶意非常明显。

"某安圈""某安生活圈"两者语境差别不大，一般"圈子"包括朋友圈，家庭圈、生活圈、社会圈等等。朋友圈，家庭圈、社会圈的交流一般不会通过开设微信公众平台进行，只有与人们生活息息相关而形成的"生活圈"才往往成为微信公众号的对象。在县域范围尤为明显，相关公众一般会认为"某安圈""某安生活圈"两者服务范围相同或者存在必然的关联性，引人误认为两者存在特定联系，构成《反不正当竞争法》第六条第（一）项规定的不正当竞争行为。

最后，涉案"某安圈"与上诉人APP"某安圈"构成不正当竞争行为

上诉人APP"某安圈"自2016年经营以来，尤其是2018年7月16日更名为现在的名称之后，在当地影响力巨大。在如今的自媒体时代，上诉人为此花费了大量人力、物力、财力。被上诉人某橙传媒作为与上诉人同一写字楼办公的公司，必然知道上诉人APP"某安圈"的知名度。2017年7月19日至2019年8月2日之间，"某安圈"微信公众号名称未进行过使用的事实情况可以得出，被上诉人为了搭上诉人知名度的便车，在得知北京某林慧通科技有限公司名下注册"某安圈"微信公众号后，故意联系该公司并形成合作协议，将其原有微信公众平台迁移至涉案公众号平台，故意形成与上诉人微信公众号"某安生活圈"和上诉人APP"某安圈"名称相同或者近似的名称，无论是从时间节点还是其行为节点上看，被上诉人恶意明显。另外，上诉人也因被上诉人的不正当竞争行为造成实际相关公众混淆，给上诉人的声誉已经造成不良影响。一审仅仅因为"某安圈"公众号注册时间早于上诉人的APP"某安圈"的名称时间，没有从整体进行调查进而认定双方不构成不正当竞争是错误的。

（二）被上诉人某橙传媒不正当竞争恶意明显

首先，微信公众号"某安圈"为案外人北京某林慧通科技有限公司于

2017年7月19日注册,在2017年7月19日至2019年8月2日之间案外人北京某林公司并未实际使用"某安圈"微信公众号(详见证据17)。上诉人摩某特公司2016年开发APP"某安生活圈",在本地拥有60万用户(全县在册户籍人口57万人),全网100万的下载量及10至15万的月度活跃用户(占本地常住人口数的20%左右),足以证明上诉人所经营的业务及品牌为当地知名品牌。被上诉人某橙传媒作为与上诉人同处办公的公司,必然知道上诉人APP"某安圈"的知名度,被上诉人为了搭上诉人知名度的便车,在得知北京某林慧通科技有限公司名下注册"某安圈"微信公众号后,故意联系该公司并形成合作协议,将其原有微信公众号平台迁移至涉案公众号平台,故意形成与上诉人微信公众号"某安生活圈"和上诉人APP"某安圈"名称相同或者近似的名称,无论是从时间节点还是其行为节点上看,被上诉人恶意都十分明显。

其次,被上诉人实际使用"某安圈"微信公众号过程中侵权恶意非常明显

摩因特公司APP"固安圈"logo　　　某橙传媒仿冒logo及公众号文章长期使用标识

图2　涉案图标情况

被上诉人"某安圈"公众号实际使用时间是2019年8月2日,跟原告经营业务完全相同,完全仿照原告服务内容,容易使得大众在搜索使用时混淆。其标识"某安圈"公众号:下面四个图标从左到右颜色为蓝、绿、黄、红排列,从左至右四个图标依次排列,是不规则倒立四边形,上端呈波浪形曲线,两边的图标外围系弧形,左右相对,四张图标底端是直线面。被告使用的标识与原告的标识基本一致,明显属于傍上诉人APP"某安圈"的知名度,极易使普通公众发生误认产生混淆,谋取不正当利益。并且,被告某安圈公众号在2019年8月9日起及以后发布的信息中,均在文章底部直接100%

使用了原告"某安圈"APP的标识，对此一审法院已经予以认定。

某橙传媒二审答辩称： 一审判决认定事实清楚，适用法律准确，摩某特公司称一审法院认定事实有误，没有任何依据。请求二审法院驳回上诉，维持原判。具体陈述如下。

（一）某橙传媒使用微信公众号"某安圈"名称并未和摩某特公司的APP"某安圈"进行竞争

某橙传媒使用"某安圈"昵称在前，摩某特公司的"某安生活圈"注册和使用在后。摩某特公司在明知当地有"某安圈"微信平台的情况下理应合理避让，但其依然在明知某橙传媒使用"某安圈"的情况下，将自己公司的"某安生活圈"App更名为"某安圈"。摩某特公司是否对某橙传媒微信公众号"某安圈"造成不正当竞争还有待于商榷。微信公众号与APP属于不同领域的自媒体推广方式，微信公众号主要依托微信平台，主要推广方式是向微信用户推送文章，而APP的推广主要方向是通过应用市场，引导用户下载使用，两者的运营方式和盈利模式存在明显差异。而在"某安圈"和"某安生活圈"两者文字标识中，均包含县级行政区域名称"某安"和显著性较弱的文字"圈"，无论是"某安圈"还是"某安生活圈"均缺乏独创性。且无论是昵称或者图形，在全国范围内以"地域名称"+"圈"字或以"地域名称"+"生活圈"字为昵称的微信公众账号数不胜数，发布内容多以当地生活资讯便民消息为主。因此、摩某特公司主张某橙传媒在先使用的微信公众号名称，不正当竞争了其在后注册使用的同名称APP，没有事实依据。

（二）某橙传媒使用"某安圈"名称远早于摩某特公司注册APP使用"某安圈"名称的时间

某橙传媒使用"某安圈"名称远早于摩某特公司注册APP使用"某安圈"名称的时间，且某橙传媒对微信公众号"某安圈"（现已更名为"某安互动"）及其在当地县互联网信息办公室的账号备案登记记录，证明了某橙传媒和北京某林公司对公众号"某安圈"账号及昵称等信息的使用具有合法性。摩某特公司没有"某安圈"名称及字号的著作权，不享有对该名称及字号的独占权利。摩某特公司称某橙传媒先于在微信公众号注册使用的"某安圈"名称，构成对摩某特公司的不正当竞争行为，属于明显的颠倒是非。而该名称在某橙传媒注册后的使用频率，是某橙传媒自己的经营行为，与摩某特公司无关。且2017年7月19日至2019年8月20日之间，微信公众号"某安圈"一直在运营使用，"某安圈"（现已更名"某安互动"）微信公众号发文记录显示：在2017年7月19日、7月30日、10月16日、10月19日、11月9日、11月11日，2018年8月10日、9月15日，均发布文章，更新状态等使用情况。所以摩某特公司所述某橙传媒在2017年7月19日至2019年8月2日之间未进行过使用，与事实完全不符。

（三）一审审理的内容是摩某特公司APP"某安圈"与某橙传媒的微信公众号"某安圈"之间是否存在侵权及不正当竞争行为，因此摩某特公司提出其公众号"某安生活圈"的相关情况与本案没有关联性。

对于摩某特公司所述其经营的APP"某安圈"的知名情况，某橙传媒认为其陈述没有事实依据，对于摩某特公司公众号"某安生活圈"与某橙传媒公众号"某安圈"的阅读量对比，属于摩某特公司找到的特别个例，没有普遍性不能代表其影响力超过某橙传媒。事实上2017年7月19日，某橙传媒微信公众号"某安圈"（现已更名为"某安互动"）发布的第一篇文章的阅读量就已达到了9000。同日，摩某特公司的公众号"某安生活圈"发布的文章阅读量仅有800，该事实部分足以证明某橙传媒在当时的知名度与影响力大于摩某特公司，如果说利用影响力的问题，只能是摩某特公司利用了某橙传媒的知名度搭便车，所以摩某特公司认为的自身知名度情况毫无事实根据，也与事实不符。摩某特公司运营的APP"某安圈"曾于2020年12月5日被工业和信息化部通报，被列为侵害用户权益行为的APP，参见工业和信息化部《关于侵害用户权益行为的APP通报》（2020年第六批，第46条）。摩某特公司的APP存在恶意收集公众信息情形，这与其自诩的高度知名、影响力并不匹配。

（四）某橙传媒对摩某特公司没有不正当竞争

摩某特公司认为某橙传媒与其在同一写字楼办公，故意与北京某林惠通公司形成合作协议，恶意侵权明显且给其声誉造成不良影响。事实是，在某橙传媒的营业执照中的地址和所有公司联系地址中，并无任何地址与摩某特公司办公地址相同或相近，且某橙传媒在二审中新增的两份证据"廊坊市新媒体账号登记备案表"中可明显体现：无论是北京某林公司的"某安圈"，还是某橙传媒的"某安圈"，其账号所有人都是杨某宇，即某橙传媒的总经理，也可以证明2017年7月19日北京某林惠通公司注册的"某安圈"账号的所有人为杨某宇。无论是一审判决认定的事实，或是摩某特公司与某橙传媒之间使用"某安圈"名称的时间，亦或是双方使用图案有明显区别的表示，以及某橙传媒对摩某特公司的影响力和用户，均可以看出某橙传媒在本行业的时间和影响力远超过摩某特公司，所以摩某特公司在上诉状中的描述与事实完全不符，有浪费司法资源之嫌。

【二审判决与结果】

根据摩某特公司的上诉及某橙传媒的答辩意见，本案确定焦点问题为：某橙传媒微信公众号使用"某安圈"名称的行为，是否对摩某特公司的手机APP"某安圈"构成不正当竞争。

关于不正当竞争。摩某特公司的手机APP"某安圈"程序所经营的内容，是向社会公众提供系列服务项目，据此，"某安圈"名称应属于一种服务（商品）名称。依据《中华人民共和国反不正当竞争法》第六条第（一）项，"经营者不得实施下列混淆行为，引人误认为是他人商品或者与他人存在特定联系：（一）擅自使用与他人有一定影响的商品名称、包装、装潢等相同或者近似的标识……"的规定，摩某特公司的"某安圈"名称是否具有一定影响，是认定其应否受保护的基础。

2017年7月19日，案外人杨某宇开通了微信公众号"某安圈"，其账号主体是位于北京市大兴区某路的北京某林公司。2018年7月26日，在河北省廊坊市注册的摩某特公司开始使用手机APP"某安圈"。此时，两个"某安圈"名称是并存的关系。虽然某橙传媒未提交证据证明北京某林公司使用"某安圈"名称期间的经营情况，但摩某特公司提交的证据显示，某林公司的"某安圈"账号除转载了17篇文章外，并未进行其他经营活动。因此，在北京某林公司使用微信公众号"某安圈"名称期间并无影响力的情况下，摩某特公司同期在河北省固安县使用手机APP"某安圈"服务名称的行为，并不违反法律规定，这是摩某特公司手机APP"某安圈"名称受保护应当具备的前提条件。摩某特公司主张权益的手机APP"某安圈"服务名称，由其原"某安生活圈"更名而来，一般人可以通过软件或程序使用的常识判断二者的关联性，予以认定。

摩某特公司提交的证据显示，当地政府门户网站、地方报纸、社会活动报等都曾转发或刊登过"某安生活圈"推送的文章及图片，当地县政府网站还显示，2017年至2019年"某安生活圈"多次参加县委相关部门组织的活动。当庭电脑查询数据可以证明，只有四、五十万居住人口的固安县，截止到2019年8月之前下载手机APP"某安圈"的数量最多达到了333879人次，即便该数据中存在无效下载等因素，都足以证明手机APP"某安圈"确实已达到了在当地具有一定影响的程度。

虽然微信公众号与手机APP系两种软件程序，但两者使用的均是手机平台，操作工具是同一个，服务对象及内容又多有一致性。在手机用户的日常使用中，两者的区别已经越来越小，可相互替代或补充的功能则越来越多，容易造成混淆。因此，这两个程序具有一定的关联性，属于类似服务。某橙传媒微信公众号"某安圈"的服务项目为媒体平台、综合服务平台、便利信息平台、本地新闻资讯、本地潮流美食、公益活动、生活资讯、求职招聘和固安优惠等功能。摩某特公司手机APP"某安圈"的服务项目包括本地资讯、固安拼车、同城服务、房屋出租、二手市场、找短工、店铺转让、商街等，两者的服务项目（类别）及功能存在诸多相似之处，由此可以认定某橙传媒与摩某特公司为同业竞争者。

某橙传媒主张北京某林公司使用"某安圈"名称在先，实际是在主张在先权。在北京某林公司使用微信公众号"某安圈"期间，公众可以看到的仅是该微信公众号转载的文章、信息，并无其他经营行为。某橙传媒使用"某安圈"名称之后，不但扩大的服务项目（类别）远远超过了原服务范围，其还并非"某安圈"名称的最初使用人。与在先使用人签订转售权协议，并不能使某橙传媒获得在先权利。某橙传媒的"某安圈"在本质上已不属于对原"某安圈"名称的使用，而是一种新的服务类别，其超出原范围的经营方式，又恰与摩某特公司的"某安圈"服务项目近似。当公众看到两者一样的"某安圈"名称、相同排列组合顺序的色条图标、相近经营范围时，自然会将微信公众号"某安圈"与手机APP"某安圈"产生误认，某橙传媒的微信公众号"某安圈"明显具有攀附摩某特公司手机APP"某安圈"的痕迹。故某橙传媒的微信公众号使用"某安圈"名称的行为，符合《反不正当竞争法》第六条的规定，已构成不正当竞争。

判决某橙传媒公司在收到本判决后停止使用其微信公众号"某安圈"名称。

案例评析

（一）《反不正当竞争法》领域内服务名称的在先权承继

1.《反不正当竞争法》领域应否支持服务名称的在先权承继？

鉴于目前《反不正当竞争法》领域并没有服务名称的在先权承继问题的规定及明确的司法观点，笔者认为，可参考商标法领域的相关要求。

商标在先使用权是指未注册商标与他人注册商标相同或近似时，因未注册商标使用时间早于注册商标专用权人商标注册申请日，且具有一定影响，未注册商标所有权人享有在原使用范围内继续使用未注册商标的权利。商标在先使用权的承继是指一个对象接着拥有另一对象的商标在先使用权。多年来，对于商标在先使用权是否具有承继性问题，理论界认识不一，不同的市场监督管理部门、人民法院也经常出现不同的观点。在商标在先使用权承继性问题上，主要存在两种观点。一种观点认为，我国实行注册商标受法律保护原则，商标在先使用权既是对在先使用人本人商标所有权地保护，也是通过限制使用的方式对在先使用人本人实施的惩戒措施。商标在先使用权不具有承继性，商标在先使用权主体应限于未注册商标最初使用人本人。另一种观点认为，我国实施商品自愿使用注册商标的原则，未注册商标的使用亦受法律保护。从促进未注册商标与注册商标进行公平竞争，推进未注册商标发展等方面考虑，应承认商标在先使用权的承继性。

笔者认为，服务名称既是对不同服务提供者进行区分和具有代表性的竞争标识，也是对其提供商品和服务质量、商业信誉及形象的维护和保证。服务名称由于服务提供者的广泛使用和宣传，其本身就附加了特定的商业价值，使服务名称能够在相关的商品或服务上与特定主体相关联，因而服务名称就具有了在先所有人所赋予的商业价值，从而使服务名称具备了财产性权益的属性，因此，服务名称也就具有了承继的权利基础。

2. 在先权承继应受何种限制或制约？

（1）承继人可在原使用范围内继续使用服务名称

参照商标法领域的保护规定，《商标法》第五十九条第三款规定："商标注册人申请商标注册前，他人已经在同一种商品或者类似商品上先于商标注册人使用与注册商标相同或者近似并有一定影响的商标的，注册商标专用权人无权禁止该使用人在原使用范围内继续使用该商标，但可以要求其附加适当区别标识。"

同理，服务名称承继人行使在先权时，也应参照遵守《商标法》第五十九条第三款规定，不能超出服务名称最初使用人原有使用范围。承继人从事与该服务名称有关的生产经营活动，在不超出原有服务名称使用范围的情况下，应被认定为合法行为。另外，如果注册商标专用权人要求承继人对服务名称附加适当区别标识，承继人应对服务名称标识添加适当标记，以便于社会公众对争议服务名称及其各自所涉及的服务来源进行辨别，避免消费者产生误认。

（2）服务名称的在先权使用应是连续的，不能中断

此问题可以同样参照商标法领域的保护规定。《商标法实施条例》第九十二条第二款规定："已连续使用至商标局首次受理新放开商品或者服务项目之日的商标，与他人在新放开商品或者服务项目相同或者类似的商品或者服务上已注册的商标相同或者近似的，可以继续使用；但是，首次受理之日后中断使用3年以上的，不得继续使用。"参照该规定，如果服务名称属于连续使用至服务名称转让的，服务名称所有权人依法享有在先使用权。但是，服务名称在先使用权人中断使用服务名称的，不得继续使用，不得再以在先使用权提出抗辩。因此，服务名称在先使用权人在行使服务名称在先使用权时，也应保持服务名称使用的连续性，避免因"中断使用"丧失服务名称在先使用权。

3. 本案是否适用在先权承继？

二审判决认定某橙传媒主张北京某林公司使用"某安圈"名称在先，实际是在主张在先权。在北京某林公司使用微信公众号"某安圈"期间，该微信公众号仅转载文章、信息，并无其他经营行为。某橙传媒使用"某安圈"名称之后，不但将服务项目（类别）进行了一定的扩大，其还并非"某安圈"名称的最初使用人。其与在先使用人签订的转售权协议，并不能使某橙传媒获得在先权利。某橙传媒的微信公众号"某安圈"在本质上已不属于对原"某安圈"名称的使用，而是一种新的服务类别，其超出原范围的经营方式，又恰与摩某特公司的"某安圈"服务项目近似。当公众看到两者一样的"某安圈"名称、相同排列组合顺序的色条图标、相近经营范围时，自然会对微信公众号"某安圈"与手机APP"某安圈"产生误认，某橙传媒微信公众号"某安圈"明显具有攀附摩某特公司手机APP"某安圈"的痕迹。故某

橙传媒的公众号使用"某安圈"名称的行为，符合《反不正当竞争法》第六条的规定，已构成不正当竞争。

笔者还认为在二审中提到的某橙传媒与案外人北京某林公司签订的转让协议并不同于商标权、专利权等知识产权领域的所有权转让行为，北京某林公司并非将"某安圈"账号主体转让给某橙传媒，而是结合微信公众号名称注册规则，北京某林公司让渡给了某橙传媒一个名称注册的机会。最重要一点，2019年7月25日北京某林公司将微信公众号"某安圈"更名为"某安互动"时，北京某林公司的服务名称在先权已经终止，也就是说北京某林公司在"某安圈"名称上已不具有服务名称的在先权，也就不存在北京某林公司再将该在先权转让给某橙传媒的权利基础。某橙传媒的"某安圈"在本质上已不属于对北京某林公司"某安圈"名称的使用，而是一个新的服务名称，2019年8月2日，某橙传媒将自己原有的"某安优惠团"账号改名为"某安圈"并使用，属于擅自使用他人有一定影响的服务名称的侵权行为，根据《中华人民共和国反不正当竞争法》第六条第（一）项的规定，已构成不正当竞争。因此笔者认为本案不适用在先权承继的抗辩。

（二）结合本案理解《反不正当竞争法》第六条第（一）项与第（四）项的法条适用问题

《反不正当竞争法》第六条规定，经营者不得实施下列混淆行为，引人误认为是他人商品或者与他人存在特定联系：（一）擅自使用与他人有一定影响的商品名称、包装、装潢等相同或者近似的标识……（四）其他足以引人误认为是他人商品或者与他人存在特定联系的混淆行为。

一审法院依据《反不正当竞争法》第六条第（四）项认定某橙传媒使用图标标识的行为构成不正当竞争。事实上，判断某橙传媒是否实施不正当竞争行为，关键是判断其是否实施了引人误认为与摩某特公司存在特定联系的混淆行为。某橙传媒微信公众号图标与摩某特公司软件手机端图标在整体配色、元素组合方面有较大的相似度，图标中虽有"某、橙、传、媒"字样，亦容易让公众将摩某特公司、某橙传媒的标识产生联系；某橙传媒微信公众号中多条文章末尾，使用了与摩某特公司软件手机端图标肉眼分辨无明显区别的图标，会使公众混淆，误认为与摩某特公司有特定联系。某橙传媒上述使用标识的行为构成不正当竞争行为。

二审法院以《反不正当竞争法》第六条第（一）项认定某橙传媒使用"某安圈"服务名称的行为构成不正当竞争。摩某特公司的手机APP"某安圈"程序所经营的内容，是向社会公众提供系列服务项目，因此"某安圈"名称应属于一种服务(商品)名称。服务名称是否具有一定影响，是认定其应否受保护的基础。为证明"某安圈"具有一定影响力，本案中摩某特公司通过提交网站信息、报纸、电脑数据、营销服务协议等证据综合在一起，可以初步证明摩某特公司的手机APP"某安圈"在当地有一定影响，可适用《反不正当竞争法》第六条第（一）项所规定的不正当情形，受到《反不正当竞争法》的保护。

笔者认为一审法院依据《反不正当竞争法》第六条第（四）项认定某橙传媒使用图标标识的行为构成不正当竞争的法律条款适用有待商榷，《反不正当竞争法》第六条第（四）项属于兜底条款，系无法通过其他条款规制的情况下才适用《反不正当竞争法》第六条第（四）项，很明显本案某橙传媒使用图标标识的行为，属于擅自使用他人有一定影响的包装、装潢等标识的仿冒行为。《反不正当竞争法》第六条第（四）项的兜底条款，主要规制如下的三种情形：（1）仿冒前三项商业标识以外的其他商业标识的行为，即前三项规定还不能涵盖所有的商业标识，它们之外的商业标识纳入兜底条款保护；（2）商业标识仿冒混淆以外的整体行为性的仿冒混淆行为，即仿冒的主要不是单项标识，而是通过行为特征的模仿造成市场混淆；（3）商业标识权利冲突造成的市场混淆行为，即不能纳入《反不正当竞争法》第六条第（二）项、第（三）项的商业标识权利冲突行为。这些仿冒混淆行为均自成一体和独具一格，不能为《反不正当竞争法》第六条前三项所包括。因此，对于《反不正当竞争法》第六条具体项尤其是第（四）项的适用场景应严格区别，准确适用。

 心得体会

（一）案由及证据应当明确、充分

本案一审中，摩某特公司主张的案由为著作权及不正当竞争纠纷，著作权指的是摩某特公司APP计算机软件，并提交了软件著作权登记证书等相关证据，认为相关图标及名称系计算机软件组成部分，而实际上某橙传媒微信公众号平台侵权行为仅仅是其名称和图标标识等行为，根本不涉及计算机软件代码或者文档等范畴的侵权问题。案由不准确会严重影响权利人的举证方向并影响法院审判思路和程序，导致资源浪费，本案的一审法院就未支持微信公众号名称雷同构成不正当竞争的主张。笔者在接受二审委托后，明确了争议焦点仅涉及不正当竞争问题，更确切的说就是微信公众号自媒体名称不正当竞争争议纠纷，尽全力就此一点展开，取得良好的代理效果。

（二）代理思路应清晰

本案涉及微信公众号、手机APP软件等名称如何保护的问题。

首先，应当明确权利人的权利基础是什么。本案中摩某特公司权利基础其实并非仅系本案二审判决中认定为手机APP软件名称，而实际上也应当包括比北京某林公司"某安圈"更早的摩某特公司微信公众号"某安生活圈"。笔者认为"某安圈""某安生活圈"两者语境差别不大，一般"圈子"包括朋友圈、家庭圈、生活圈、社会圈等。而朋友圈、家庭圈、社会圈的交流一般不会通过开设微信公众平台进行，只有与人们生活息息相关而形成的"生活圈"才会成为微信公众号的对象。某橙传媒在微信公众号中使用"某安圈"及标识的行为不仅对"某安圈"APP构成不正当竞争，同样对"某安生活圈"微信公众号名称构成不正当竞争。由于本案一审中摩某特公司并未主

张"某安生活圈"微信公众号作为权利基础，导致二审法院对于代理人在二审中主张的微信公众号名称作为不正当竞争的权利基础的请求未予支持，不能不说是本案的一大遗憾。实际上，手机APP软件名称与微信公众号名称系摩某特公司知名度的一体多面行为，二者知名度及影响力可以互相附加，如果及时主张更有利于权利人维权。

其次，应当明确具体的法律依据。《反不正当竞争法》第六条第（四）项规定"其他足以引人误认为是他人商品或者与他人存在特定联系的混淆行为"，第（四）项因存在"足以"的要求，无疑会加大权利人的举证责任，建议慎重适用。本案中，从字义上讲《反不正当竞争法》第六条第（一）项擅自使用与他人有一定影响的商品名称、包装、装潢等相同或者近似的标识，并未包括本案当中的微信公众号、APP等服务名称问题，而实质上《反不正当竞争法》第六条第（一）项不仅包括有一定影响的商品名称也包括有一定影响的服务名称才是其应用之意。

再次，应加强被诉侵权服务名称使用节点前，权利人相关服务名称有一定影响及攀附者恶意程度的举证力度。

最后，加强团队协同，加强与法官的沟通，注意书面代理意见提交的及时性和充分性，尽全力以期取得"没有遗憾"的代理效果。

（撰稿人：王现辉　张晓汉）

① 本案相关情况及生效判决曾发布于本书编委会微信公众号"泽知"，此二维码为文章详情。

图书在版编目（CIP）数据

知识产权典型案例与实务评析 / 王现辉编著 . —北京：中国法制出版社，2022.1
（大成·集 / 韩光主编）
ISBN 978-7-5216-2474-8

Ⅰ.①知… Ⅱ.①王… Ⅲ.①知识产权法 – 案例 – 中国 Ⅳ.① D923.405

中国版本图书馆 CIP 数据核字（2022）第 016325 号

策划编辑 / 责任编辑：刘 悦（editor_liuyue@163.com） 封面设计：李 宁

知识产权典型案例与实务评析
ZHISHI CHANQUAN DIANXING ANLI YU SHIWU PINGXI

编著 / 王现辉
经销 / 新华书店
印刷 / 三河市国英印务有限公司
开本 / 710 毫米 × 1000 毫米 16 开　　　　印张 / 17　字数 / 242 千
版次 / 2022 年 3 月第 1 版　　　　　　　　2022 年 3 月第 1 次印刷

中国法制出版社出版
书号 ISBN 978-7-5216-2474-8　　　　　　　　　　　　定价：79.80 元

北京市西城区西便门西里甲 16 号西便门办公区
邮政编码：100053　　　　　　　　　　　　传真：010-63141600
网址：http://www.zgfzs.com　　　　　　　编辑部电话：010-63141821
市场营销部电话：010-63141612　　　　　印务部电话：010-63141606
（如有印装质量问题，请与本社印务部联系。）